O INDIVÍDUO EM MARX

O INDIVÍDUO EM MARX

Manoela Hoffmann Oliveira

Grafia atualizada segundo o Acordo Ortográfico da Língua Portuguesa de 1990, que entrou em vigor no Brasil em 2009.

Edição: Haroldo Ceravolo Sereza

Editora assistente: Camila Hama

Projeto gráfico, capa e diagramação: Camila Hama

Revisão: Sabrina Coutinho

Assistente de produção: Cristina Terada Tamada

Assistente acadêmica: Bruna Marques

Imagens:

Capa: Antonello da Messina. *Retrato de um jovem.*

Contracapa: Michelangelo Buonarroti. *Centauromaquia.*

Este livro foi publicado com o apoio da Fapesp.

CIP-BRASIL. CATALOGAÇÃO NA PUBLICAÇÃO
SINDICATO NACIONAL DOS EDITORES DE LIVROS, RJ

O647I

Oliveira, Manoela Hoffmann
O INDIVÍDUO EM MARX
Manoela Hoffmann Oliveira. - 1. ed.
São Paulo : Alameda, 2015
222 p.; 23 cm

Inclui bibliografia
ISBN 978-85-7939-313-6

1. Ontologia. 2. Filosofia marxista. I. Título.

15-20070 CDD: 111
CDU: 111

ALAMEDA CASA EDITORIAL
Rua Conselheiro Ramalho, 694 – Bela Vista
cep: 01325-000 – São Paulo, sp
Tel.: (11) 3012-2400
www.alamedaeditorial.com.br

SUMÁRIO

APRESENTAÇAO

Este estudo tem a intenção de contribuir para a compreensão do pensamento revolucionário de Marx e incentivar sua redescoberta contemporânea. Aqui estão reunidos vários momentos em que o indivíduo emerge na teoria marxiana, de maneira a explicitar como essa categoria é estruturada e, consentaneamente, como é um elemento estruturante da articulação categorial geral. Evidencia-se, assim, a dimensão central da individualidade junto aos principais aspectos da sociabilidade humana.

Desde muito cedo coexistem no pensamento marxiano elementos que formam a base de sua análise da realidade, particularmente da realidade social, e que o conduzem à evolução da compreensão universal da mesma. Deve-se ter em mente que aquilo que na estrutura da pesquisa reflete-se analiticamente de modo mais ou menos isolado são, concretamente, aspectos que permeiam as mais diferentes obras de Marx – estes estão presentes em cada uma delas em diversos graus de desenvolvimento, emergindo em meio à prevalência de problemas específicos de cada período de sua trajetória intelectual. Tendo em vista os objetivos do estudo, porém, foi necessariamente excluída uma apresentação sistemática em separado de cada obra, bem como a respectiva posição de uma obra em relação a outra no que tange ao nosso objeto, por isso, qualquer referência cronológica e comparativa a respeito do tema no itinerário intelectual de Marx ficou subentendida. Entretanto, sublinho que o ponto de partida efetivo e o procedimento adotado foi a análise de cada obra singular e só a partir disso pôde ser distinguida a articulação categorial à qual o indivíduo está integrado. É relativamente escassa na tradição marxista a análise do indivíduo apoiada exclusivamente em obras do próprio Marx, por essa razão, a pesquisa ora publicada pretendeu contribuir para o entendimento desta categoria especial exclusivamente por meio da investigação de um leque amplo de textos marxianos, acompanhando sua dinâmica em diversos complexos categoriais.

Devido à natureza profícua do assunto, tentei apenas perfazer um percurso explicativo coerente com o pensamento marxiano sem perder de vista o objeto, ainda que algumas vezes me afaste um pouco dele no intuito de fazê-lo surgir mais claramente na diversidade de seus aspectos. Neste sentido, a estrutura deste livro encerra, ao mesmo tempo, uma explicação bastante geral a respeito da teoria de Marx como um todo. A organização dos capítulos iniciais, bem como, especificamente, o item dedicado à arte, tem marcada inspiração luckasiana, notadamente de sua Ontologia do Ser Social. Não nos detivemos neste livro, porém, na justificativa de tal opção, preferindo, em vez disso, atermo-nos estritamente ao foco marxiano. Usando como suporte investigações anteriores nesse campo e sobretudo baseado nas obras de Marx, este estudo concentra-se principalmente na cobertura mais extensa dessa categoria fundamental no pensamento do autor.[1]

A interconexão dialética resultante do fato de que as *categorias são formas do ser* e *o concreto é a síntese de múltiplas determinações* é peculiar ao pensamento marxiano. Por isso não é possível fazer uma explanação conceitual linear e dedutiva ou reconstruí-lo como um sistema de maneira plenamente satisfatória, posto que todos os elementos são recorrentes e estão interconectados, apresentando-se simultaneamente em diferentes dimensões. Ainda que caiba ao procedimento analítico fazer as devidas distinções e reproduzir elucidativamente as determinações essenciais, é necessário considerar que a separação destas categorias e temáticas na análise deve ser sempre relativizada em função de sua imanência.

---

1 Essa opção deve-se também por já existirem alguns trabalhos específicos recentes, dentro da mesma orientação geral que seguimos, que perseguem o tema do indivíduo em determinados períodos e obras marxianas explicitando a hierarquização correlata das categorias. Guiados pela interpretação marxiana de György Lukács, em *Para uma ontologia do ser social*, e de José Chasin, estudos do indivíduo em Marx sobre as bases ontológicas do ser social foram realizados nas duas últimas décadas no Brasil buscando esclarecer as dimensões da individualidade humana e seus atributos específicos delineados por Marx. Em "A Individualidade Humana na Obra Marxiana de 1843 a 1848" (In: Revista *Ensaios Ad Hominem, nº 1, tomo 1 – Marxismo*, São Paulo,1999), de Paulo F. Teixeira, encontramos um denso estudo do período referido, iniciado por três categorias ontológicas fundamentais do ser social ligadas ao indivíduo: generidade, atividade vital consciente e naturalidade. A determinação social das individualidades foi abordada na divisão do trabalho, nas classes, no Estado e na espiritualidade; por fim, o fenômeno do estranhamento é confrontado à afirmação do caráter essencialmente ativo dos indivíduos humanos. Já em "A Individualidade Moderna nos *Grundrisse*" (In: Revista *Ensaios Ad Hominem, nº 1, tomo 4 – Dossiê Marx*, São Paulo, 2001), de José L. Alves, temos um estudo dividido em duas partes. Na primeira, as determinações mais gerais da individualidade foram apontadas como as seguintes: sociabilidade, atividade sensível e a relação subjetividade-objetividade. Na segunda parte da pesquisa do vasto manuscrito, o autor dedicou-se a mostrar a evolução do processo histórico de individuação, desde a comunidade tribal até o capitalismo, instante em que a atividade estranhada e a "sociabilidade do equivalente", específica desse sistema, foram desdobradas e, também, contrastadas com a possibilidade do desenvolvimento integral da individualidade. Adentrando num atributo fundamental da individualidade, na pesquisa "A Subjetividade em Marx" (Dissertação UFMG, Fafich, 2000), Lígia M. Almeida trata do complexo categorial da subjetividade, no qual são explorados a atividade sensível, a sociabilidade e a relação entre a subjetividade e a objetividade; investigação apoiada nos escritos de Marx de 1843 a 1846.

Partindo desse princípio, os capítulos são apresentados do seguinte modo: o Capítulo I analisa as categorias ontológicas fundamentais do ser social, a começar pela atividade. O trabalho erige as forças sociais e cria o mundo propriamente humano, objetiva e subjetivamente; a atividade vital consciente é o *modo de vida humano* por excelência e opera mediante a sensibilidade e a consciência. Tendo como articuladora a atividade consciente sensível, as principais categorias do ser social existem simultaneamente e desenvolvem-se mutuamente. Além disso, não existem abstraídas enquanto categorias separadas de uma particular objetividade histórica de indivíduos vivos e ativos produzindo em sociedade, e por esse motivo não constituem, portanto, uma natureza humana essencializada.

Reconhecido esse fato, o Capítulo II examinará, em suas relações com o indivíduo, as fomações materiais desenvolvidas historicamente pela atividade humana: propriedade privada, divisão do trabalho e classes, que são diferentes expressões de uma mesma relação social; e as formações espirituais que são criadas consentâneas a estas relações materiais, suas formas de consciência e representação. O potencial emancipatório de algumas dessas formações ideais, como a arte e a ciência, é um tema que precisa ser melhor desdobrado em sua comparação com outros âmbitos, como a política, o direito, a moral, a religião, formas do estranhamento humano que devem ser suprimidas. Uma vez esclarecidas as formações engendradas ao longo da história, analisa-se, no Capítulo III, o movimento histórico até a transição para o capitalismo, suas diferentes formações econômicas e sociais, com o objetivo de realçar a especificidade de cada momento e perceber as características dos indivíduos em cada período.

O Capítulo IV detém-se na dinâmica do processo capitalista: seus agentes, *modus operandi*, pressupostos, finalidades e produtos. Discute-se a inserção dos indivíduos no modo de produção capitalista, em suas esferas de produção e circulação, e quais são as forças produtivas especificamente capitalistas desenvolvidas neste contexto. As condições de vida e de desenvolvimento da individualidade do trabalhador e do capitalista enquanto as figuras elementares desse processo tornam-se mais claras. O último tópico discorre sobre a economia política, os ideólogos da burguesia que foram exaustivamente estudados e criticados por Marx, mostrando como o indivíduo surge em alguns pontos centrais dessas teorias.

O Capítulo V aborda, por fim, o assunto fundamental que é a culminância de todos os esforços teóricos de Marx e a razão dos mesmos: o comunismo. A emancipação humana é a resolução das contradições sociais que de forma tão contundente foram desvendadas por Marx.

Por ser um trabalho de análise das obras, utilizamos abundantemente citações no corpo do texto. Quanto à escolha das citações para certos lugares em vez de outros, seguiu-se a orientação geral de selecionar as passagens mais exemplares ligadas aos respectivos temas e categorias que foram abordados separadamente. Pode-se entrever, portanto, que a distribuição das citações pode ser remanejada em alguns casos, enriquecida em muitos etc. Em parágrafos cujas citações remetem a um mesmo trecho, optamos por indicar a referência numa nota única na última citação do parágrafo.

As obras utilizadas e suas respectivas abreviações são as seguintes:

In44	*Crítica da Filosofia do Direito de Hegel* – Introdução (1843-44)
QJ	*A Questão Judaica* (1844)
M44	*Manuscrito parisiense de 1844*[2]
SF	*A Sagrada Família* (1845)
IA-I	*A Ideologia Alemã – I* (Feuerbach) (1846)
IA-II	*A Ideologia Alemã – II*
MF	*Miséria da Filosofia* (1847)
MPC	*Manifesto do Partido Comunista* (1848)
18B	*O 18 Brumário de Luís Bonaparte* (1852)
In57	*Crítica da Economia Política* – Introdução (1857)
M57-58	*Grundrisse* (1857-1858)[3]
Form	*Formações Econômicas Pré-Capitalistas* (Grundrisse)
SPL	*Salário, Preço e Lucro* (1865)
CapVI	*O Capital, livro I* – Capítulo VI (inédito) (1867)
K	*O Capital,* livro I, vols. 1 e 2 (1867)

2 Este texto foi citado a partir de duas edições diferentes (cf. bibliografia); parte das citações foi extraída da edição brasileira, parte foi traduzida diretamente da edição alemã, em razão de questões técnicas. A edição alemã foi referida pelo sistema "página linha", possibilitando assim distinguir imediatamente quando se trata de cada uma das duas edições utilizadas.

3 Dentre as obras listadas, apenas esta não foi sistematicamente analisada em sua totalidade; nos concentramos sobretudo no trecho intitulado "Formações Econômicas Pré-Capitalistas", e do restante destacamos somente alguns elementos importantes, mas há certamente muitos outros.

CAPÍTULO I

A constituição ontológica da individualidade

TRABALHO: CATEGORIA FUNDANTE OU PROTOFORMA DO SER SOCIAL E SEU DESENVOLVIMENTO HISTÓRICO ESTRANHADO

É na *produção dos meios de vida*, forma omnilateral de afirmação dos homens naturalmente condicionada pela organização corporal dos indivíduos, que os homens se distinguem dos animais. "O trabalho é condição natural eterna da existência humana".[1] A reprodução dos indivíduos pela atividade humana manifesta um *modo de vida* propriamente humano cujo significado é determinado tanto pelo conteúdo de sua produção como pelo modo como é produzido. Tal modo dependerá, antes de tudo, "da natureza dos meios de vida já encontrados e que [os indivíduos] têm de reproduzir".[2]

Os meios de vida aparecem inicialmente apenas como natureza e relação com os outros homens, a produção dos meios de vida surge, por isso, de modo incipiente, como aumento da população. Desta forma, o homem estabelece com a natureza imediata uma relação de produzir para viver e procriar para manter a espécie, pressupondo um intercâmbio dos indivíduos cuja forma é condicionada pela produção. Portanto, a produção da vida humana é de início uma relação natural e não social, é tanto a produção da *própria vida do indivíduo através do trabalho* quanto da vida de outrem, na procriação. A vida produtiva "é a vida engendradora de vida".[3]

É pelo grau de desenvolvimento da transformação humana da natureza que se evidencia como se dá a relação dos homens entre si, assim como esta relação humana determina certa elaboração dos objetos naturais: "Aqui, como em toda parte, a

---

1 *Cap VI*, p. 29.

2 *IA-I*, p. 40.

3 *M44*, p. 240.26-27.

identidade entre o homem e a natureza aparece de modo a indicar que a relação limitada dos homens com a natureza condiciona a relação limitada dos homens entre si, e a relação limitada dos homens entre si condiciona a relação limitada dos homens com a natureza, exatamente porque a natureza ainda está pouco modificada pela história".[4]

Da produção, fundada nos intercâmbios individuais, e mais precisamente da organização da produção, é que nasce todo o sistema de necessidades. Assim, as condições que determinam a forma de intercâmbio entre os indivíduos "são condições inerentes à sua individualidade e não algo externo a eles; condições nas quais estes determinados indivíduos, existentes sob determinadas relações, podem produzir sua vida material e tudo o que com ela se relaciona; são, portanto, as condições de sua auto-atividade, produzidas por esta auto-atividade".[5] A relação social baseia-se num determinado modo de produção que corresponde a determinado modo de cooperação entre os indivíduos e suas forças produtivas. Este intercâmbio com a natureza e entre os homens vai, assim, muito além da simples reprodução física, é a própria história da indústria e das trocas – e, por isso, sempre segundo a qual a "história da humanidade" deve ser examinada.

Marx alerta que não se deve considerar *tal modo de produção humano* de um "único ponto de vista", ou seja, somente como "a reprodução da existência física dos indivíduos, pois se trata, muito mais, de uma determinada forma de manifestar sua vida, determinado *modo de vida* dos mesmos. Tal como os indivíduos manifestam sua vida, assim são eles".[6] Nesse processo de modificação da *natureza externa*, o homem modifica, ao mesmo tempo, sua própria natureza: o produto do processo de trabalho é um "material da natureza adaptado às necessidades humanas através da mudança de forma", isto é, um valor de uso; o trabalho vivo *apodera-se* das coisas naturais, tirando-as de sua inércia, transformando-as de "valores de uso possíveis em valores de uso reais e efetivos".[7] É na constante satisfação e criação social de necessidades através do trabalho que o homem se humaniza, e neste processo que se inscreve a individuação dos homens, isto é, a progressiva diferenciação do indivíduo frente ao gênero.

O momento ideal – que irá imprimir a finalidade – é, por certo, elemento fundamental da atividade sensível do homem.[8] Marx observa que "uma aranha executa operações semelhantes à do tecelão, e a abelha supera mais de um arquiteto ao construir sua colméia. Mas o que distingue o pior arquiteto da melhor abelha é que ele

4 *IA-I*, p. 44.

5 *IA-I*, p. 112.

6 *IA-I*, p. 90.

7 *K*, p. 205.

8 E o esforço consciente adequado a um fim "é tanto mais necessário quanto menos se sinta o trabalhador atraído pelo conteúdo e pelo método de execução de sua tarefa, que lhe oferece por isso menos possibilidade de fruir da aplicação das suas próprias forças físicas e espirituais" (*K*, p. 202).

figura na mente sua construção antes de transformá-la em realidade. No fim do processo de trabalho aparece um resultado que já existia antes idealmente na imaginação do trabalhador. Ele não transforma apenas o material sobre o qual opera; ele imprime ao material o projeto que tinha conscientemente em mira, o qual constitui a lei determinante do seu modo de operar e tem de subordinar sua vontade. E essa subordinação não é um ato fortuito. Além do esforço dos órgãos que trabalham, é mister a vontade adequada que se manifesta através da atenção durante todo o curso do trabalho".[9]

Mas da mesma forma que "fisiologicamente, cabeça e mãos são partes de um sistema /.../, o processo de trabalho conjuga o trabalho do cérebro e das mãos", isto é, o homem "não pode atuar sobre a natureza sem por em ação seus músculos sob o controle de seu cérebro".[10] Os homens se diferenciam através de sua atividade objetiva e não por meio da atividade unilateral da consciência. A consciência desenvolve-se apenas materialmente na relação entre os homens, isto é, se manifesta como produção dos meios de vida através de uma atividade crescentemente multilateral. Neste sentido, "a apropriação não se efetua de início no pensar, mas no atuar com estas condições: ela é o ato que põe efetivamente estas como as condições de sua atividade subjetiva".[11]

O processo de trabalho "não é outra coisa senão o próprio trabalho, visto no momento de sua atividade criadora",[12] assim, diz Marx, "é puramente individual, um único trabalhador exerce todas as funções que mais tarde se dissociam. Ao apropriar-se individualmente de objetos naturais para prover sua vida, é ele quem controla a si mesmo".[13] Os elementos que compõem o processo de trabalho são o próprio trabalho, o objeto de trabalho e os meios de trabalho, "os momentos gerais do processo de trabalho, por conseguinte, são independentes de todo desenvolvimento social determinado".[14] Em outra formulação, diz Marx: a "divisão entre as condições objetivas do trabalho em material e meios, contrapostos à própria atividade dos trabalhadores etc., são independentes de todo caráter histórico e especificamente social do processo de produção".[15] Os momentos objetivo, meios (instrumentos e objetos) de trabalho, e subjetivo, capacidade de trabalho, em *interação viva* são, de acordo com Marx, a *figura total do valor de uso* que vem a ser no processo completo de trabalho[16] quaisquer que

9 *K*, p. 202.

10 *K*, p. 584.

11 *M57-58*, (vol. I), p. 430.

12 *Cap VI*, p. 29.

13 *K*, p. 584.

14 *Cap VI*, p. 29.

15 *Cap VI*, p. 53.

16 Cf. *Cap VI*, p. 12.

sejam as formações históricas em que se apresente, independente, portanto, do nível de desenvolvimento econômico e do modo de produção em que opera: "o trabalho, sob a forma de atividade produtiva adequada a um fim, seja qual for, fiar, tecer ou forjar, com seu simples contato traz à vida os meios de produção, torna-os fatores do processo de trabalho e combina-se com eles para formar produtos".[17]

O trabalhador dirige sua atividade sobre o objeto através dos meios de trabalho, de modo que esses "são a coisa de que o trabalhador se apossa imediatamente", antes mesmo do próprio objeto, isto é, "as propriedades mecânicas, físicas, químicas das coisas" postas em movimento "de acordo com o fim que tem em mira". Atuando desta maneira, transforma "uma coisa da natureza órgão de sua própria atividade, um órgão que acrescenta a seus próprios órgãos corporais, aumentando seu próprio corpo natural".[18] Quando o processo de trabalho atinge certo nível de desenvolvimento, os meios de trabalho tornam-se também mais elaborados, assim como os próprios objetos já são produto do trabalho (como as matérias-primas).

O pressuposto do processo de trabalho[19] é a natureza exterior sensível, a partir dela que se inicia o "processo em que o ser humano com sua própria ação impulsiona, regula e controla seu intercâmbio material com a natureza".[20] A "natureza propicia os *meios de vida*" ao trabalhador em dois sentidos: no de que o trabalhador "não pode *viver* sem objetos nos quais se exerça", e no sentido de meios de subsistência física.[21] É a terra "o grande laboratório, o arsenal que proporciona tanto os meios objetivos do trabalho como a localização, a *base* da comunidade".[22]

A comunidade é o primeiro pressuposto da forma inicial da propriedade da terra. A terra é a base da comunidade, posto que os homens não foram fixados pela natureza e, assim, a comunidade surge como condição prévia da apropriação do solo. A horda/comunidade tribal espontânea é o primeiro passo para a "apropriação das condições objetivas de vida, bem como da atividade que a reproduz e lhe dá expressão material, tornando-a objetiva".[23] As relações do homem com a terra, diz Marx, "são ingênuas: eles se consideram como seus *proprietários comunais*, ou seja, membros de uma comunidade que se produz e reproduz pelo trabalho vivo. Somente na medida em que o indivíduo for membro de uma comunidade como esta – literal e figuradamente

17 *K*, p. 225.

18 *K*, p. 203.

19 Cf. *M44*, p. 237.

20 *K*, p. 202.

21 *M44*, p. 237.4-8.

22 *Form*, p. 67.

23 *Form*, p. 66.

– é que será considerado um proprietário ou *possessor*. Na realidade, a *apropriação* pelo processo de trabalho dá-se sob estas *pré-condições* que não são *produto* do trabalho, mas parecem ser seus pressupostos naturais ou *divinos*".[24] Desta forma, o *trabalho* é apropriado pelo homem *mediante a comunidade*, que tem como *base a terra* (pastores, agricultores, caçadores).

As condições originais de produção (que não são inicialmente produzidas) podem ser descritas como uma reprodução que se mostra como apropriação de objetos por sujeitos, por um lado, e por outro como "a conformação, sujeição dos objetos por e para um propósito subjetivo; a transformação dos objetos em resultados e repositórios da atividade subjetiva".[25] Este é o processo, inicialmente natural, depois histórico, que conforma primordialmente a individualidade humana. O objeto será determinado em sua fruição pela forma específica com que se afirmam as "*sensações*, as paixões, etc." do homem, que apenas afirmam-se efetivamente porque seu objeto é para elas sensível. O homem se afirma de um modo múltiplo, este é seu modo peculiar de existência. É através dessa atividade que o indivíduo desenvolve suas capacidades: o indivíduo pleno é o indivíduo ativo e desenvolvido em sua sensibilidade.

É com o desenvolvimento da indústria, "ou seja, pela mediação da propriedade privada", que "vem a ser a essência ontológica da paixão humana, tanto na sua totalidade como na sua humanidade"; e por isso "o sentido da propriedade privada – livre de seu estranhamento – é a *existência* dos *objetos essenciais* para o homem, tanto como objeto da fruição, como da atividade".[26] O processo histórico desencadeado pela produção dos meios de vida na satisfação das necessidades vitais (o primeiro ato histórico dos indivíduos), conduziu a uma situação contraditória, quanto mais "o trabalhador, por meio do seu trabalho, apropria-se do mundo exterior, da natureza sensível, tanto mais ele se destitui dos meios de vida, segundo o duplo aspecto: primeiramente, o mundo exterior cada vez mais deixa de ser um objeto pertencente ao seu trabalho, de ser um meio de vida de seu trabalho; segundo, cada vez mais os meios de vida em sentido imediato deixam de ser meios para a subsistência física do trabalhador".[27] A história da indústria e das trocas é o processo histórico de separação entre o homem e seu trabalho, tanto de sua atividade quanto dos meios de efetivá-la e de seu produto. O desenvolvimento da indústria e das trocas nos mostra os indivíduos como realmente são: evidencia-nos a estrutura social e o Estado que nascem deste "processo de vida de indivíduos determinados", "isto é, tal como atuam e produzem materialmente", como

24 *Form*, p. 67.

25 *Form*, p. 82.

26 *M44*, p. 57.

27 *M44*, p. 237.9-15.

resultantes de "suas atividades sob determinados limites, pressupostos e condições materiais, independentes de sua vontade".[28]

Marx afirma que "o necessário *desenvolvimento* do trabalho é a *indústria* liberta, constituída para si mesma enquanto tal, e o *capital liberto*".[29] A história da indústria corresponde à invenção e ao engenho do homem, "a existência da indústria tornada *objetiva* é o livro *aberto* das *forças essenciais humanas*, a *psicologia* humana sensivelmente presente, a qual até agora não foi compreendida em sua conexão com a *essência* do homem, mas sempre apenas em uma relação exterior de utilidade".[30] A história humana evidencia o homem como um ser autoconstituinte, objetiva e subjetivamente, mediante o intercâmbio com a natureza através da atividade sensível; sendo a história, portanto, o resultado em permanente em movimento desta relação material primordial entre os homens.

Marx discute como a riqueza, entre os antigos, não era o objetivo da produção como é para os homens modernos: "a antiga concepção segundo a qual o homem sempre aparece (por mais estreitamente religiosa, nacional ou política que seja a apreciação) como o objetivo da produção parece muito mais elevada do que a do mundo moderno, na qual a produção é o objetivo do homem, e a riqueza, o objetivo da produção. Na verdade, entretanto, quando despida de sua estreita forma burguesa, o que é a riqueza, senão a totalidade das necessidades, capacidades, prazeres, potencialidades produtoras, etc., dos indivíduos, adquirida no intercâmbio universal? O que é, senão o pleno desenvolvimento do controle humano sobre as forças naturais – tanto as suas próprias quanto as da chamada 'natureza'? O que é, senão a plena elaboração de suas faculdades criadoras, sem outros pressupostos salvo a evolução histórica precedente que faz da totalidade desta evolução – isto é, a evolução de todos os poderes humanos em si, não medidos por qualquer padrão *previamente estabelecido* – um fim em si mesmo? O que é a riqueza, senão uma situação em que o homem não se reproduz a si mesmo numa forma determinada, limitada, mas sim em sua totalidade, se desvencilhando salvo do passado e se integrando no movimento absoluto do tornar-se? Na economia política burguesa – e na época de produção que lhe corresponde – este completo desenvolvimento das potencialidades humanas aparece como uma total alienação, como destruição de todos os objetivos unilaterais determinados, como sacrifício do fim em si mesmo em proveito de forças que lhe são externas".[31]

---

28 *IA-I*, p. 111.

29 *M44*, p. 250.38-40.

30 *M44*, p. 271.13-18.

31 *Form*, p. 81.

As diferentes atividades dos homens, as quais se fundem contribuindo para a "vantagem *comunitária* e a *comodidade* de sua *species*", acabam por se relacionar apenas enquanto produtos *monetariamente* intercambiáveis: "os díspares talentos e modos de atividade se utilizam reciprocamente *porque* podem juntar os seus *diversos* produtos numa massa comunitária, da qual cada um pode comprar".[32] Nestas relações de produção, a atividade individual ficou sob o controle de outrem.[33] O trabalhador se relaciona com o produto de seu trabalho como um objeto estranho, e aí encerram-se todas as consequências: pois deu sua vida ao objeto e ela pertence não mais a ele, mas ao objeto. "Portanto, quanto maior esta atividade tanto mais desprovido fica o trabalhador".[34] Ao mesmo tempo que o homem se objetiva, exterioriza-se, ele o faz de forma estranhada. É um processo contraditório: por um lado, a "*objetivação*, a produção do trabalhador"; por outro, o "*estranhamento*, *perda* do objeto, do seu produto".[35] O trabalhador sem meios e objetos de trabalho é simples força de trabalho subjetiva, pois a subjetividade é um atributo que se constitui no trânsito com a objetividade (manifesta inicialmente no planejamento prévio na mente do trabalhador que irá imprimir a finalidade da atividade), é a força de trabalho em potência. O trabalhador torna-se um indivíduo abstrato porque sua atividade é abstrata, porque não se apropria dos meios e objetos ao operar objetivamente sobre eles. O trabalho como a essência subjetiva da riqueza, da propriedade privada, torna-se nada mais que o trabalho como mera força de trabalho subjetiva, que estabelece as condições objetivas de produção e os produtos do trabalho como algo alheio e contraposto ao indivíduo produtor, ficando este, então, sem substância, pois sua "própria manifestação vital"[36] não lhe pertence.

Além disso, a força humana de trabalho em ação ou o trabalho humano cria valor, vem a ser valor ao se cristalizar na forma de um objeto.[37] O modo capitalista de produção, através da expressão de equivalência entre mercadorias distintas, "põe à mostra a condição específica do trabalho criador de valor, porque ela realmente reduz à substância comum, o trabalho humano simplesmente, os trabalhos diferentes incorporados em mercadorias diferentes".[38] O valor criado pela atividade humana implica, portanto, o estranhamento da coisa pela homogeneização, bem como o *estranhamento-de-si*: "a energia física e espiritual *própria* do trabalhador, sua vida pessoal – pois o que

32 *M44*, p. 155.

33 Cf. *K*, p. 584.

34 *M44*, p. 236.26-27.

35 *M44*, p. 236.37-39.

36 *CapVI*, p. 19.

37 Cf. *K*, p. 59.

38 *K*, p. 58.

é vida senão atividade", torna-se "uma atividade voltada contra ele mesmo, independente dele, não pertencente a ele".[39] A indiferença em relação ao conteúdo particular do trabalho específico que decorre do fundamento desse sistema é um fato tanto para o capital quanto para o trabalhador e expressa a absurda independência dos objetos do trabalho em relação ao homem.

Marx propõe-se a determinar a *interconexão essencial*[40] entre todo esse estranhamento – propriedade privada, ganância, separação do trabalho, capital e propriedade de terra, de troca e concorrência, valor e desvalorização do homem, monopólio e concorrência etc. – com o sistema do dinheiro. Conclui que "a *propriedade privada* resulta portanto, por análise, do conceito de *trabalho alienado,* isto é, de *homem alienado*, do trabalho estranhado, da vida estranhada, do homem *estranhado*".[41] O trabalho produz crescentemente "suas condições de produção enquanto *capital,* e o capital produz o trabalho como trabalho assalariado, como meio da realização enquanto capital".[42]

Os meios de produção que o trabalhador emprega no processo real de trabalho são propriedade do capitalista e na condição de capital se defrontam com o trabalho. Na produção capitalista, o trabalhador está alienado de todos os elementos constituintes de seu trabalho, isto é, da própria atividade, dos meios e do produto do trabalho, assim como do outro homem, do gênero. Há, por fim, uma inversão das finalidades do processo de trabalho e seus momentos: não é mais o homem que se utiliza dos meios e objetos de trabalho, mas estes que consomem o homem. A finalidade não é a satisfação de uma carência humana, mas sim das necessidades do capital, que desta forma parece aos homens *coisa* e não relação social, e que se materializa, para o trabalhador, na forma de mercadorias: dinheiro, meios e objetos de trabalho.

As forças produtivas sociais do trabalho que se desenvolvem historicamente com o modo de produção especificamente capitalista aparecem, por isso, "como algo imanente à relação do capital e dele inseparável". O trabalho como *externação da força de trabalho,* como esforço, pertence ao trabalhador individual, ainda que objetivado no produto e pertencente ao capitalista; porém, a combinação social, "na qual as diversas forças de trabalho funcionam tão-somente como órgãos particulares da capacidade de trabalho que constitui a oficina coletiva, não pertence a estas, mas se lhes contrapõe como *ordenamento capitalista,* é-lhes *imposta*". Deve-se ainda ter em conta que as condições objetivas de trabalho acabam por assumir forma modificada por causa das dimensões e da maneira com que são utilizadas. Tornam-se, assim, "mais desenvolvidas

39 *M44,* p. 239.22-24.

40 Cf. *M44,* p. 244.

41 *M44,* p. 244.14-16.

42 *Cap VI,* p. 92.

como meios de produção concentrados, representantes de riqueza *social*, e o que realmente esgota a totalidade – graças à amplitude e ao resultado das *condições de produção* do trabalho combinado *socialmente*".[43] A omnilateralidade de manifestação vital humana é anulada e reduzida à liberdade do homem apenas em suas funções animais (comer, beber, procriar etc.), pois em suas funções humanas (a atividade consciente e seus produtos) o homem sente-se como animal. As forças práticas tornaram-se "estranhas e naturalmente independentes da vontade dos *indivíduos isolados* e também dos *indivíduos em sua totalidade*", mas por outro lado, não são forças incontroláveis, uma vez que sua raiz "está na evolução e na conduta empírica do indivíduo que, por sua vez, dependem das condições universais".[44]

GENERIDADE

Os elementos que constituem a natureza genérica do homem coexistem na individualidade. Ambos, porém, estão estranhados sob o pressuposto da propriedade privada. Marx explica que o caráter de gênero, "A vida genérica, tanto no homem quanto no animal, consiste fisicamente em que o homem (como o animal), vive da natureza inorgânica, e o homem é tanto mais universal do que o animal quanto mais universal é o âmbito da natureza inorgânica do qual vive".[45] Ele prossegue afirmando que "no modo de atividade reside todo o caráter de uma *species*, seu caráter genérico, e a atividade consciente livre é o caráter genérico do homem",[46] temos assim não apenas ligados, mas distinguidos indivíduo e gênero por meio da atividade. Se o gênero é o caráter definidor de qualquer espécie natural viva, no homem, o caráter de seu gênero é ser consciente e sua atividade por isso é livre, genérica, universal. Vejamos.

O que pode ser considerado como intrinsecamente característico do modo de vida humano são a produção material, a constituição de um mundo humano complexo através da constante criação e satisfação de necessidades e as relações recíprocas entre os homens, as relações sociais – "social no sentido de que se entende por isso a cooperação de vários indivíduos, quaisquer que sejam as condições, o modo e a finalidade".[47] É da comunidade (co-proprietários) ou de famílias específicas (proprietários independentes) que deriva esse pressuposto para o indivíduo, desde a forma tribal fixada na terra até as formas asiáticas, greco-romana e feudal. Em todos esses casos,[48] "os indivíduos

---

43 *Cap VI*, p. 84.

44 *IA-II*, p. 42.

45 *M44*, p. 240.34-37.

46 *M44*, p. 240.28-30.

47 *IA-I*, p. 42.

48 Com exceção de alguns aspectos da forma asiática.

comportam-se não como trabalhadores, mas como *proprietários* – e membros de uma comunidade em que trabalham",[49] e a finalidade do trabalho é a manutenção do indivíduo, da família e da comunidade.

De acordo com Marx, em princípio não há entre os indivíduos intercâmbio de produtos, mas de forças de produção: é do tipo de troca das forças produtivas que depende o tipo de troca dos produtos, ou seja, a troca dos produtos corresponde, em geral, à forma de sua produção. "O que os indivíduos são, portanto, depende das condições materiais de sua produção. Essa produção aparece inicialmente com o *aumento da população*. Ela própria pressupõe um *intercâmbio* dos indivíduos uns com os outros. A forma desse intercâmbio é, por sua vez, condicionada pela produção".[50] Na história das sociedades, o intercâmbio individual sempre correspondeu a um modo de produção determinado e, este, ao antagonismo de classes.

A prova da existência do homem como ser genérico *consciente* é precisamente o "engendramento prático de um *mundo objetivo*, a *elaboração* da natureza inorgânica"[51] voltada para o próprio homem. Isso porque "a unidade essencial do ser humano, a consciência genérica e o comportamento genérico do homem, a identidade prática do homem com o homem" é "a relação social ou humana do homem com o homem".[52] O homem afirma-se como ser genérico relacionando-se com a natureza, com os outros homens e com o mundo criado por eles, nas sucessivas gerações de homens, como com seu próprio ser, relaciona-se consigo mesmo, portanto, enquanto ser genérico.[53]

A generidade humana tem um caráter muito distinto das outras espécies na natureza porque o indivíduo toma para si, conscientemente, seu gênero: seu ser genérico é consciente. É através do trabalho dos indivíduos, seus produtos e todas as relações daí advindas, que o homem afirma-se não "apenas um ser natural, mas ser natural humano, isto é, ser existente para si mesmo, *por isso*, ser genérico que, enquanto tal, tem de atuar e confirmar-se tanto em seu ser quanto em seu saber".[54] A atividade vital consciente confirma o homem como ser social, um ser cujo caráter genérico manifesta-se no seu ser objetivo e no seu saber (teórico-subjetivo) na construção social de seu próprio mundo. Fazendo *prática e teoricamente* do gênero (do seu próprio ser orgânico e inorgânico) seu objeto, o homem "se relaciona consigo mesmo como um ser universal, por isso livre".[55]

---

49 *Form*, p. 66.

50 *IA-I*, p. 27-28.

51 *M44*, p. 241.5.

52 *SF*, p. 58.

53 Cf. *M44*, p. 241.

54 *M44*, p. 28, grifo meu.

55 *M44*, p. 107.

O caráter genérico humano determina que o homem, em sua "existência mais individual", seja "ao mesmo tempo coletividade".[56] O homem, diz Marx, "por mais que seja, por isso, um indivíduo *particular*, e precisamente sua particularidade faz dele um indivíduo e uma coletividade efetivo-*individual* – é, do mesmo modo, tanto a *totalidade*, a totalidade ideal, a existência subjetiva da sociedade pensada e sentida para si, assim como ele também é na efetividade, tanto como intuição e fruição efetiva da existência social, quanto como uma totalidade de externação humana de vida".[57] Em crítica a Stirner, Marx comenta que de fato os indivíduos "'partiram', sempre e em quaisquer circunstâncias, '*deles próprios*', mas eles não eram únicos no sentido de que não podiam deixar de ter relações entre si; pelo contrário, as suas *necessidades*, portanto a sua natureza, e a maneira de as satisfazer, tornava-os dependentes uns dos outros (relação entre os sexos, trocas, divisão do trabalho): era portanto inevitável que se estabelecessem relações entre eles".[58] Desta forma, esta interdependência e sua correspondente vida material, "o seu modo de produção e as suas modalidades de troca, que se condicionam reciprocamente", são as condições objetivas com as quais os indivíduos se defrontam[59] e que não dependem de modo nenhum apenas da vontade ou do arbítrio individual.

A condição de ser "para si", específica do "gênero vivo" do homem, transformando e criando *outras* condições de existência, suas *próprias* condições humanas, está presente nos pólos inseparáveis do ser social: gênero e indivíduo. O indivíduo confirma o gênero teórica e praticamente – o gênero confirma-se em sua universalidade como ser pensante na consciência do indivíduo e em toda sua natureza inorgânica. Desta forma, a abstração do gênero frente ao indivíduo é falsa: "a vida individual e a vida genérica do homem não são *diversas*, por mais que também – e isto necessariamente – o modo de existência da vida individual seja um modo mais *particular* ou mais *universal*. Como *consciência genérica* o homem confirma sua *vida social* real e no pensamento apenas reitera sua existência efetiva, assim como, inversamente, o ser genérico confirma-se na consciência genérica [do indivíduo], e é para si em sua universalidade enquanto ser pensante".[60] O relacionamento consciente objetivo no intercâmbio entre os indivíduos é o meio pelo qual se realiza o caráter genérico do homem em sua universalidade social concreta.

Efetivamente, o gênero é constituído pelas próprias forças sociais desenvolvidas pelos indivíduos, desde a religião até a própria sociedade civil, suas classes, sua divisão do trabalho, sua propriedade privada e seu Estado (forma política do estranhamento

---

56 *M44*, p. 105.

57 *M44*, p. 108.

58 *IA-II*, p. 300.

59 Cf. *IA-I*, p. 136.

60 *M44*, p. 267.35-268.2.

do gênero dos indivíduos).[61] O intercâmbio entre os indivíduos pode ser apresentado, inclusive, "em sua ação enquanto Estado e explicando a partir dela o conjunto dos diversos produtos teóricos e formas de consciência – religião, filosofia, moral, etc." – assim como é possível "seguir seu processo de nascimento a partir desses produtos".[62] O intercâmbio dos indivíduos é determinado pelo posicionamento na produção que eles ocupam, posição que aparece, por sua vez, enquanto um dado das condições materiais de vida determinado pela divisão do trabalho.

O gênero vivo são os indivíduos vivos e ativos produzindo em comunidade que, em suas relações, transformam sua determinação natural em determinação humana. Um indivíduo civilizado, casualmente isolado, leva consigo, "dinamicamente, as forças da sociedade"; entretanto, a produção do indivíduo isolado fora da sociedade é tão absurda quanto o "desenvolvimento da linguagem sem indivíduos que vivam *juntos* e falem entre si".[63] Afinal, a linguagem desenvolve-se materialmente na relação entre os homens, é o ser coletivo "falando por si mesmo".[64]

Mas por que a consciência universal tornou-se, no mundo moderno, "uma abstração da vida efetiva, e enquanto tal se lhe defronta de modo hostil",[65] e por isso a sociedade é fixada como abstração frente ao indivíduo singular? O homem está estranhado do seu ser genérico, a atividade vital consciente tornou-se estranha aos indivíduos e, portanto, "um homem está estranhado do outro, assim como cada um deles está estranhado da essência humana. O estranhamento do homem, de modo geral qualquer relação em que o homem está diante de si mesmo, só se efetiva e se expressa na relação em que o homem está com outro homem. Portanto, na relação do trabalho estranhado cada homem observa os outros segundo o critério e a relação em que ele mesmo se encontra como trabalhador".[66]

A objetividade produzida pelo trabalho é a manifestação da vida genérica do homem. Como vimos, "o homem duplica-se não apenas na consciência, intelectualmente, mas ativamente, realmente, e por isso contempla a si mesmo num mundo criado por ele",[67] um mundo objetivo-humano. A relação fundamental do gênero entre o indivíduo e *seu* trabalho, que é ao mesmo tempo social e individual, torna possível o desenvolvimento das faculdades humanas individuais. Mas, "arrebatando ao homem

61 Cf. *QJ*, p. 45-46.

62 *IA-I*, p. 55.

63 *In57*, p. 104.

64 Cf. *IA-I*.

65 *M44*, p. 242.19-24.

66 *M44*, p. 86.

67 *M44*, p. 85.

o objeto de sua produção, se lhe arrebata sua *vida genérica*, sua efetiva objetividade genérica, convertendo sua vantagem face ao animal em desvantagem ao lhe ser tirado o seu corpo inorgânico, a natureza".[68] Ao ser destituído do elo com sua vida genérica, o indivíduo torna-se abstrato, não se contempla mais no mundo objetivo, torna-se um estranho neste mundo. Toda a universalidade característica da atividade vital do gênero inverte-se e anula-se no indivíduo separado de seu corpo inorgânico.

Sobressai aqui a gravidade da situação do indivíduo moderno, para o qual a universalidade concreta existente no gênero vivo existe efetivamente para o trabalhador como mera abstração. Quando Marx trata da alienação do objeto, isto é, dos produtos, e da alienação da atividade (meios e instrumentos de trabalho), trata também da alienação do trabalhador em relação ao gênero e portanto dos indivíduos entre si. Se estes lhe parecem estranhos, estranhado está o gênero humano de sua substância, daquilo que ele manifesta como modo de vida humano, baseado na atividade consciente e sensível, cuja marcha estabeleceu "o egoísmo e a necessidade interesseira, dissolvendo o mundo humano num mundo de indivíduos atomizados e antagônicos".[69] A *divisão do trabalho* e a *troca* são os meios práticos pelos quais se efetiva a produção estranhada e o relacionamento estranhado dos homens, sendo "as expressões manifestamente alienadas da atividade e força essencial humanas"[70] que não condizem com uma atividade e força essencial em conformidade com o gênero.

Analisando historicamente as fases pelas quais passou o intercâmbio, Marx observa que na Idade Média trocava-se apenas o supérfluo, o excedente da produção sobre o consumo; no momento histórico posterior, todos os produtos passaram para a esfera do comércio, uma segunda fase do intercâmbio. "Por último chegou um tempo em que tudo o que os homens vinham considerando como inalienável, tornou-se objeto de troca, de tráfico e podia ser alienável. É o tempo em que, mesmo as coisas que até então se transmitiam, mas que jamais se intercambiavam, davam-se, porém jamais se vendiam; adquiriam- se, porém sem jamais comprar-se: virtude, amor, opinião, ciência, consciência etc., tudo, em suma, passou para a esfera do comércio. É o tempo da corrupção geral, da venalidade universal ou, para nos expressarmos em termos de economia política, o tempo em que cada coisa, moral ou física, convertida em valor de troca, é levada ao mercado para ser apreciada em seu justo valor. Como explicar essa nova e última fase do intercâmbio: o valor de troca levado à terceira potência?".[71] Atributos,

68 *M44*, p. 241.28-32.

69 *QJ*, p. 72.

70 *M44*, p. 155.

71 *MF*, p. 34.

relações e coisas que até então não estavam separadas do indivíduo e não podiam ser intercambiadas e vendidas destacam-se dele e passam à esfera autônoma do comércio. O indivíduo, desde então, não está mais unido aos laços que tradicionalmente o atavam aos outros indivíduos e vê-se despojado do conteúdo de sua vida: tudo, inclusive e principalmente o próprio indivíduo, tornou-se valor de troca – a expressão prioritária dos intercâmbios individuais, fundamento da produção e do consumo. As formas oferta e procura que identificam produção e consumo "são relações de uma produção determinada, nem mais nem menos que os intercâmbios individuais".[72] Nessas bases é que se deve buscar as causas do isolamento dos indivíduos, bem como de seu estranhamento em relação ao gênero.

Por fim, através da concorrência universal, por si só um resultado casual de uma série de fatores combinados, a grande indústria força o rompimento das relações naturais anteriores, estabelecendo outras: os indivíduos são constrangidos a uma forte aplicação de suas forças e todas as relações sociais tornam-se monetárias, as representações são desvendadas e desmistificadas, engendra-se a história mundial. Ao subsumir a ciência da natureza ao capital, a concorrência universal "retirou à divisão do trabalho sua última aparência de naturalidade. Destruiu em geral a naturalidade, tanto quanto isto é possível no interior do trabalho, e dissolveu todas as relações naturais em relações monetárias".[73] Assim, o caráter natural das relações sociais de produção, mesclado às relações políticas, religiosas etc., radicaliza-se e fica reduzido apenas à sua expressão material.

Portanto, na medida em que o trabalho é a categoria central do gênero humano, o trabalho estranhado separa o indivíduo de seu gênero. Em outras palavras, se o gênero manifesta-se diretamente na atividade vital (no modo de vida da espécie), no trabalho, na relação do homem com a natureza e consigo mesmo; o trabalho estranhado faz com que a natureza seja alienada do homem, assim como faz com que o homem se aliene de si mesmo. "Na medida em que o trabalho estranhado estranha ao homem 1) a natureza, 2) a si mesmo, suas próprias funções ativas, sua atividade vital; então ele estranha ao homem o gênero; torna-lhe a vida *genérica* meio da vida individual", de modo que "a própria vida aparece apenas como *meio de vida*".[74] O indivíduo – que é simultaneamente sua vida genérica, no sentido de que a atividade que objetiva sua individualidade é característica do gênero – ao fazer do gênero meio da sua vida individual ou, em outras palavras, alçando-se de modo a contradizer o gênero, torna vazios e abstratos o gênero, o indivíduo e o trabalho. O primeiro perdeu seus componentes, o segundo tornou-se sem conteúdo e sem substância, pois sua atividade vital, característica determinante do

72 *MF*, p. 42.

73 *IA-I*, p. 83.

74 *M44*, p. 240.17-19; 240.30-31.

gênero, está separada dele, e consequentemente ele está estranhado dos outros homens (estes e suas forças produtivas que compõem, efetivamente, o gênero).

Praticamente, utilizar o gênero como meio para a realização do indivíduo significa opor indivíduo e gênero, pois: "primeiro, estranha a vida genérica, assim como a vida individual. Segundo, faz da última em sua abstração um fim da primeira, igualmente em sua forma abstrata e estranhada".[75] O homem estranhado da natureza e, portanto, do próprio homem (já que a primeira relação natural e objetiva do homem ocorre com outro homem); e o homem separado de sua função vital. Assim, o trabalho, atividade consciente livre que é o caráter genérico do homem, mas tornado estranho justamente no desenvolvimento das relações genéricas, alheia radicalmente gênero e indivíduos.[76]

CONSCIÊNCIA

A consciência é um atributo do ser social presente na individualidade, nas relações entre os homens e na relação dos homens com a natureza; as formas da consciência são, por sua vez, apreensões teóricas da realidade complexa das determinações objetivas.

Não é apenas no pensamento, "mas sim com *todos* os sentidos é que o homem afirma-se no mundo objetivo",[77] o pensamento é um dos modos de apreensão do mundo. É como *consciência genérica* que "o homem confirma sua *vida social* real e no pensamento apenas reitera a sua existência efetiva".[78] E assim, "a consciência da necessidade de estabelecer relações com os indivíduos que o circundam é o começo da consciência de que o homem vive em sociedade".[79] Os seres da natureza formam parte da consciência humana *teoricamente* como objetos da ciência e da arte, e também *praticamente*, como parte da vida e atividade humanas.[80] São formas de consciência a religião, a filosofia, a moral, a ciência, a arte etc.

A consciência, embora seja sempre do indivíduo – não existe fora do homem – só se desenvolve e se expressa por meio de representações sobre as relações objetivas, isto é, suas formas de consciência são voltadas para fora. No início da evolução da consciência o indivíduo não é consciente de si, no sentido de distinguir claramente uma vida interior própria, ele porta somente uma consciência comunal, característica genérica das relações entre os indivíduos, da sua convivência em comunidade.

75 *M44*, p. 84. "O trabalho estranhado inverte a relação a tal ponto que o homem, precisamente porque é um ser consciente, faz da sua atividade vital, da sua essência, apenas um meio para sua existência" (*M44*, p. 85).

76 Cf. *M44*, p. 240.

77 Cf. *M44*, p. 270.

78 *M44*, p. 267.35.

79 *IA-I*, p. 44.

80 Cf. *M44*, p. 239.37-240.4.

Nos seus primórdios, esta expressão subjetiva ainda incipiente desdobra-se continuamente por meio de relações objetivas, na criação e fruição de objetos correspondentes a seu gênero humano até que o indivíduo torna-se consciente. Inclusive, "o próprio elemento do pensamento, o elemento da externação de vida do pensamento, a *linguagem*, é de natureza sensível".[81] A consciência, por sua vez, só se desenvolve através da linguagem, ou seja, a consciência tem sua existência objetiva manifesta pela linguagem, engendrada pela necessidade de intercâmbio entre os homens. A linguagem, diz Marx, "é tão antiga quanto a consciência – a linguagem é a consciência real, prática, que existe para os outros homens e também para mim mesmo; e a linguagem nasce, como a consciência, da carência, da necessidade de intercâmbio com outros homens. Minha relação com meu ambiente é a minha consciência. /.../ A consciência é, naturalmente, antes de mais nada mera consciência do meio sensível *mais próximo* e consciência da conexão limitada com outras pessoas e coisas situadas fora do indivíduo que se torna consciente; é ao mesmo tempo consciência da natureza que, a princípio, aparece aos homens como um poder completamente estranho, onipotente". Assim, a linguagem em sua condição de consciência genérica é a própria corporificação do ser comunal. A linguagem é a forma objetiva da consciência e que é distinta da objetividade da fala, que é imediatamente material, "camadas de ar em movimento, sons".[82]

O pensamento é sempre sobre o mundo objetivo e suas relações. No contexto da crítica ao idealismo, Marx ressalta que foi o próprio desenvolvimento das forças e relações de produção que determinou, até o capitalismo, a forma de existência dos homens, o que significa que as leis naturais históricas agem sobre os homens de forma que o elemento consciente e suas formas não servem de fundamento.[83] Se o pensamento do indivíduo está coadunado com as condições objetivas em que o indivíduo é ativo, ele será local ou universal dependendo da "evolução do mundo e da parte que ele [indivíduo] aí tomar, ele e a localidade onde vive. Não é, de modo nenhum, porque em pensamento os indivíduos imaginam abolir a sua tacanhez local, nem tão pouco porque disso tenham a intenção, que eles conseguem, em determinadas circunstâncias favoráveis, libertar-se dela: se o conseguem, é pelo fato de, na sua realidade material e determinada pelas necessidades materiais, conseguirem produzir um sistema de troca à escala mundial".[84] A representação social do indivíduo isolado não é, então, um problema da consciência do indivíduo, o qual ele pode mudar de acordo com as representações que

81 *M44*, p. 272.39-41.

82 *IA-I*, p. 43.

83 Cf. *K*, prefácio à 1ª edição.

84 *IA-II*, p. 42. O próprio Stirner distingue entre "gozo" e "possibilidade de gozo", faculdade pessoal e faculdade objetiva. Para Stirner, ironiza Marx, o fato é que "eu posso ter um grande poder (uma grande faculdade) pessoal de gozo, sem que, por isso, tenha o correspondente poder objetivo (o dinheiro, etc.).

faz da realidade. Neste sentido, pergunta Marx: "será preciso uma inteligência profunda para compreender que com as relações de vida dos homens, com as suas ligações sociais, com a sua existência social, mudam também as suas representações, intuições e conceitos, numa palavra, [muda] também a sua consciência?".[85]

Desta forma, "minha consciência *universal* é apenas a figura *teórica* daquilo de que a coletividade *real*, o ser social, é a figura *viva*, ao passo que hoje em dia a consciência *universal* é uma abstração da vida efetiva e como tal se defronta hostilmente a ela. Por isso, a *atividade* de minha consciência universal – enquanto uma tal [atividade] – é minha existência *teórica* enquanto ser social".[86] Como o indivíduo tem interesses contrários aos interesses da coletividade, a uma sociabilidade estranhada corresponde, nos indivíduos, uma consciência genérica estranhada. Essa separação, que assume aspecto antagônico entre o indivíduo e o gênero, se expressa numa consciência apenas teórica, e não prática, da existência individual enquanto ser social.

A apreensão do concreto por meio do pensamento é uma operação teórica que, para que seja cientificamente correta, deve compor-se de dois momentos: a abstração de categorias simples a partir da totalidade concreta, e a recondução à totalidade concreta por meio das categorias dela abstraídas, chegando à síntese de muitas determinações, à unidade do diverso, que determina o concreto. Marx comenta que foi um problema no "caminho de volta" que fez Hegel cair "na ilusão de conceber o real como resultado do pensamento que se sintetiza em si, se aprofunda em si, se move por si mesmo; enquanto que o método que consiste em elevar-se do abstrato ao concreto *não é senão a maneira de proceder do próprio pensamento* para se apropriar do concreto, para reproduzi-lo como concreto pensado". Ou seja, tal processo abstrativo de apreensão do concreto "não é *de modo nenhum* o processo da gênese do próprio concreto".[87]

Marx exemplifica com o valor de troca uma simples categoria econômica. Ela jamais pode existir isolad de outras categorias também abstraídas do mesmo concreto, isto é, ela pressupõe necessariamente uma população produzindo sob determinadas condições etc. Portanto, "o valor de troca nunca poderia existir de outro modo senão como uma relação unilateral, abstrata de um todo vivo e concreto já dado",[88] só tem um modo de ser antediluviano formal ou teoricamente, enquanto categoria abstrata que foi separada do todo concreto, cuja representação inicial é caótica, e foi assim fixada. Com isso, para a consciência, pois, o movimento das categorias pode aparecer

---

O meu 'gozo' real é sempre, por conseguinte, hipotético" (*IA-II*, p. 127) – o neohegeliano reconhece em alguma medida, portanto, o poder objetivo, o qual não discute e nem tira daí consequências.

85 *MPC-II*.

86 *M44*, p. 267.19-24.

87 *In57*, p. 117.

88 *In57*, p 117.

como o ato de produção efetivo sem o ser absolutamente, já que a gênese está no ser e não no pensamento. Apenas na medida em que é totalidade concreta de pensamentos o mundo representado é de fato produto do pensar, "da elaboração da intuição e da representação em conceitos".[89]

Assim, "o todo, tal como aparece no cérebro, como um todo de pensamentos, é um produto do cérebro pensante que se apropria do mundo do único modo que lhe é possível, modo que difere do modo artístico, religioso e prático-mental de se apropriar dele. O sujeito real permanece subsistindo, agora como antes, em sua autonomia fora do cérebro, isto é, na medida em que o cérebro não se comporta se não especulativamente, teoricamente".[90] É a mesma distinção existente entre o método de exposição e o método de pesquisa: "A investigação tem de apoderar-se da matéria, em seus pormenores, de analisar suas diferentes formas de desenvolvimento, e de perquirir a conexão íntima que há entre elas. Só depois de concluído esse trabalho, é que se pode descrever, adequadamente, o movimento real. Se isto se consegue, ficará espelhada, no plano ideal, a vida da realidade pesquisada, o que pode dar a impressão de uma construção a priori".[91]

SENSIBILIDADE

É mister repetir a afirmação marxiana de que é com *todos* os sentidos que o homem afirma-se no mundo objetivo. Os sentidos humanos – as sensações, as paixões etc. – não são apenas determinações antropológicas do homem, mas, "verdadeiramente afirmações ontológicas do ser (natureza)".[92] O caráter sensível da atividade humana implica a subjetividade, a qual é necessariamente atributo de um ser objetivo, e que, portanto, se desenvolve efetivamente por meios objetivos. A sensibilidade deve ser apreendida como "atividade *prática*, humano-sensível".[93] A esse respeito é a objeção marxiana ao ser objetivo feuerbachiano: não é o ser ativo. A atividade sensível não é apreendida por Feuerbach pois, na medida em que os objetos são independentes do pensamento, eles têm um fundamento em si mesmos. Os objetos feuerbachianos estão fora e separados do indivíduo, e quando se considera o próprio sujeito como ser objetivo, em contraposição ao idealismo, ao invés de mera subjetividade/atividade abstrata, isso ocorre de modo a ocultar a transitividade real entre sujeito e objeto – aspecto ativo que é desdobrado de modo abstrato pelo idealismo. Sem o aspecto sensível-ativo fundamental da objetividade humana, desaparece também a conexão entre objetividade e

89 Não é, portanto, de modo algum "o produto do conceito que pensa separado e acima da intuição e da representação, e que se engendra a si mesmo" (*In57*, p. 117).

90 *In57*, p. 117.

91 *K*, p. 16 ("Posfácio da segunda edição")

92 *M44*, p. 110.

93 *IA-I*, p. 13.

subjetividade e, antes, o próprio fundamento do mundo social, resultando numa ligação natural e a-histórica entre os indivíduos.[94]

A humanização manifesta-se imediatamente através da sensibilidade, esta que é o conjunto dos órgãos *da individualidade* mediante os quais o homem se relaciona com o mundo. Além dos cinco sentidos, que não são estritamente naturais, pois "a *formação* dos cinco sentidos é um trabalho de toda a história do mundo até aqui", Marx menciona também "os ditos sentidos espirituais, os sentidos práticos (vontade, amor etc.).[95] Deste modo, a sensibilidade não é simplesmente vinculada à naturalidade (ou animalidade), mas é dimensão central de alargamento e enriquecimento da hominilidade. Vejamos melhor como a sensibilidade se desenvolve, o significado do estranhamento dos sentidos e, por conseguinte, a emancipação como ampliação qualitativa da sensibilidade.

Um objeto humano é a confirmação de forças essenciais humanas, satisfaz e reproduz necessidades humanas: "o meu objeto só pode ser a confirmação de uma das minhas forças essenciais /.../, os *sentidos* do homem social são sentidos *distintos* que não os do não social; somente por meio da riqueza do ser humano objetivamente desdobrada é que a riqueza da sensibilidade *humana* subjetiva, que um ouvido musical, um olho para a beleza da forma, em suma as fruições humanas todas se tornam *sentidos* capazes, sentidos que se confirmam como forças essenciais *humanas*, em parte recém cultivados, em parte recém engendrados".[96]

Deste modo, se os sentidos se afirmam pelo fato de que "seu *objeto* é *sensível* para eles, então compreende-se 1) que o modo de afirmação não é, em absoluto, um e o mesmo, mas, isto sim, os diferentes modos de afirmação formam a particularidade da sua existência, de sua vida; o modo como o objeto é para elas é o modo particular de sua *fruição*; 2) quando a afirmação sensível é a supressão imediata do objeto em sua forma autônoma (comer, beber, elaboração do objeto etc.) essa é a afirmação do objeto; 3) na medida em que o homem é *humano*, então seu sentimento etc., é *humano*, a afirmação do objeto por um outro é, do mesmo modo, sua própria fruição".[97]

A sensibilidade humana se desenvolve no intercâmbio ativo do homem com a natureza. Através da sensibilidade se dá a mediação, no indivíduo, entre sua natureza orgânica e inorgânica, entre os objetos e a subjetividade, que então se desenvolvem reciprocamente: quando os indivíduos agem sobre o mundo sensível e o modificam, agem sobre si mesmo e se transformam. O animal e a planta também são determinados por algo externo e objetivo, são seres vivos, portanto, sensíveis; entretanto, é uma

94 Cf. *IA-I*, p.14.

95 *M44*, p. 270.23-24.

96 *M44*, p. 110.

97 *M44*, p. 318.1-14.

sensibilidade que não abre portas ao desenvolvimento subjetivo. A atividade sensível dos indivíduos humanos num duplo movimento cria objetos através do desenvolvimento da sensibilidade ao mesmo tempo que a enriquece, tanto na criação quanto na fruição. *Como* os objetos se tornam *seus* "depende da *natureza do objeto* e da natureza da força essencial que corresponde a *ela*, pois precisamente a *determinidade* desta relação forma o modo particular e *efetivo* da afirmação. Ao *olho* um objeto se torna diferente do que ao *ouvido*, e o objeto do olho é um outro que o do *ouvido*. A peculiaridade de cada força essencial é precisamente a sua *essência peculiar*, portanto também o modo peculiar da sua objetivação, do seu *ser* vivo *objetivo-efetivo*".[98]

Marx observa que se um sentido é constrangido à "carência prática rude", ele será apenas um sentido tacanho. Da mesma forma, limitada será a sensibilidade do indivíduo se todos os seus sentidos forem reduzidos a um único sentido – como é efetivamente o caso nas relações capitalistas. No capitalismo, "o lugar de todos os sentidos físicos e espirituais passou a ser ocupado, portanto, pelo simples estranhamento de todos esses sentidos, pelo sentido do ter. A esta absoluta miséria tinha de ser reduzida a essência humana, para com isso trazer para fora de si sua riqueza interior".[99] O caráter quantitativo e, portanto, abstrato do trabalho social cujo produto universal é a mercadoria (e sua forma dinheiro) reduz todos os sentidos humanos e suas múltiplas carências a uma única necessidade: o dinheiro, que realiza o sentido do ter.

Analogamente, mostrando a unilateralidade dos modos de afirmação, Marx afirma que a "hostilidade abstrata entre sentido e espírito é necessária enquanto o sentido humano para com a natureza, o sentido humano da natureza, e portanto também o sentido *natural* do *homem*, ainda não tiver sido produzido mediante o próprio trabalho do homem".[100] O sentido humano, fruto da elaboração da natureza inorgânica, deve ser universalizado em sua qualidade de produto do trabalho humano sobre os objetos, os modos de afirmação dos sentidos humanos correspondem à universalização dos modos de apropriação da natureza e consequentemente das relações entre os homens. Deste modo, a reapropriação da totalidade dos sentidos humanos desenvolvidos é uma questão prática, mediada objetivamente através da atividade sensível, que os engendrou.

O desenvolvimento da sensibilidade só pode ser integral se "o homem se apropria da sua essência omnilateral, portanto como um homem total. Cada uma das suas relações *humanas* com o mundo, ver, ouvir, cheirar, degustar, pensar, intuir, perceber, querer, ser ativo, amar, enfim todos os órgãos da sua individualidade, assim como os órgãos que são imediatamente em sua forma como órgãos comunitários, são no seu

98 *M44*, p. 109-110.

99 *M44*, p. 108.

100 *M44*, p. 145.

comportamento *objetivo* ou no seu *comportamento para com o objeto* a apropriação do mesmo, a apropriação da efetividade *humana* (por isso ela é precisamente tão multíplice quanto multíplices são as *determinações essenciais* e *atividades* humanas), *eficiência* humana e *sofrimento* humano, pois o sofrimento, humanamente apreendido, é uma autofruição do ser humano".[101] É na constante criação e satisfação das carências, na apropriação e elaboração do mundo que o homem, através dos sentidos, se humaniza.

A suprassunção positiva da propriedade privada, ou comunismo, constitui a emancipação total dessa riqueza humana adstringida, riqueza que veio a ser no processo objetivo e subjetivo de autoconstrução humana: é o olho que se transforma em olho humano, é o objeto do olhar que se tornou social, ou seja, "proveniente do homem para o homem".[102] O objeto tornado inteiramente humano significa, portanto, que a sociedade está presente no objeto, "os sentidos e o espírito do outro homem se tornaram a minha própria apropriação". É precisamente por ser um objeto social que ele pode ser apropriado plenamente pelo indivíduo. Como ocorre esta apropriação dependerá da peculiaridade do objeto e da força essencial contida nele, já que, como sempre, "a determinidade desta relação forma o modo particular e efetivo da afirmação".[103] Quando os sentidos relacionam-se com a coisa porque a querem, impulso que acontece imediatamente na práxis, eles se tornam teoréticos. A coisa, prossegue Marx, relaciona-se humanamente com o homem porque o homem relaciona-se humanamente com a coisa; a utilidade natural se torna utilidade humana.

OBJETIVIDADE

A objetividade é a característica elementar do ser, este que é, sempre, objetivo, pois "um ser não-objetivo é um não-ser".[104] Já que é atributo de todos os seres, orgânicos e inorgânicos, a objetividade é, portanto, uma categoria da realidade que precede a existência humana. Vejamos como esta categoria, imprescindível do mundo sensível passa a relacionar-se com a atividade dos indivíduos em sociedade, no processo de transformação subjetiva e objetiva dos mesmos.

Considerar "o homem como um ser corpóreo, dotado de forças naturais, vivo, efetivo, objetivo, sensível significa que ele tem objetos efetivos, sensíveis como objetos de seu ser, de sua manifestação de vida, ou que ele pode somente manifestar sua vida em objetos sensíveis efetivos".[105] Assim, no engendramento prático do mundo objetivo,

---

101 *M44*, p. 108.

102 *M44*, p. 109.

103 *M44*, p. 109-110.

104 *M44*, p. 127. Trata-se aqui de uma crítica direta ao idealismo hegeliano.

105 *M44*, p. 127.

isto é, na elaboração da sua natureza inorgânica,"o trabalhador nada pode criar sem a *natureza*, sem o *mundo exterior sensível*".[106]

A mesma realidade objetiva é apropriada de diferentes maneiras pelo homem, por exemplo através da ciência, da arte ou da vida prática. O indivíduo afirma-se objetivamente tanto em seu saber quanto em seu ser: "assim como plantas, animais, pedras, ar, luz, etc., formam teoricamente uma parte da consciência humana, em parte como objetos da ciência natural, em parte como objetos da arte – sua natureza inorgânica, meios de vida para a fruição e para a digestão –, formam também praticamente uma parte da vida humana e da atividade humana".[107] Desta forma, o trabalho, inclusive enquanto atividade espiritual ou ideal, e como as relações que os indivíduos estabelecem entre si, é sempre objetivo e orientado objetivamente; por meio da atividade prática o homem, enquanto ser genérico consciente, engendra a si mesmo, sua natureza orgânica, desenvolvendo os órgãos de sua individualidade.

O homem afirma-se no objeto e através do objeto, ele desenvolve-se, portanto, objetivamente. O objeto, por sua vez, torna-se objeto humano, a objetividade do homem é a objetividade humana. Este processo de desenvolvimento da individualidade através dos objetos apenas pode ocorrer na medida em que o objeto vem a ser objeto *social* para o homem, "em que ele próprio se torna ser social, assim como a sociedade se torna ser para ele neste objeto. Consequentemente, quando, por um lado, para o homem em sociedade a efetividade objetiva se torna em toda parte efetividade das forças essenciais humanas enquanto efetividade humana e, por isso, efetividade de suas *próprias* forças essenciais, todos os objetos que realizam e confirmam sua individualidade enquanto objetos *seus*, isto é, *ele mesmo* torna-se objeto. *Como* se tornam seus para ele, depende da *natureza do objeto* e da natureza da força essencial que corresponde a *ela*, pois precisamente a *determinidade* desta relação forma o modo particular e *efetivo* da afirmação. Ao *olho* um objeto se torna diferente do que ao *ouvido*, e o objeto do olho é um outro que o do *ouvido*. A peculiaridade de cada força essencial é precisamente a sua *essência peculiar*, portanto também o modo peculiar da sua objetivação, do seu *ser* vivo *objetivo-efetivo*. Não só no pensar, portanto, mas com *todos* os sentidos o homem é afirmado no mundo objetivo".[108] A sensibilidade humana define-se então, necessariamente, pelo objeto, o objeto humano: "numa palavra, o sentido *humano* vem a ser apenas por meio do ser de *seu* objeto, por meio da natureza *humanizada*".[109]

106 *M44*, p. 81.

107 *M44*, p. 83-84.

108 *M44*, p. 110.

109 *M44*, 270.

A objetividade orgânica e inorgânica do indivíduo apresenta-se determinada socialmente através da atividade que cria objetos e relações objetivas de natureza sócio-humana. A respeito da objetividade das relações, sentidos e sentimentos humanos, Marx diz sobre o amor: "é *materialista*, *não-crítico* e *não-cristão*. /.../ Ao fazer de um outro ser humano o objeto exterior da sua afetividade, o homem /.../ confere-lhe importância, mas uma *importância* por assim dizer *objetiva*".[110] O amor não é, assim, uma paixão abstrata, "a paixão do amor não pode ter pretensões a um desenvolvimento *interior* interessante, porque ela não pode ser construída *a priori*, porque o seu desenvolvimento opera no mundo sensível e entre indivíduos reais".[111] A forma de apropriação dos objetos humanos pelo homem individual dependerá, assim, da natureza do objeto específico, bem como da natureza da atividade que o criou.

Apesar de Feuerbach – o único neohegeliano que, segundo Marx, deu um passo decisivo na superação da filosofia hegeliana – compreender que sujeito e objetos são seres objetivos, pretendendo, com isso, referir-se a objetos sensíveis "realmente distintos dos objetos do pensamento", a atividade sensível não é apreendida como atividade *objetiva*. Os objetos são dados de forma imediata, abstrata, não são engendrados pelos sujeitos objetivos. Feuerbach termina por conceber a práxis apenas "em sua forma fenomênica judaica e suja",[112] na sua forma materialista prosaica.[113] A concepção feuerbachiana de objetividade não compreende o aspecto subjetivo da atividade objetiva, distorce a atividade humana (e o próprio homem) reduzindo-a a um empirismo abstrato e estático, aliás, por isso Feuerbach não apreende a história e é obrigado a conceber o homem como tendo uma essência imutável.

O neohegeliano Stirner, por outro lado, não compreende o aspecto objetivo e enfatiza a unilateralidade abstrata do aspecto subjetivo. A isso, Marx contrapõe que os indivíduos relacionam-se "não como Eus puros, mas como indivíduos chegados a um determinado estádio do desenvolvimento das suas forças produtivas e das suas necessidades, e este comércio determinava, por sua vez, a produção e as necessidades; do mesmo modo, era precisamente este comportamento pessoal dos indivíduos, no seu comportamento recíproco enquanto indivíduos, que criou as relações estáveis

110 *SF*, p. 32. A expressão "não-crítico" faz menção ao criticismo "neohegeliano".

111 *SF*, p. 33.

112 *IA-I*, p. 12.

113 Feuerbach, apesar de estabelecer a prioridade e independência da objetividade, constituindo assim um avanço em relação ao idealismo, não incorpora o aspecto subjetivo presente na atividade, pois ignora a própria atividade como atividade objetiva. O gênero feuerbachiano toma então uma conotação bastante específica restrita ao gênero natural, da espécie. A generidade muda implica exatamente a falta de mediação consciente entre os diversos indivíduos.

existentes e continua permanentemente a criá-las".[114] É necessariamente o comportamento pessoal dos indivíduos em sociedade que permanentemente engendra estas relações – os indivíduos sempre partiram de si próprios, de suas relações recíprocas, que historicamente se basearam na separação entre as necessidades e as possibilidades de satisfazê-las, isto é, na divisão do trabalho. A crítica por Marx do "eu puro" stirneano é a desmistificação da ilusão da individualidade "única" abstrata, meramente subjetiva. As necessidades individuais e sua satisfação são, assim, tal como o próprio indivíduo e seu pensamento, necessariamente objetivas e sociais. Stirner não compreende "que tudo o que considera produto do *pensamento* é um produto da *vida*",[115] que "a causa não está na *consciência*, mas no *ser*".[116] Para Marx, o ponto de partida teórico e prático são as ações dos indivíduos em condições sociais e históricas objetivas; Stirner, amarrado às representações burguesas, situa-se precisamente no polo oposto ao fixar a sociedade, sob a forma representativa do "sagrado", do ideal, como abstração frente ao indivíduo.

O mundo sensível é um produto histórico da atividade de gerações de homens, é "a *atividade* sensível, viva e total, dos indivíduos que o constituem", é "esta atividade, este contínuo trabalhar e criar sensíveis, esta produção, a base de todo o mundo sensível tal e como agora existe".[117] Assim como a forma de sociedade a qual se inserem os indivíduos é um pressuposto objetivo de sua existência, o estágio determinado de desenvolvimento das forças produtivas é sempre um ponto de partida objetivo para os indivíduos, uma vez que o modo como os homens produzem seus meios de vida depende "da natureza dos meios de vida já encontrados e que têm de reproduzir".[118] Advém das relações capitalistas a presente autonomia das condições objetivas frente às pessoas, que se instalou de tal forma sob a concorrência que a própria personalidade é contingente, ela não determina as condições materiais dadas em que se encontra: "Os 'meios' de entrar em concorrência, independentes da personalidade, são as condições de produção e de trocas das próprias pessoas que, no quadro da concorrência, surgem às pessoas como poderes autônomos, como meios contingentes às pessoas".[119] Marx enfatiza a objetividade do estranhamento que se manifesta para os indivíduos nos meios de objetivar sua própria atividade, esta que, por sua vez, não lhe pertence objetiva nem, portanto, subjetivamente – por esta razão, no capitalismo a força de trabalho é mera capacidade de trabalho subjetiva e, portanto, abstrata.

114 *IA-II*, p. 300.

115 *IA-II*, p. 16.

116 *IA-II*, p. 42.

117 *IA-I*, p. 14.

118 *M44*, p. 12.

119 *IA-II*, p. 106.

Marx descreve ilustrativamente como as condições objetivas na sociedade capitalista determinam o desenvolvimento pessoal dos indivíduos: "Se este, graças a uma boa alimentação, a uma educação cuidada e aos exercícios físicos, adquiriu e desenvolveu a sua força e a sua agilidade físicas enquanto um outro, devido a uma alimentação pobre e malsã, que origina uma digestão empobrecida, por ter tido poucos cuidados na sua infância e ter sido obrigado a grandes esforços, jamais pode adquirir bastantes 'coisas' para criar músculos, isto para não falar da possibilidade de dispor deles à vontade, então a 'energia pessoal' do primeiro é, relativamente ao outro, estritamente material. Não ganhou 'à força de energia pessoal os meios de que necessitava'; pelo contrário, deve a sua 'energia pessoal' aos meios pessoais de que dispõe",[120] (e este é apenas um dos aspectos da concorrência). O indivíduo não se desenvolve, portanto, devido exclusivamente às suas qualidades e capacidades pessoais intrínsecas, mas pelos meios pessoais objetivos dos quais dispõe para desenvolver suas capacidades pessoais.

O domínio pelo homem da objetividade sócio-humana em toda sua extensão encerra, portanto, a determinação primordial do comunismo: "o sentido da propriedade privada – livre de seu estranhamento – é a existência de objetos essenciais para o homem, tanto como objeto da fruição, como da atividade".[121]

NATURALIDADE

A categoria da naturalidade será apresentada em sua qualidade de *naturalidade humana*. Diz Marx: "O *homem* é imediatamente *ser natural*. Como ser natural, e como ser natural *ativo*, estas forças existem nele como possibilidades e capacidades, como *pulsões*; por outro, enquanto ser natural, corpóreo, sensível, objetivo, ele é um ser que *sofre*, dependente e limitado, assim como o animal e a planta, isto é, os *objetos* de suas pulsões são *objetos* de seu *carecimento*, *objetos* essenciais, indispensáveis para a atuação e confirmação de suas *forças essenciais*".[122] Em sua naturalidade, o homem está primordialmente ligado às determinações naturais de um *ser natural ativo, corpóreo, sensível, objetivo*: sofre, é carente de objetos para confirmar sua existência e suprir assim suas pulsões vitais. Nesta determinação natural do homem está implicada a transformação da naturalidade em determinação social – ainda que a naturalidade seja uma categoria fundamental e ineliminável, no sentido acima aludido. O domínio da natureza inorgânica, precisamente o que lhe confere caráter universal, "não tem outro sentido senão que a natureza está interconectada consigo mesma, pois o homem é uma parte da natureza",[123] e enquanto tal, sua vida física e mental está interconectada a ela.

---

120 *IA-II*, p. 206.

121 *M44*, p. 157.

122 *M44*, p. 127.

123 *M44*, p. 84.

O ser genérico humano afasta-se continuamente da base natural da qual derivou e que, em primeira ou última instância, determina sua vida. Por isso, "a *morte* aparece como uma dura vitória do gênero sobre o indivíduo *determinado*, contradizendo sua unidade; mas o indivíduo determinado é apenas um *ser genérico determinado*, enquanto tal, mortal".[124] Nesse sentido, o pressuposto stirneano de que o indivíduo egoísta pode negar (ou desprender-se através das leis do pensamento) a natureza e a realidade social é indagado por Marx nos seguinte termos: "e a morte que, contra minha vontade, impõe um fim ao meu movimento e que me submerge no universal, na natureza, no gênero /.../?".[125] Isto é, não depende do indivíduo e muito menos do pensamento do indivíduo o domínio de forças que estão naturalmente além do homem.

O condicionamento entre a história humana e a história natural é claro, já que o homem tem uma base natural insuprimível: "O primeiro pressuposto de toda história humana é naturalmente a existência de indivíduos humanos vivos. /.../ O primeiro fato a constatar é, pois, a organização corporal destes indivíduos e, por meio disto, sua relação dada com o resto da natureza". Deve-se partir, assim, dos indivíduos objetivos, ativos, "indivíduos reais, sua ação e suas condições materiais de vida, tanto aquelas por eles já encontradas, como as produzidas por sua própria ação".[126] A produção dos meios de vida através do intercâmbio com a natureza e com os outros indivíduos pressupõe, portanto, as condições naturais das quais partem os indivíduos ativos em sociedade e suas condições materiais de existência.

A relação natural mais imediata do homem manifesta-se na própria relação homem-mulher, em que "se mostra também até que ponto o comportamento *natural* do ser humano se tornou *humano*, ou até que ponto a essência *humana* se tornou para ele essência *natural*, até que ponto a sua *natureza humana* tornou-se para ele *natureza*. Nesta relação também se mostra até que ponto a carência do ser humano se tornou carência *humana* para ele, portanto, até que ponto o *outro* ser humano se tornou uma carência para ele, até que ponto ele, em sua existência mais individual, é ao mesmo tempo coletividade".[127] A naturalidade do homem manifesta-se como *humanidade*: sua carência natural é carência humana, envolve uma determinação subjetiva que o faz existir em sua *existência mais individual* como necessidade de sua manifestação de vida que é essencialmente social. O amor "vai ao ponto de fazer de um ser humano '*esse objeto exterior da afetividade*' de um outro ser humano /.../, é a sua *própria essência* que cada um procura no outro".[128]

124 *M44*, p. 268.

125 *IA-II*, p. 69.

126 *M44*, p. 127.

127 *M44*, p. 105.

128 *SF*, p. 32.

Como ser natural, sensível e objetivo, o homem necessita de objetos que confirmem suas forças essenciais existentes como pulsões, ele é um ser carente. A atividade, por sua vez, é a manifestação natural das forças internas do indivíduo a serem efetivadas e desenvolvidas em objetos apropriados de forma multilateral uma vez que os homens se põem em atividade. A carência e a atividade são, portanto, determinações centrais na transformação da naturalidade em socialidade. Ao colocar-se em atividade premido por uma carência natural, o homem *desenvolve* e aprimora sua sensibilidade.

Assim, a sensibilidade, uma determinação natural tal como a de todos os seres vivos, uma vez ativada (nos objetos), enceta um processo de desenvolvimento objetivo e subjetivo das forças e capacidades naturais em forças e capacidades humanas. O homem, imediatamente um ser natural, como tal se relaciona com os objetos, e neste intercâmbio ativo tem a sensibilidade desenvolvida em suas possibilidades e capacidades, posto que os objetos naturais não estão prontos para o homem: "nem os objetos humanos são os objetos naturais assim como estes se oferecem imediatamente, nem o sentido humano, tal como é imediata e objetivamente, é sensibilidade humana, objetividade humana. A natureza não está, nem objetiva nem subjetivamente, imediatamente disponível ao ser humano de modo adequado".[129] Ser humano é a natureza humana e, portanto, não é estritamente natural, mas a contínua transformação da naturalidade em socialidade.

SUBJETIVIDADE

O desenvolvimento subjetivo é necessariamente um desenvolvimento a partir das condições naturais de existência do homem produtor e ocorre precisamente por meio da relação de propriedade: "a relação do indivíduo com as condições *naturais* de trabalho e reprodução, a *natureza inorgânica* que ele descobre e faz sua, *o corpo objetivo de sua subjetividade*".[130] Este relacionamento como proprietário (ou possessor) significa que o indivíduo que trabalha "tem uma existência objetiva, independentemente de seu trabalho", é "senhor das condições de sua realidade",[131] e a mesma relação vigora *entre* os indivíduos.

Historicamente, o homem mantém *dupla existência* com as condições naturais de produção: subjetivamente, como ele mesmo; e objetivamente, como as condições naturais de seu ser, consideradas como seu *ser inorgânico*. As formas destas condições naturais de produção têm um *duplo caráter*: o indivíduo como membro de uma *comunidade* e sua relação de *propriedade* com a terra. Tais condições naturais de produção são objetivas, tais como o próprio indivíduo, mas não são separadas dele, são uma extensão de seu ser.

129 *M44*, p. 128.

130 *Form*, p. 67.

131 *Form*, p. 65.

Observa-se que a apropriação das condições de trabalho ocorre como extensão de sua própria natureza orgânica, o homem se relaciona com estas como a "natureza inorgânica de sua subjetividade". Nesse sentido, tendo uma atitude em relação à terra como proprietário, o indivíduo mostra-se mais que a abstração de "simples indivíduo que trabalha". A mediação dessa atitude é a existência do indivíduo como membro de uma comunidade (existência natural do indivíduo como parte da tribo) – e este ponto é crucial, posto que um indivíduo isolado não poderia ser proprietário do solo: "o indivíduo, aqui, nunca pode aparecer no completo isolamento do simples trabalhador livre. Tomando como pressuposto que lhe pertencem as condições objetivas de seu trabalho, deve-se *também* pressupor que o indivíduo pertença subjetivamente a uma comunidade que serve de mediação de sua relação com as condições objetivas de trabalho. Reciprocamente, a existência efetiva da comunidade é determinada pela forma específica de sua propriedade".[132]

A existência produtiva do indivíduo e sua própria existência subjetiva dependem de sua filiação a uma sociedade naturalmente evoluída: a propriedade significa pertencer a uma tribo, propriedade e comunidade são pré-condições correspondentes à sua individualidade.[133] A apropriação real não ocorre através do relacionamento com estas condições como expressas em pensamento, "mas por meio de real e ativo relacionamento com elas, no processo de situá-las como condições da atividade subjetiva do homem".[134] O trabalho e a produção de certas capacidades pelo indivíduo logo se fazem necessários, o ato de reprodução muda as condições objetivas e também os indivíduos, desenvolvendo-os.

O trabalho é a essência subjetiva da riqueza, isto é, a atividade refere-se ao aspecto subjetivo do processo de trabalho, remetendo imediatamente ao trabalhador. No processo de trabalho, que não pode prescindir de meios objetivos para que se efetive posto que é uma atividade *objetiva*, o sujeito se objetiva no objeto idealmente projetado, o objeto torna-se o receptáculo da atividade subjetiva. A subjetividade pressupõe meios objetivos, a começar pelo próprio homem corpóreo, e manifesta-se tanto no ato de transformar o objeto, no sujeito que transforma o objeto, quanto na fruição humana do objeto humano configurado pelo próprio homem. "A atividade que dá forma consome o objeto e consome a si mesma, mas consome apenas a forma dada do objeto concreto para colocá-lo numa nova forma objetiva, concreta, e se consome a si mesma apenas sob sua forma subjetiva da atividade. Ela consome o que, no objeto, é objetivo – a indiferença com relação à forma – e o que, na atividade, é subjetivo, ela dá forma ao objeto e materializa a forma".[135]

132 *Form*, p. 78.

133 Cf. *Form*, p. 85-86.

134 *Form*, p. 80.

135 *Grund* – tomo I, p. 139.

Ao produzir, o indivíduo desenvolve e gasta suas faculdades subjetivas: na produção ele consome os meios e os objetos de trabalho e concede ao produto (o aspecto subjetivo da atividade objetivado em forma e conteúdo humanos) uma nova objetividade. Dessa forma, o aspecto subjetivo da atividade está presente na apropriação dos meios objetivos, em sua objetivação nos produtos ao elaborar os objetos de trabalho e, por outro lado, na subjetivação dos produtos por meio da fruição. Esse movimento de objetivação e subjetivação constitui a afirmação do ser ativo humano.

As dimensões objetiva e subjetiva são portanto momentos do processo de trabalho, posto que a atividade humana é consciente. Há um intercâmbio entre o elemento subjetivo da atividade com os objetos. O consumo, explica Marx, "como carência e necessidade é, ele mesmo, um momento interno da atividade *produtiva*, mas esta última é o ponto de partida da realização e, portanto, seu momento preponderante, o ato em que se desenrola de novo todo o processo. /.../ Deste modo, o consumo aparece como um momento da produção". O consumo produz de dupla maneira a produção: o produto, diferentemente do objeto natural, só se torna efetivo no consumo (senão, é apenas um produto em potência), "pois o produto não é apenas a produção enquanto atividade coisificada, mas [também] enquanto objeto para o sujeito em atividade";[136] e "o consumo cria a necessidade de uma *nova* produção", "o consumo cria o impulso da produção; cria também o objeto que atua na produção como determinante da finalidade". Deste modo, "se é claro que a produção oferece o objeto do consumo em sua forma exterior, não é menos claro que o consumo *põe idealmente* o objeto da produção, como imagem interior, como necessidade, como impulso e como fim. O consumo cria os objetos da produção de uma forma ainda mais subjetiva. Sem necessidade não há produção. Mas o consumo reproduz a necessidade".[137]

Se o consumo reproduz a necessidade, a produção fornece os materiais e determina o caráter do consumo: "*em primeiro lugar*, o objeto não é um objeto em geral, mas um objeto determinado, que deve ser consumido de uma certa maneira, esta por sua vez mediada pela própria produção. A fome é fome, mas a fome que se satisfaz com carne cozida, que se como com faca ou garfo, é uma fome muito distinta da que devora carne crua, com unhas e dentes. A produção não produz, pois, unicamente o objeto de consumo, mas também o modo de consumo, ou seja, não só objetiva, como subjetivamente. Logo, a produção cria o consumidor";[138] a produção, além de criar um objeto para o sujeito, cria um sujeito com necessidades para o objeto (por exemplo, a arte).

---

136 *In57*, p. 109.

137 *IIn57*, p. 311.

138 *In57*, p. 110.

A subjetividade situa-se, portanto, exclusivamente no indivíduo empírico. O pensamento e a sensibilidade são seus modos de afirmação: "é em virtude de o pensamento ser o pensamento de um indivíduo determinado que ele é e se mantém o *seu* pensamento, determinado não só pela sua individualidade como pelas condições em que se vive; /.../ por exemplo, num indivíduo cuja vida abranja uma larga escala de atividades diversas e de relações práticas com o mundo, que tenha, por conseguinte, uma vida multiforme, o pensamento assume o mesmo caráter de universalidade que todos os outros passos dados por este indivíduo. Não se fixa, portanto, não se anquilosa como pensamento abstrato, e o indivíduo não necessita, tão pouco, de grandes prodígios de reflexão para poder passar do pensamento a uma outra manifestação da sua vida. O pensamento é sempre, automaticamente, um momento da vida total do indivíduo, que ora se desvanece ora se reproduz, conforme a *necessidade*".[139] Por isso, o pensamento abstrato aparece como a expressão subjetiva de uma vida *uniforme*, unilateralmente ativa.

Por determinação de seu ser genérico, o homem é "a existência subjetiva da sociedade pensada e sentida para si, assim como ele também é na efetividade, tanto como intuição e fruição efetiva da existência social, quanto como uma totalidade de externação humana de vida".[140] A subjetividade permite que o homem contemple-se no produto da atividade humana: "o indivíduo produz um objeto e, ao consumi-lo, retorna a si mesmo, mas como indivíduo produtor e que se reproduz a si mesmo".[141]

No capitalismo, as qualidades individuais que singularizam o indivíduo (e que são formadas, como em toda história, pelas condições e relações objetivas de existência que ele encontra como dadas) desenvolvem-se dependendo, "por um lado, da matéria posta à sua disposição para que se desenvolva", mas também, "por outro lado, da medida em que e da forma como todas as restantes qualidades forem mantidas abaixo da média".[142] Aparecem aqui, determinantes, as limitações objetivas ao desenvolvimento pessoal mais completo, ou integral, do indivíduo: os meios que não estão disponíveis para a evolução subjetiva e a impossibilidade de cultivar simultaneamente qualidades diversas.

Tendo em vista o processo histórico de dissolução das formas de relacionamento do trabalhador com as condições objetivas como sua propriedade, é possível perceber

---

139 *IA-II*, p.42. Que os indivíduos realizem ou não seus desejos "depende de que as circunstâncias em que vivemos nos permitam ou não nos permitam uma atividade múltipla e, por conseguinte, um desenvolvimento de todas as nossas faculdades. Da mesma forma, depende da configuração das relações reais e das possibilidades dadas de desenvolvimento para cada indivíduo, o fato de os seus pensamentos se tornarem ou não fixos (...)" (*IA-II*, p.28 29).

140 *M44*, p. 108.

141 *In57*, p. 110.

142 *IA-II*, p. 42.

como nas relações capitalistas os elementos que estruturavam historicamente a subjetividade do homem que trabalha – a apropriação das condições objetivas de trabalho como pressuposto comunal – não mais se encontram unidos a sua individualidade. Na mesma medida em que as diversas formas de comunidade e das condições econômicas em que a mesma exercia a propriedade da terra por meio do trabalho determinavam a existência subjetiva dos indivíduos, no sistema capitalista de produção o indivíduo está limitado para se desenvolver posto que sua força de trabalho é apenas subjetiva: sem objeto.

O processo de individuação funda-se, assim, historicamente, na progressiva cisão entre as condições objetivas e a propulsão subjetiva – ambas radicadas essencialmente na atividade consciente livre. Esse processo se manifestou, como sabemos, na separação entre o indivíduo e a comunidade, a qual se ligava a propriedade. O homem é transformado por meio da sua atividade e da atividade dos outros indivíduos, por um lado na produção e por outro no consumo. O momento subjetivo de elaboração (para a criação e para a fruição) da objetividade é justamente o aspecto da atividade que torna possível a construção e reconhecimento de um mundo especificamente humano. Com a separação da atividade do indivíduo, a objetividade e a subjetividade humanas que constituem e derivam do trabalho são radicalmente transformadas, passando a ser opostas e/ou alheias, contraditórias com o autoengendramento humano. A subjetividade no capitalismo torna-se unilateral, abstrata e vazia, sem conteúdo concreto, o que seria possível apenas em consonância com o aspecto objetivo, numa unidade (sujeito-objeto) localizada primordialmente na atividade dos indivíduos.

HISTORICIDADE

A história pode ser examinada segundo história humana ou como história natural. A natureza orgânica e inorgânica "não são separáveis; enquanto existir homens, a história da natureza e a história dos homens se condicionarão reciprocamente";[143] "a história mesma é uma parte *efetiva* da *história natural*, do devir da natureza até o homem".[144] Mas no homem a historicidade assume, entretanto, um caráter específico novo: autoengendramento. De modo que "a história não é outra coisa que a transformação contínua da natureza humana".[145] O trabalho, diz Marx, "é, inicialmente, realizado em certa base – inicialmente primitiva – depois, histórica",[146] nesse sentido, o homem afasta-se continuamente dos limites naturais.

143 *IA-I*, p. 23-24.

144 *M44*, p. 112.

145 *M44*, 139.

146 *Form*, p. 91.

As linhas gerais do processo histórico de desenvolvimento das forças produtivas corresponde à história do desenvolvimento das forças dos próprios indivíduos: "a forma anterior de intercâmbio, transformada num entrave, é substituída por outra nova que corresponde às forças produtivas mais desenvolvidas e, por isso mesmo, ao modo avançado da auto-atividade dos indivíduos /.../ em cada fase, essas condições correspondem ao desenvolvimento simultâneo das forças produtivas, sua história é ao mesmo tempo a história das forças produtivas em desenvolvimento e herdadas por cada nova geração, e também, portanto, é a história do desenvolvimento das forças dos próprios indivíduos".[147] É um processo que ocorre muito natural e lentamente e, não estando submetido a um plano geral de indivíduos livremente associados, surge independente em diversos lugares, tribos, que só posteriormente travam relações.

Constata-se, com isso, que o desenvolvimento de um indivíduo tem caráter sócio- histórico, condiciona-se "pelo de todos os outros, com quem se encontra em relações diretas ou indiretas; da mesma forma, as diferentes gerações de indivíduos, entre as quais as relações se estabeleceram, têm em comum o fato de as gerações posteriores estarem condicionadas na sua existência física pelas que as precederam, receberem destas forças produtivas que acumularam e as formas de troca, que condiciona a estrutura das relações que se estabelecem entre as gerações atuais. Verifica-se, portanto, que a história de um indivíduo considerado isoladamente não pode em caso algum estar isolada da história dos indivíduos que o precederam ou são seus contemporâneos: pelo contrário, a sua história é determinada pela deles".[148] O indivíduo não pode jamais ser considerado isoladamente, ele está em relação com os indivíduos e forças produtivas humanas de todos os tempos; isso se manifesta nas faculdades dos próprios indivíduos assim como na própria sociedade humana.

A produção material dos meios de vida que permitem manter os homens vivos, ou seja, a satisfação desta primeira necessidade – "a ação de satisfazê-la e o instrumento de satisfação já adquirido" – desencadeia o surgimento de outras necessidades. Ao mesmo tempo, os homens passam a criar outros homens (a família é, inicialmente, a única relação social e a reprodução dos homens aparece inicialmente como aumento da população – posteriormente, torna-se secundária), assim, a produção material dos meios de vida é ela mesma também a produção de outros homens. Estes três aspectos – produção material dos meios de vida, ação mediante os instrumentos apropriados de satisfazer as necessidades criando outras necessidades, e a reprodução de outros homens – não são três fases distintas, diz Marx, mas simplesmente três aspectos que "coexistem desde os primórdios da história e desde os primeiros homens, e que ainda hoje se fazem valer na história".[149]

---

147 *IA-II*, p. 74.

148 *IA-II*, p. 74.

149 *IA-I*, p. 42.

Ao considerar a historicidade como categoria intrínseca ao ser ser social, a concepção de Marx "do desenvolvimento da formação econômico-social como um processo *histórico-natural* exclui, mais do que qualquer outra, a responsabilidade do indivíduo por relações, das quais ele continua sendo, socialmente, criatura, por mais que, subjetivamente, se julgue acima delas".[150] Marx comenta a respeito da reprodução das condições objetivas encontradas que "os homens fazem sua própria história, mas não a fazem como querem; não a fazem sob circunstâncias de sua escolha e sim sob aquelas com que se defrontam diretamente, legadas e transmitidas pelo passado. A tradição de todas as gerações mortas oprime como um pesadelo o cérebro dos vivos".[151] O autoengendramento a partir das relações dadas existe como um pressuposto natural ao longo da história humana, os indivíduos não detêm o controle social sobre suas relações, sobre a atividade social e muito menos sobre si mesmos como indivíduos autodeterminados. A forma das condições objetivas necessariamente obriga os indivíduos a defenderem seu modo de vida que aparece como dado contra qualquer ameaça que o confronte[152] – são as leis naturais históricas agindo sobre os homens sem que eles disso tenham consciência.[153]

Para analisarmos o indivíduo na história é preciso, portanto, partir de um ponto considerado fundamental por Marx: em todas as formas pré-capitalistas, *as condições naturais de produção* surg*em para o produtor como suas condições naturais de existência.*[154] Essa unidade ou identidade original do homem com as condições objetivas de sua própria reprodução, ou seja, do trabalho com os meios e objeto de trabalho, foi paulatinamente se rompendo. O processo histórico baseia-se exatamente na progressiva separação entre o trabalho e as condições objetivas – dissolução da pequena propriedade livre e da propriedade comunal. Esses elementos tornam-se antagônicos na forma da oposição direta entre o trabalho assalariado e o capital. Marx demonstra, pela análise histórica, que com "imenso custo estabeleceram-se as 'eternas leis naturais' do modo capitalista de produção, completou-se o processo de dissociação entre trabalhadores e suas condições de trabalho, os meios sociais de produção e de subsistência se transformaram em capital, num pólo, e, no pólo oposto, a massa da população se converteu em assalariados livres, em 'pobres que trabalham', essa obra-prima da indústria moderna".[155]

---

150 *K*, p. 6, prefácio da 1ª edição.

151 *18B*, p. 21.

152 Cf. *IA-I*, p. 42.

153 Cf. *K*, prefácio da 2ª edição.

154 Cf. *Form*, p. 85.

155 *K*, p. 878.

O homem se mostra, originalmente, "como *um ser genérico, um ser tribal, um animal de rebanho*".[156] É a troca, segundo Marx, o principal agente da individualização, pois torna o caráter genérico não essencial e o dissolve. Sendo originalmente outra a relação natural do indivíduo com as condições de existência, a troca, no capitalismo, entre valor (capital) e trabalho vivo (trabalho assalariado) supõe necessariamente um *processo histórico* de desenvolvimento. Assim, o ponto de partida de Marx na análise histórica do capitalismo são as formas sociais de produção pré-capitalistas (tribal, asiática, greco-romana, feudal),[157] pois estas são necessariamente o pressuposto do trabalho assalariado – e uma condição histórica fundamental do capital é o *trabalho livre* (livre de toda condição objetiva) e sua *troca por dinheiro*. Marx quer demonstrar que "a posição do indivíduo como *trabalhador*, em sua nudez, é propriamente um produto *histórico*"[158] ligado diretamente à finalidade do trabalho na sociedade capitalista, que é simplesmente a *criação de valor*. Nas formas pré-capitalistas (o que Proudhon chamaria de "origem extra-econômica da propriedade", e que são nada mais que "o relacionamento pré-burguês do indivíduo com as relações objetivas de trabalho"), Marx aponta que "o próprio indivíduo não é apenas corpo inorgânico, mas, ainda, esta natureza inorgânica como sujeito",[159] ou seja, algo pressuposto na natureza pelo indivíduo, as condições objetivas de trabalho estão unidas a ele.

Tais condições são determinadas historicamente pelas lutas entre os interesses materiais dos indivíduos em cada período, sendo que "as diferentes fases e os diversos interesses jamais são completamente ultrapassados, mas apenas subordinados ao interesse vitorioso, e vão-se arrastando durante séculos ao lado deste. Disto resulta que, inclusive no interior de uma nação, os indivíduos têm desenvolvimentos diferentes, independentemente de suas condições pecuniárias, e que um interesse anterior, cuja forma peculiar correspondente a um interesse posterior, pode manter-se durante muito tempo de posse de um poder que, em última instância, só pode ser quebrado por uma revolução".[160] Os indivíduos só percebem esta unilateralidade com o aparecimento da contradição, que surge na forma de um entrave acidental o qual os indivíduos da época posterior têm que também enfrentar. O acirramento da contradição em determinado modo de produção consiste num processo natural que se desenvolve até o seu

156 Cf. *Form*, p. 90.

157 Cabe lembrar que, para Marx, estes períodos não sucedem uns aos outros à maneira de sequências cronológicas de desenvolvimento – como é claramente observado pela forma asiática, que subsistiu durante muitos séculos (atravessando Antiguidade e Idade Média), posto que era uma formação social estagnada/estável.

158 *Form*, p. 66.

159 *Form*, p. 81.

160 *IA-I*, p. 112-113.

colapso, passando para a fase seguinte de uma forma modificada, na qual os indivíduos novamente agem naturalmente no sentido de acirrá-la, enfrentando-a de modo decisivo em determinado momento, gerando sucessivamente a mudança das relações.

Pode-se observar como o mecanismo de superação das limitações existentes na base do processo produtivo atua também na reprodução das relações capitalistas: "As relações burguesas de produção e de intercâmbio, as relações de propriedade burguesas, a sociedade burguesa moderna que desencadeou meios tão poderosos de produção e de intercâmbio, assemelha-se ao feiticeiro que já não consegue dominar as forças subterrâneas que invocara. De há decênios para cá, a história da indústria e do comércio é apenas a história da revolta das modernas forças produtivas contra as modernas relações de produção, contra as relações de propriedade que são as condições de vida da burguesia e da sua dominação. Basta mencionar as crises comerciais que, na sua recorrência periódica, põem em questão, cada vez mais ameaçadoramente, a existência de toda a sociedade burguesa. Nas crises comerciais é regularmente aniquilada uma grande parte não só dos produtos fabricados como das forças produtivas já criadas. Nas crises irrompe uma epidemia social que teria parecido um contra-senso a todas as épocas anteriores — a epidemia da sobreprodução. A sociedade vê-se de repente retransportada a um estado de momentânea barbárie; parece-lhe que uma fome, uma guerra de aniquilação universal lhe cortaram todos os meios de subsistência; a indústria, o comércio, parecem aniquilados. E por quê? Porque ela possui demasiada civilização, demasiados meios de vida, demasiada indústria, demasiado comércio. As forças produtivas que estão à sua disposição já não servem para promoção das relações de propriedade burguesas; pelo contrário, tornaram-se demasiado poderosas para estas relações, e são por elas tolhidas; e logo que triunfam deste tolhimento lançam na desordem toda a sociedade burguesa, põem em perigo a existência da propriedade burguesa. As relações burguesas tornaram-se demasiado estreitas para conterem a riqueza por elas gerada. — E como triunfa a burguesia das crises? Por um lado, pela aniquilação forçada de uma massa de forças produtivas; por outro lado, pela conquista de novos mercados e pela exploração mais profunda de antigos mercados. De que modo, então? Preparando crises mais omnilaterais e mais poderosas, e diminuindo os meios de prevenir as crises".[161]

À universalização das crises corresponde a expansão intensiva e extensiva das forças produtivas, a mundialização das relações entre os indivíduos. É somente com a transformação da história em história mundial que os indivíduos singulares são colocados em condições de se emanciparem das limitações locais, pois estão em intercâmbio com o mundo inteiro: "é apenas desta forma que os indivíduos singulares são libertados das diversas limitações nacionais e locais, são postos em contato prático com a produção

161 *MPC-I.*

(inclusive a espiritual) do mundo inteiro e em condições de adquirir a capacidade de desfrute desta multiforme produção do mundo inteiro (as criações dos homens)".[162]

Em crítica à economia política burguesa e sua época, e que recai principalmente sobre a figura do indivíduo, Marx observa que o completo desenvolvimento das potencialidades humanas aparece como total *alienação*.[163] Numa provável comparação entre a propriedade tribal (da qual se desenvolveu tanto a propriedade greco-romana quanto a feudal) e a propriedade privada moderna, Marx elenca os seguintes fatores: o *instrumento de produção* ("quando se trata de um instrumento de produção natural, os indivíduos são submetidos à natureza", quando do produto do trabalho, são submetidos ao trabalho); a *propriedade* (como dominação imediata e natural, ou como dominação do trabalho, especialmente do trabalho acumulado, do capital); *comunidade* ("o primeiro caso pressupõe que os indivíduos estão unidos por um laço qualquer, por exemplo a família, a tribo, o próprio solo etc.; o segundo caso pressupõe que são independentes uns dos outros e que se mantêm juntos apenas através da troca"); a *troca* (se é "essencialmente troca entre os homens e a natureza, uma troca na qual o trabalho dos primeiros é trocado pelos produtos da natureza", ou "é predominantemente uma troca dos homens entre si); *divisão do trabalho* ("no primeiro caso, o senso comum é suficiente – a atividade corporal ainda não está de forma alguma separada da atividade espiritual; no segundo, a divisão entre trabalho corporal e espiritual já deve estar praticamente realizada"); *dominação* (ao invés da dominação do proprietário se efetivar por meio de relações pessoais, "numa espécie de comunidade", a dominação "deve ter tomado uma forma reificada em uma terceira coisa, o dinheiro"); e por fim, a *indústria* (no primeiro caso "a pequena indústria, mas subsumida à utilização do instrumento de produção natural e, portanto, sem distribuição do trabalho entre diferentes indivíduos; no segundo, a indústria existe apenas na e através da divisão do trabalho".[164]

Neste tipo de análise, esclarece Marx, até as categorias mais abstratas, apesar de sua validade para todas as épocas, são igualmente produto de condições históricas e só possuem plena validade para estas condições e dentro destes limites. Após essa consideração, deve-se levar em conta que, sendo a sociedade burguesa a forma mais desenvolvida, historicamente, da organização da produção, ela tem uma propriedade especial: "as categorias que exprimem suas relações, a compreensão de sua própria articulação, permitem penetrar na articulação e nas relações de produção de todas as formas de sociedade desaparecidas, sobre cujas ruínas se acha edificada, e cujos vestígios, não ultrapassados ainda, levam de arrastão desenvolvendo tudo que fora antes apenas

162 *M44*, p. 139.

163 Cf. *Form*, p. 81.

164 *IA-I*, p. 102.

indicado que assim toma toda sua significação, etc. A anatomia do homem é a chave da anatomia do macaco. O que nas espécies de animais inferiores indica uma forma superior não pode, ao contrário, ser compreendido senão quando se conhece a forma superior".[165] No capitalismo tornou-se possível entender toda a história como um processo resultante da atividade humana e, portanto, da interação ativa entre os indivíduos; ele permite, pela primeira vez, conceber a história como resultado das relações de produção entre os homens de todas as épocas. Assim, cada fase histórica específica pode ser explicada pelo modo de produção particular da sociedade em questão; assim, o sistema capitalista também é a origem da investigação genética da própria forma de intercâmbio capitalista. Cada fase histórica, inclusive o capitalismo, pode ser compreendida em sua totalidade específica e na totalidade da história. A história é então concebida como uma totalidade, que a crítica marxiana evidencia como desenvolvimento da propriedade privada.

Na verdade, considera Marx, a riqueza nada mais é que *o desenvolvimento dos indivíduos*, adquirida no intercâmbio universal e no controle humano sobre a natureza ampliados de forma inédita no sistema capitalista de produção. A reprodução inconsciente das relações e condições objetivas de vida pelos indivíduos singulares, entretanto, não lhes permite a compreensão do movimento histórico. Uma ilustração deste fato está na seguinte afirmação no contexto da discussão sobre a acumulação primitiva: "No século XIX, perdeu-se, naturalmente, a lembrança da conexão que existia entre agricultura e terra comunal".[166] O mero decorrer temporal faz com que os indivíduos percam a conexão existencial com o passado mais longínquo (neste exemplo, de 4 ou 5 séculos) e reproduzam outras condições, ainda mais desfavoráveis para eles mesmos, como se fossem dadas.

Os teóricos que pretendem explicar aspectos das relações entre os homens acabam muitas vezes por aprofundar a falta de conexão entre passado e presente. Por exemplo, na crítica à especulação neohegeliana, Marx aponta que o problema central era julgar que os homens sempre haviam feito falsas representações de si mesmos, e bastaria que soubessem disso para expulsar tais representações do pensamento. Essa formulação, diz Marx, só é possível porque se partiu de pressupostos arbitrários ou dogmas, ao invés de investigarem a história dos homens, "pois quase toda a ideologia se reduz ou a uma concepção distorcida desta história, ou a uma abstração completa dela".[167]

---

165 *In57*, p. 120.

166 *K*, p. 845.

167 *IA-I*, p. 24.

Quando as ideias dominantes são separadas dos indivíduos dominantes, "e, principalmente, das relações que nascem de uma dada fase do modo de produção",[168] elas se tornam tão abstratas que a história passa a ser simples história das ideias e, por vezes, da "ideia". Proudhon, por exemplo, faz uma nebulosa representação do movimento histórico por sua ordem na sucessão da "ideia".[169] Stirner, para produzir uma aparência materialista, concebe os pensadores, filósofos, ideólogos, "como fabricantes da história". Marx afirma que a ilusão dos teóricos, principalmente alemães, que redunda neste "método" histórico, deve ser explicada em ligação com a ilusão de todos os ideólogos, que, por sua vez, "se explica de forma muito simples a partir de sua posição prática na vida, de seus negócios e da divisão do trabalho".[170] Marx sustenta, portanto, contra o idealismo, que todo o processo histórico humano, antes de espiritual ou mero fato metafísico da "autoconsciência", é um fato *puramente material*, para o qual "cada indivíduo fornece a prova, na medida em que anda e pára, come, bebe e se veste",[171] vive. Dessa forma, diz Marx, a "crítica crítica" combate aqui "todo o dado vivo, todo o imediato, toda a experiência *real*, da qual não se pode nunca *saber* de antemão de onde vem ou para onde vai".[172]

Ainda que considerado o único neohegeliano que representou um avanço real na elucidação crítica da teoria hegeliana ao postular que o ser precede o pensamento, e não o contrário, Feuerbach se equivoca ao não conceber o mundo sensível como produto histórico, como resultado da atividade de gerações de homens, "como a *atividade* sensível, viva e total, dos indivíduos que o constituem".[173] A consideração das condições históricas como independentes da atividade sensível revela o caráter reacionário de Feuerbach, traço que é característico também nos neo-hegelianos e em toda a filosofia hegeliana da história. A atividade, ao contrário, é constante mudança e movimento, residindo aí seu caráter revolucionário e que remete diretamente à autoconstituição humana no tempo.[174] A história é dinâmica, ativa; o materialismo feuerbachiano, estático (por isso, Marx o inclui entre os "materialistas ainda abstratos"); ele não explica de onde vem a relação entre os homens, estabelece simplesmente a objetividade desse dado.

Ao debruçar-se sobre as relações materiais entre os homens, Marx verifica que a história que nos conta a economia política sobre a origem das relações atuais tampouco é mais real que a do idealismo neo-hegeliano. Ainda que Smith tenha o mérito de

168 *IA-I*, p. 75.

169 Cf. *MF*, p.; *In57*, p. 122.

170 *IA-I*, p. 77.

171 *IA-I*, p. 72.

172 *SF*, p. 32.

173 *IA-I*, p. 24.

174 O caráter revolucionário da atividade fica explícito na sociedade burguesa que, no seu desenrolar contraditório, transforma incessantemente os meios de produção (Cf. *MPC*).

ter descoberto no trabalho a essência subjetiva da propriedade privada e que exponha, por isso, corretamente o modo de funcionamento do sistema capitalista, e Ricardo posteriormente o faça de modo cientificamente ainda mais rigoroso, em ambos as falhas derivam de suas posições burguesas a-históricas, incorrendo em erros que, se fossem percebidos, fariam desmoronar os pressupostos centrais de suas teorias. Em síntese, quando eles supõem historicamente a propriedade privada moderna, eternizam as relações capitalistas e explicam a partir daí todas as relações.[175] Porém, a propriedade privada tem de ter uma origem; é aí que entram as "robinsonadas do século XVIII", que supõem o indivíduo isolado e sua necessidade de intercâmbio com outros indivíduos livres, iguais, e igualmente isolados, através da troca dos produtos de seus trabalhos.

Um fato histórico e exemplar a esse respeito (consolidado ao longo de cinco séculos) é a chamada acumulação primitiva, ou, segundo Marx, expropriação primitiva. Esta dá o pontapé inicial ao processo de produção capitalista e é explicada pela economia política como originária de uma situação longínqua e lendária, na qual uma "elite laboriosa, inteligente e, sobretudo, econômica" convivia com uma população de "vadios, trapalhões que gastavam mais do que tinham", de modo que a elite foi naturalmente acumulando riquezas e a população não teve outro remédio a não ser vender, a certa altura, a própria força de trabalho.[176] Com isso, o direito e o trabalho são, para o economista, as pacíficas e únicas formas de enriquecimento – um é a fonte de capital, o outro sua regulação e ao mesmo tempo garantia de proteção à continuidade – o direito também parte, evidentemente, da propriedade privada como um dado inquestionável. Parte-se do pressuposto das relações justas de troca de equivalentes que dependeram e continuarão sempre a depender, exclusivamente, do livre arbítrio dos indivíduos quanto ao seu destino: uns pouparam, outros desperdiçaram. E, por isso, é uma explicação histórica essencialmente moral, fruto de um ponto de vista parcial que compromete a validade científica de suas teorias quando buscam apoiá-las no pilar histórico.

No curso das categorias econômicas, a ciência histórica e social deve levar em conta que o sujeito, no caso, a sociedade burguesa, "está dado tanto na realidade efetiva quanto no cérebro", de modo que para a analisarmos temos de considerar que esta "sociedade de maneira nenhuma se inicia, *inclusive do ponto de vista científico*, somente a partir do momento em que se trata dela como tal". Por esta razão, "seria, pois, impraticável e errôneo colocar as categorias econômicas na ordem segundo a qual tiveram historicamente uma ação determinante. A ordem em que se sucedem se acha determinada, ao contrário, pelo relacionamento que têm umas com as outras na sociedade burguesa moderna, e que é precisamente o inverso do que parece ser uma relação

175 Cf. *M44*, p. 79.

176 Cf. *K*, p. 829.

natural, ou do que corresponde à série do desenvolvimento histórico. Não se trata da relação que as relações econômicas assumem historicamente na sucessão das diferentes formas de sociedade. (...) Trata-se da sua hierarquia no interior da moderna sociedade burguesa".[177] Partimos, assim, de categorias simples que este patamar avançado nos permite discernir, tais como trabalho, divisão do trabalho, propriedade privada etc., para analisarmos o percurso histórico das mesmas.

177 *In57*, p. 122.

CAPÍTULO II

Formações materiais e ideais

FORMAÇÕES MATERIAIS

Propriedade privada

O intercâmbio do homem com a natureza, o trabalho, ocorre na forma de apropriação, tanto dos meios e objetos, quanto dos seus produtos. "Toda produção é apropriação da natureza pelo indivíduo, no interior e por meio de uma determinada forma de sociedade."[1] A relação de propriedade do indivíduo com suas condições de existência é um caráter das condições naturais de existência pressuposto pela comunidade. Por isso, segundo Marx, dizer que a propriedade (apropriação) é uma condição da produção é uma tautologia, mas saltar daí para a propriedade privada, uma determinada forma de propriedade, "é ridículo" – até porque se verifica a propriedade comum desempenhando por muito tempo um papel importante na história.

De modo geral, porém, a história pode ser vista como a história do desenvolvimento da propriedade privada: "é a expressão *sensível* do movimento de toda produção até aqui, isto é, e efetivação ou realidade do homem. Religião, família, Estado, direito, moral, ciência, arte, etc. são apenas modos *particulares* da produção e caem sob a sua lei geral. A superação positiva da propriedade *privada* enquanto apropriação da vida *humana* é, por isso, a superação de todo estranhamento, portanto o retorno do homem da religião, família, Estado etc., à sua existência *humana*, isto é, *social*".[2] A moderna propriedade privada burguesa "é a expressão última e mais consumada da geração e apropriação dos produtos que repousam em oposições de classes, na exploração de umas pelas outras. Neste sentido, os comunistas podem condensar a sua teoria numa

1 *In57*, p. 106.

2 *M44*, p. 264.2-9.

única expressão: supressão da propriedade privada"[3] – nela estão implicadas todas as outras relações.

Segundo Marx, "a *essência* subjetiva da propriedade privada, a *propriedade* privada como atividade sendo para si, como *sujeito*, como *pessoa*, é o *trabalho*".[4] O trabalho, na qualidade de essência subjetiva de toda riqueza, é a base da propriedade privada, esta que "resulta, portanto, por análise, do conceito de *trabalho alienado*, isto é, de *homem alienado*, do trabalho estranhado, da vida estranhada, do homem estranhado",[5] do desenvolvimento do trabalho pelo capital às expensas dos indivíduos e suas finalidades humanas. Marx herda o conceito de trabalho estranhado da economia política, através do movimento da propriedade privada. Trabalho e capital são os elementos constituintes da relação de propriedade. Historicamente, o movimento dessa estrutura consiste na *unidade imediata* ou *mediada* de *ambos*; então essa unidade é separada, e os dois elementos, capital e trabalho, são estranhados, "mas emulando-se e fomentando-se reciprocamente". No último momento consuma-se a *contraposição de ambos*: "Excluem-se mutuamente, e o trabalhador percebe o capitalista como sua não-existência e vice-versa; cada um procura arrebatar do outro sua existência. *Contraposição* de cada um *contra* si mesmo. Capital = trabalho acumulado = trabalho".[6] A consolidação moderna da contraposição entre o capital e o trabalho equivale ao estabelecimento da burguesia e à correspondente formação do proletariado, isto é, à divisão da sociedade em apenas duas classes (o que, teoricamente, foi estabelecido só com Ricardo).

A propriedade privada é a antítese da propriedade coletiva, social, e passa a existir apenas "quando o instrumental e as outras condições externas do trabalho pertencem a particulares". Seu caráter irá variar conforme esses proprietários privados sejam trabalhadores ou não. Quando há a *propriedade privada do trabalhador* sobre os meios de produção, observa Marx, ela "serve de base à pequena indústria, e esta é uma condição necessária para desenvolver-se a produção social e a livre individualidade do trabalhador".[7] Entre os proprietários privados trabalhadores e não trabalhadores estão "todos os matizes inumeráveis que a propriedade privada oferece à primeira vista" e que refletem apenas os estados intermediários entre ambos os grupos. Ela surge de um processo de paulatina dissolução da pequena propriedade livre e da propriedade comunal por meio de sua cisão entre os indivíduos: "de modo geral, a propriedade privada repousa mesmo na divisão".[8] Como

3 *MPC-II.*

4 *M44*, p. 257.1-3.

5 *M44*, p. 244.14-16.

6 *M44*, p. 255.30-37.

7 *K*, p. 879.

8 *M44*, p. 232.39.

esta dissolução ocorre entre trabalhadores e não trabalhadores (isto é, entre classes), ela corresponde ao mesmo tempo à separação da unidade entre o indivíduo que trabalha e suas condições objetivas de trabalho, entre o produtor e os donos do trabalho, e portanto, também à divisão entre quem produz e quem frui.

A pequena indústria baseada no trabalhador proprietário, que é fundamental ao livre desenvolvimento da individualidade, adquiriu, ao longo da história, diversas formas intermediárias: "sem dúvida, encontramos essa pequena indústria nos sistemas de escravatura, servidão e em outras relações de dependência". Mas ela realmente se desenvolve mais plenamente somente à base de um modo de produção que supõe o *parcelamento da terra* e a *dispersão dos demais meios de produção*, "ela só floresce, só desenvolve todas as suas energias, só conquista a adequada forma clássica quando o trabalhador é o proprietário livre das condições de trabalho (meios e objeto de trabalho) com as quais opera, a saber, o camponês é dono da terra que cultiva, o artesão, dos instrumentos que maneja com perícia".[9] A referida forma clássica do desenvolvimento da individualidade através do trabalho necessariamente provém de um modo de produção que "exclui, além da concentração desses meios, a cooperação, a divisão do trabalho dentro do mesmo processo de produção, o domínio social e o controle da natureza, o livre desenvolvimento das forças produtivas da sociedade. Só é compatível com limitações estreitas e ingênuas à produção e à sociedade".[10] De modo que se apresentam antagônicos os desenvolvimentos social e individual, sendo este último tomado avassaladoramente pelas forças produtivas sociais no capitalismo, consequência da forma histórica de organização da produção baseada na propriedade privada.

A moderna dominação da propriedade privada tem seu começo e base na posse fundiária.[11] A dominação sobre o trabalho ao longo da história fora sempre sob a forma de riqueza presa às coisas (como a terra), onde o excedente de trabalho era controlado. Pode-se afirmar, segundo Marx, que em todas as formas em que a propriedade fundiária domina, a relação com a natureza é ainda preponderante,[12] o que equivale a um baixo desenvolvimento das forças produtivas. "Assim como a grande propriedade fundiária pode devolver a acusação de monopólio que a divisão da posse fundiária lhe faz, da mesma forma – já que a divisão se baseia no monopólio da propriedade privada – a divisão da posse fundiária pode devolver à grande posse fundiária a acusação de divisão, mas numa forma rígida, congelada"[13] – portanto, ambas as formas são baseadas

9 *K*, p. 880.

10 *K*, p. 880.

11 Cf. *M44*, p. 74.

12 *In*57, p. 121.

13 *M44*, p. 76.

na divisão, sendo uma estática e a outra mais dinâmica. Diferentemente do proprietário privado moderno, que pode intercambiar à vontade seu capital, movimentando-o constantemente e, assim, não se identificar pessoalmente com sua propriedade, o senhor feudal está, em seu caráter e individualidade, intimamente ligado à sua propriedade. Os servos, por sua vez, são eles próprios propriedade da terra e estão para com ela numa relação de "respeito, submissão e obrigação", de modo que a posição da posse fundiária "é imediatamente política e tem, de igual modo, um lado *acolhedor*". O senhor não procura tirar o máximo proveito possível de sua posse, "antes, ele consome o que ali está, e deixa tranquilamente aos servos e arrendatários o cuidado da acumulação. Esta é a relação *aristocrática* da posse fundiária, que lança sobre o seu senhor uma glória romântica".[14] A terra já se encontra estranhada do homem sob a forma de propriedade privada, "fazendo frente ao homem na figura de alguns poucos grandes senhores",[15] como um poder acima dos homens. Mas é uma forma fixa, é, portanto, o capital ainda incompleto, ainda não liberto de preconceitos locais e políticos e, por isso, "na marcha de sua *formação mundial*", ele tem de chegar à sua "expressão abstrata, isto é, *pura*".[16]

Na história da economia política, a essência da propriedade privada de acordo com os mercantilistas é apenas *objetiva* para o homem, eles representam um período ainda fetichista na medida em que não consideram a indústria moderna como um poder da consciência. É sob a forma de dinheiro que o capital (do comerciante ou usurário) defronta-se historicamente com a propriedade imobiliária: "O contraste entre o poder proporcionado pela propriedade da terra em virtude de relações de servidão e domínio e o poder impessoal do dinheiro está claramente expresso em dois provérbios franceses que dizem: 'não há terra sem senhor' e 'dinheiro não tem senhor'".[17] A verdadeira propriedade privada só tem início com a propriedade mobiliária;[18] que representa a essência abstrata do capital liberto. "Do *efetivo* curso do desenvolvimento segue o necessário triunfo do *capitalista*, isto é, da propriedade privada desenvolvida sobre o *proprietário fundiário* não desenvolvido, semi-desenvolvido, como, aliás, o movimento tem já de triunfar sobre a imobilidade, a infâmia aberta e consciente de si tem de triunfar sobre a encoberta e *sem consciência*".[19]

A propriedade móvel surge historicamente como o ícone do progresso, que ao se deparar com o proprietário fundiário, remete-o a um longínquo e atrasado passado,

14 *M44*, p. 75.

15 *M44*, p. 74.

16 *M44*, p. 97.

17 *K*, p. 166.

18 Cf. *IA-I*, p. 97.

19 *M44*, p. 97.

"lastima o seu adversário como um pateta *não-esclarecido* sobre a sua essência (e isto é inteiramente correto), que quer por no lugar do capital moral e do trabalho livre a crua violência imoral e servidão; ela o caracteriza como um Dom Quixote que, sob a aparência da *retidão*, da *probidade*, do *interesse universal*, da *estabilidade*, esconde a incapacidade de movimento, o sibarismo avarento, o egoísmo, o interesse particular, a má intenção; expõe-no como um *monopolista espertalhão*; atenua suas reminiscências, sua poesia, seu fanatismo mediante a enumeração histórica e sarcástica da vilania, da crueldade, do aviltamento, da prostituição, da infâmia, da anarquia, da revolta, dos quais foram oficinas os castelos românticos".[20] Na medida em que explicita as bases materiais sobre as quais se assentam as antigas formas de dominação e exploração do trabalho, a propriedade privada capitalista – na sua forma móvel – representa um progresso real sobre as mesmas.

Com a propriedade privada moderna, "o que antes era algo exterior a si, alienação real do homem, tornou-se ato de alienação, de venda".[21] A circulação de mercadorias, o comércio, é o ponto de partida do capital.[22] Compra e venda são o modo de intercâmbio necessário entre os indivíduos numa sociedade de produtores privados de mercadorias, isto é, encontram-se no mercado indivíduos que se reconhecem como proprietários privados; o comércio é a forma de mediação da qual se reveste a progressiva separação entre o trabalho e a propriedade do trabalho consumada no modo de produção capitalista e que culmina na propriedade privada capitalista moderna e sua contraposição ao trabalho. O intercâmbio monetário expressa-se como uma relação de igualdade, como troca de equivalentes, esfumaçando na simples troca de mercadorias por seus valores a relação que é reproduzida continuamente no processo de produção, na qual o trabalho excedente é extraído sem que o capital pague por isso qualquer equivalente ao trabalhador. Toda a escandalosa miséria que se reproduz à base da propriedade privada, apoiada na extração do trabalho excedente (ou mais-valia), não é, porém, imediatamente associada ao capital livre, para se autovalorizar, aparência que deriva da natureza da troca de mercadorias no modo de produção capitalista.

A exploração do trabalho ainda recoberta por laços político-comunais de algum tipo, na sociedade capitalista torna-se propriedade sobre o trabalho cuja forma de dominação é *direta* – e assume esta expressão quando se torna livre para ser transmutada na troca. O trabalhador torna-se, apenas formalmente, livre – sob dois aspectos: "livre" das condições objetivas (não é mais proprietário), e livre para comprar e vender. Para seus agentes, os proprietários privados, a propriedade seria a grande responsável, por

---

20 *M44*, p. 96.

21 *M44*, p. 258.

22 Cf. *K*, p. 165.

extensão, por ter "proporcionado ao mundo liberdade política, rompido as cadeias da sociedade burguesa, unido os mundos entre si, instituído o comércio filantrópico, a moral pura, a cultura agradável; ela teria concedido ao povo, em vez de rudes carências, necessidades civilizadas e os meios para sua satisfação".[23] Esta fluidez da propriedade revela que "o prodígio da indústria e do movimento, é a cria da era moderna e seu filho legítimo e unigênito", significa, ao mesmo tempo, intensificação e desenvolvimento da divisão do trabalho.

Afirmar que a divisão do trabalho e a troca estão baseados na propriedade privada é dizer que o trabalho é a essência da propriedade privada. O salário, o comércio, o valor, o preço, o dinheiro etc., são "diferentes formas revestidas pela propriedade privada".[24] A relação da propriedade privada com o trabalho é uma relação abstrata; ela separa todas as qualidades específicas de conteúdo e forma do trabalho, desprezando suas determinações naturais e sociais: "a produção do objeto da atividade humana como *capital*, no qual toda determinidade natural e social do objeto está *extinta*, [em que] a propriedade privada perdeu sua qualidade natural e social (ou seja, perdeu todas as ilusões políticas e gregárias, sem se mesclar com relação *aparentemente* humana alguma) – no qual também o *mesmo* capital permanece o *mesmo* na mais diversificada existência natural e social, é completamente indiferente ao seu conteúdo *efetivo*".[25] Nesse sentido, a renda da terra perdeu sua qualidade social distintiva e converteu-se "em *capital* e *juro* que nada dizem, ou antes, que apenas sugam dinheiro".[26] Renda, juro e lucro são as diferentes partes da mais-valia e não derivam da *terra* ou do *capital* propriamente, mas sim do trabalho não pago contido nas mercadorias, entretanto, é a propriedade privada da terra e do capital que "habilitam os seus donos a obter as suas partes respectivas da mais-valia extraída pelo empregador ao trabalhador".[27] A propriedade que o capitalista detém sobre o trabalho lhe garante o direito de governar o trabalho e seus produtos – ele é proprietário do capital.

De tudo isso se depreende que o fim da propriedade privada é a única forma do homem reapropriar as forças sociais. Marx e Engels comentam a censura contra os comunistas, a "de que quereríamos abolir a propriedade adquirida pessoalmente, fruto do trabalho próprio — a propriedade que formaria a base de toda a liberdade, atividade e autonomia pessoais. Propriedade fruto do trabalho, conseguida, ganha pelo próprio! Falais da propriedade pequeno-burguesa, pequeno-camponesa, que precedeu

---

23 *M44*, p. 96.

24 *SF*, p. 47.

25 *M44*, p. 93.

26 *M44*, p. 94.

27 *SPL*, p. 63.

a propriedade burguesa? Não precisamos aboli-la, o desenvolvimento da indústria aboliu-a e abole-a diariamente. Ou falais da moderna propriedade privada burguesa? Mas será que o trabalho assalariado, o trabalho do proletário, lhe cria propriedade? De modo nenhum. Cria o capital, isto é, a propriedade que explora o trabalho assalariado, que só pode multiplicar-se na condição de gerar novo trabalho assalariado para de novo o explorar. A propriedade, na sua figura hodierna, move-se na oposição de capital e trabalho assalariado".[28] A propriedade privada capitalista *fundamentada na exploração do trabalho alheio* suplanta "a propriedade privada, obtida com o esforço pessoal, baseada por assim dizer na identificação do trabalhador individual isolado e independente com suas condições de trabalho".[29] Decorre do modo capitalista de produção a maneira capitalista de apropriar-se dos bens, que se apresenta como "a primeira negação da propriedade privada individual baseada no trabalho próprio".[30]

O comunistas contrapõem-se a todos os burgueses, que, na realidade, perpetuam o estranhamento da propriedade em alguns poucos grandes senhores: "horrorizais-vos por querermos suprimir a propriedade privada. Mas na vossa sociedade existente, a propriedade privada está suprimida para nove décimos dos seus membros; ela existe precisamente pelo fato de não existir para nove décimos. Censurais-nos, portanto, por querermos suprimir uma propriedade que pressupõe como condição necessária que a imensa maioria da sociedade não possua propriedade. Numa palavra, censurais-nos por querermos suprimir a vossa propriedade. Certamente, é isso mesmo que queremos. A partir do momento em que o trabalho já não possa ser transformado em capital, em dinheiro, em renda, em suma, num poder social monopolizável, isto é, a partir do momento em que a propriedade pessoal já não possa converter-se em propriedade burguesa, a partir desse momento declarais que a pessoa é suprimida. Concedeis, por conseguinte, que por pessoa não entendeis mais ninguém a não ser o burguês, o proprietário burguês. E esta pessoa tem certamente de ser suprimida".[31] Portanto, abolir a propriedade privada é suprimir as condições em que o trabalho individual e pessoal não é possível, é estabelecê-lo em bases novas, não restaurá-lo em condições antepassadas estreitas.

Somente organizado na base da mais ampla combinação e concentração da propriedade privada, de forma a sustentar a grande e inaudita massa de forças produtivas, com uso intensivo da ciência natural, que o capitalismo industrial se desenvolve, este é o capitalismo maduro e autêntico. Somente com a indústria desenvolvida, portanto,

---

28 *MPC-II.*

29 *K*, p. 880.

30 *K*, p. 881.

31 *MPC-II.*

pela mediação da propriedade privada, é que o homem se afirma "tanto na sua totalidade como na sua humanidade".[32] Assim, na medida em que a moderna propriedade privada corresponde a um avanço concreto na multiplicidade da apreensão do mundo sensível mediante o trabalho, sua supressão será uma suprassunção *positiva*.

Divisão do trabalho

As formas como se apresentam as condições objetivas são, em toda história, determinadas pela divisão do trabalho e aparecem aos indivíduos como casualidade ou acidentalidade, não são fruto de sua escolha individual. As formas como o trabalho é dividido correspondem às formas de propriedade, "em outras palavras, cada nova fase da divisão do trabalho determina igualmente as relações dos indivíduos entre si, no que se refere ao material, ao instrumento e ao produto do trabalho".[33] Nesse sentido, Marx afirma que a divisão do trabalho expressa em relação à atividade o que a propriedade privada expressa sobre o produto da atividade, de modo que divisão do trabalho e propriedade privada são, portanto, *expressões idênticas*. Afirmar, por conseguinte, que a troca e a divisão do trabalho baseiam-se na propriedade privada é o mesmo que dizer que o trabalho é a essência da propriedade privada.[34] Superar a divisão do trabalho é fator indispensável na superação das relações capitalistas, uma vez que ela é a própria expressão da separação entre o indivíduo e as condições materiais de existência.

Se a afirmação de que o trabalho é a essência da propriedade privada fosse demonstrada pela economia política, ela entraria em contradição, pois o caráter social que defende para sua ciência reside justamente na divisão do trabalho e na troca. Os economistas acabam se esquivando do fundamento destas relações (a propriedade privada), posto que se o fizessem mostrariam que troca, propriedade privada e divisão do trabalho são expressões do interesse pessoal e não social. A economia política prova com a divisão do trabalho a "*sociabilidade do trabalho* no interior do estranhamento". Da mesma forma que o trabalho estranhado é simplesmente uma expressão da atividade humana no interior do estranhamento, a externação da vida como estranhamento da vida, "assim também a *divisão do trabalho* não é outra coisa senão o assentar *alienado, estranhado,* da atividade humana como uma *atividade genérica real* ou enquanto *atividade do homem como ser genérico*".[35]

A divisão do trabalho, *por* ser estranhada da atividade do gênero humano, torna estranhos os produtos que a cooperação dos indivíduos cria com a objetivação de suas

32 *M44*, p. 157.

33 Cf. *IA-I*, p. 29.

34 Cf. *M44*, p. 155.

35 *M44*, p. 149-150.

próprias forças essenciais socialmente desenvolvidas: "O poder social, isto é, a força produtiva multiplicada que nasce da cooperação de vários indivíduos exigida pela divisão do trabalho, aparece a estes indivíduos, porque sua cooperação não é voluntária mas natural, não como seu próprio poder unificado, mas como uma força estranha situada fora deles, cuja origem e cujo destino ignoram, que não podem mais dominar".[36] A divisão do trabalho é a forma que reveste a força produtiva multiplicada dos vários indivíduos cooperando entre si, uma forma estranhada assumida pela atividade conjunta dos indivíduos, que lhes parece natural e está para além de qualquer controle pessoal. Expressão da separação entre o indivíduo e as condições materiais de existência, a divisão do trabalho torna impossível vislumbrar os produtos que a cooperação dos indivíduos cria como a objetivação de suas próprias forças essenciais socialmente desenvolvidas. Ela indica, por outro lado, o quanto as forças produtivas de uma sociedade são desenvolvidas. Mais do que isso, ela promove esta evolução, assim como a forma de organização da produção pelos indivíduos e suas relações recíprocas, de forma que tende a se desenvolver historicamente entre os diversos ofícios e no interior destes. Presente em diversos níveis de desenvolvimento em todas as formações econômico-sociais desde as pré-capitalistas, a divisão do trabalho tem papel decisivo na transformação das relações sociais, subordinando a relações puramente materiais quaisquer outros laços pessoais, tradicionais ou políticos.

Originariamente, na forma de propriedade tribal, a divisão do trabalho era mínima, restrita à família, que corresponde à própria estrutura social neste período, constituída por chefes patriarcais, membros da tribo, escravos. Neste momento, a divisão do trabalho ainda não tinha se desenvolvido a ponto de aparecer como divisão entre cidade e campo, mas se mostrava na sua forma primordial, a divisão entre trabalho material e intelectual. Com o aumento do intercâmbio, sob a forma de guerras e trocas, e o crescimento das necessidades, desenvolve-se a escravidão.[37] Portanto, já nas formas primitivas de propriedade a divisão do trabalho surge de modo a contrapor uma classe diretamente produtora e sem o domínio de seu trabalho, a uma classe possuidora que detém o comando sobre o trabalho; apresentando, então, desde seu nascimento, o significado de antagonismo de classe. Na medida em que na sociedade repartem-se entre indivíduos diferentes "a fruição e o trabalho, a produção e o consumo", Marx aponta que, na verdade, as sociedades sempre se dividiram em duas classes fundamentais, e por isso há uma contradição entre o que e como os indivíduos produzem, para quem produzem e as trocas que fazem entre si.

36 *IA-I*, p. 48.

37 A escravidão tem origem dentro da própria família, na qual o pai ou o chefe da tribo toma os parentes mais próximos e, com o tempo, mais afastados, subjugados como escravos (Cf. *IA-I*).

A divisão do trabalho intelectual e material que origina a separação entre cidade e campo está na base das três formas de propriedade derivadas da propriedade tribal. Inicialmente, a divisão do trabalho leva à separação entre o trabalho industrial e comercial (posteriormente também separados) e o trabalho agrícola, dividindo desta forma cidade e campo. A separação e oposição entre cidade e campo "é a expressão mais crassa da subsunção do indivíduo à divisão do trabalho, a uma determinada atividade que lhe é imposta – subsunção que converte uns em limitados animais urbanos e outros em limitados animais rurais, reproduzindo diariamente a oposição entre os interesses de ambos".[38] Por isso, uma vez que esse antagonismo das condições dadas só se acentua, tal divisão e oposição entre cidade e campo é uma das primeiras condições materiais da coletividade a ser superada.

A cidade concentra a população e os instrumentos de produção, em suma, concentra o capital, as necessidades e a satisfação das mesmas, ao mesmo tempo que complexifica a divisão do trabalho e a subsunção do indivíduo a esta divisão. Assim, ela concentra o desenvolvimento social mais avançado, presente, inclusive, nos indivíduos; torna necessária toda a organização comunal baseada na administração, na polícia, nos impostos, na regulação das trocas etc. A situação no campo, oposta à da cidade, é da mesma forma regida pela propriedade privada, no caso, a propriedade imóvel (terra). Apesar desta diferença, na cidade ou no campo "o trabalho volta a ser aqui o fundamental, o poder *sobre* os indivíduos, e enquanto existir esse poder deve existir a propriedade privada".[39] Através da divisão do trabalho dentro dos diferentes ramos desenvolvem-se, ao mesmo tempo, "diferentes subdivisões entre os indivíduos que cooperam em determinados trabalhos".[40] O modo como se realiza o trabalho dependerá das relações sociais que regem o trabalho, se patriarcalismo, escravidão, estamentos ou classes, e determinará "a posição de tais subdivisões particulares umas em relação as outras".[41]

É bastante nítido esse processo de desenvolvimento das relações materiais gerado pela divisão do trabalho na mudança das relações feudais em capitalistas, momento em que no campo se "apenas realiza a tendência originária da divisão, a saber, a igualdade, assim como coloca a ligação afetiva do homem com a terra de um modo racional e não mais pela servidão, pela dominação e por uma tola mística da propriedade, quando esta deixa de ser um objeto de regateio e se torna novamente, mediante o trabalho livre e a livre fruição, uma propriedade verdadeira e pessoal do homem".[42] Nas cidades

38 *IA-I*, p. 49.

39 *IA-I*, p. 49.

40 *IA-I*, p. 29.

41 Cf. *IA-I*, p. 29.

42 *M44*, p. 232.

medievais, a incipiente ligação entre elas e o intercâmbio limitado, a pouca densidade populacional e a carência de necessidades impediam uma divisão do trabalho mais extensa, de forma que o domínio integral do ofício era um imperativo para a titulação de mestre. Nesse sentido, a divisão do trabalho entre as corporações de ofício medievais e no interior das mesmas era ainda algo "inteiramente natural", isto é, "ela não se estabelecia de forma alguma entre os diferentes trabalhadores. Cada trabalhador devia estar apto a executar todo um ciclo de trabalhos e preparado para fazer tudo o que pudesse produzir com suas ferramentas".[43] Cada parte da produção do produto e suas ferramentas eram de conhecimento do trabalhador.

O desenvolvimento subsequente da divisão do trabalho nesse período foi a separação entre a produção e o comércio. Cresce a divisão da produção industrial entre as cidades e, aos poucos, as cidades saem de seu isolamento através de um progressivo intercâmbio comercial. Consequentemente, as condições de vida dos diferentes burgueses transformam-se em condições comuns a todos os indivíduos burgueses (os mesmos interesses, os mesmos costumes), mas independentes de cada um. E numa sociedade de produtores de mercadorias, a "diferença qualitativa dos trabalhos úteis, executados independentes uns dos outros, como negócio particular de produtores autônomos",[44] faz com que se desenvolva uma divisão social do trabalho, um sistema complexo no qual a atividade do trabalhador está subordinada. O modo de organização e divisão do trabalho foi a força motriz do empreendimento capitalista (manufaturas) antes de qualquer desenvolvimento tecnológico. Sob o capitalismo, o trabalho atinge vertiginosa intensificação, desdobrando-se extraordinariamente e alcançando a complexificação sempre crescente da era industrial.

A separação das diversas partes do trabalho só pode existir sob o regime da concorrência, portanto, sob condições que não permitem que cada um exerça a atividade que mais se afeiçoa. A nova disciplina exigida pela divisão do trabalho explica em parte a onda de vagabundagem que teve lugar nos séculos XV e XVI, na aurora do capitalismo. A divisão do trabalho no interior da fábrica é detalhadamente regulada e fiscalizada pelo empresário capitalista; na sociedade, ao contrário, a única lei de distribuição do trabalho é a livre concorrência.[45] Temos, dessa forma, um planejamento do trabalho interno à fábrica, mas, na sociedade, impera a regulação própria da concorrência, somente.[46]

---

43 *IA-I*, p. 91.

44 *K*, p. 49.

45 Cf. *IA-II*, p. 126.

46 Cf. *K*, p. 401.

Na indústria moderna, é o trabalho simples o orientador métrico da atividade produtiva, sua medida no tempo determinará a quantidade de trabalho cristalizado: "esse fato supõe os diferentes trabalhos igualados pela subordinação do homem à máquina ou pela divisão extrema do trabalho; que o trabalho desloca a personalidade humana para um segundo plano; que o pêndulo passou a ser a medida exata da atividade relativa dos trabalhadores, como o é da velocidade das locomotivas".[47] A complexificação da divisão do trabalho está voltada para o objetivo de produzir uma mercadoria no seu tempo mínimo socialmente necessário, isso implica simplificar e nivelar a atividade, ao dividi-la em suas partes mais elementares – e aumentar nessa proporção a subordinação e limitação de cada homem.

Com a introdução das máquinas, a divisão do trabalho na sociedade se acentuou, "simplificou a tarefa do operário no interior da oficina, aumentou a concentração do capital e desarticulou ainda mais o homem".[48] A divisão do trabalho na sociedade tem como característica engendrar "as especialidades, as diversas profissões e com elas o idiotismo do ofício";[49] na divisão do trabalho na oficina mecânica, diferentemente, o trabalho perde seu caráter de especialização. "Mas, enquanto cessa todo desenvolvimento especial, começa a deixar-se sentir o afã de universalidade, a tendência a um desenvolvimento integral do indivíduo. A oficina mecânica suprime as profissões isoladas e o idiotismo do ofício",[50] esse constitui o único aspecto revolucionário da oficina mecânica, diz Marx. Entretanto, as relações de produção da oficina logo são substituídas.

A acumulação de muito trabalho, possibilitada pela crescente divisão do trabalho, gera a intensificação da divisão e cada vez mais, por conseguinte, os produtos e os meios do trabalho defrontam-se com o trabalhador como propriedade que não lhe pertence. A grande divisão do trabalho, por sua vez, impede que o trabalhador dê outra direção ao seu trabalho, impelindo-o a se submeter às exigências do capitalista – ou a morrer de fome. Ao trabalhador cabe não só manter-se fisicamente, mas também prover-se de trabalho, ou seja, de meios de efetivar sua atividade, e assim a dificuldade em dar outro direcionamento a seu trabalho é um grande obstáculo em sua luta pela sobrevivência.

Marx explica que "com esta divisão do trabalho, por um lado, e o acúmulo de capitais, por outro, o trabalhador torna-se sempre mais puramente dependente do trabalho, e de um trabalho determinado, muito unilateral, maquinal. Assim como é, portanto, corpórea e espiritualmente reduzido à máquina – e de um homem a uma atividade abstrata e uma barriga –, assim também se torna cada vez mais dependente

47 *IA-II*, p. 52-53.

48 *IA-II*, p. 134.

49 *IA-II*, p. 136.

50 *IA-II*, p. 136.

de todas as flutuações do preço de mercado, do emprego de capitais e do capricho do rico".[51] Além de imobilizado a uma função única, a mecanicidade e a parcialidade da atividade provindas da divisão do trabalho degradam o corpo e a mente do homem que trabalha: "o empobrecimento e a desessencialização da atividade individual mediante a divisão do trabalho são reconhecidos".[52] Os efeitos brutais da divisão do trabalho incidem diretamente sobre a individualidade do trabalhador e de modo indireto sobre a do capitalista – a deterioração da individualidade deste último é patente no fato de que a sua autoatividade também está subsumida pela lei do capital, independendo igualmente, portanto, de seu conteúdo particular e humano e tampouco do meio de sua efetivação, sua vontade resume-se à "vontade" do capital. Esse envilecimento, ao lado da miséria, é *aparentemente* contraditório com toda a riqueza produzida e forças humanas desenvolvidas pelo capitalismo, entretanto é, nessa medida, absolutamente necessário ao capitalismo, ao movimento da propriedade privada.

Marx conclui que a representação social do indivíduo isolado expressa, na verdade, "grilhões e limites muito empíricos" que se apresentam, "antes de mais nada, na realidade, como a dependência recíproca entre os indivíduos entre os quais o trabalho está dividido".[53] A contradição entre o indivíduo e a sociedade é uma contradição fundada na divisão do trabalho, na medida em que a separação do trabalho entre os indivíduos equivale a uma fixação da atividade social que consolida os produtos de nossa própria atividade em um poder objetivo superior aos homens e faz com que as possibilidades de desenvolvimento do indivíduo sejam, evidentemente, limitadas. O indivíduo "não pode escapar ao seu destino, que é o de ver prescrever uma 'individualidade' bastante particular através da divisão do trabalho, a ocupação e o gênero de existência que serão por este motivo seu quinhão. Se o acaso fizer, por exemplo, que ele trabalhe como operário mecânico em Willenhall [centro da indústria de ferro], a 'individualidade' que lhe será imposta consistirá numa deformação dos ossos /.../, se estiver destinado a ter um dia uma existência de fiandeira que trabalhe com uma *throstle*, a sua 'individualidade' consistirá numa anquilose dos joelhos".[54] Portanto, a divisão do trabalho – e por conseguinte as demais relações burguesas – é incompatível com a atividade universal e o desenvolvimento pleno da individualidade, embora seja historicamente seu pressuposto.

Em crítica a Stirner, Marx argumenta que o filósofo acredita que as relações entre os indivíduos acontecem num plano puramente pessoal, sem interferência de um terceiro, que é, aqui, a oposição particular entre os indivíduos determinada pelas

51 *M44*, p. 26.

52 *M44*, p. 156.

53 *IA-I*, p. 46-47.

54 *IA-II*, p. 245.

condições sociais impostas pela divisão do trabalho. Assim, Stirner pretende que o burguês e o proletário mantenham relações pessoais, enquanto "simples indivíduos que mantêm relações entre si". Não atenta para o fato de que na divisão do trabalho as relações pessoais evoluem "de forma necessária e inevitável" para relações de classe, de modo que é inútil dizer aos indivíduos que estão nestas classes que "esqueçam" tal oposição. "O indivíduo em si, considerado por si, está de resto submetido à divisão do trabalho, é através desta que o seu desenvolvimento é desequilibrado, o indivíduo é mutilado, determinado".[55] De nada adianta, por fim, que o indivíduo comporte-se de determinada maneira no sentido de impedir que este comportamento torne-se uma relação social independente.

Classes

Ao longo de toda a história vigorou o domínio de classe, por conseguinte, as condições de vida dos indivíduos estiveram sempre coincididas com as condições de classe. Consideremos alguns aspectos gerais das classes e passemos às classes modernas bem como à condição da supressão das mesmas.

A cisão entre o trabalho e suas condições equivale à propriedade sobre o trabalho e seus produtos, nisto se fundamenta a divisão entre classes. As classes sociais correspondem, portanto, à divisão do trabalho e à propriedade privada. "A história de toda a sociedade até aqui é a história de lutas de classes".[56] É esse antagonismo a lei que subordina os homens, e portanto, "essas relações não são relações entre um indivíduo e outro, mas entre o operário e o capitalista, entre o arrendatário e o proprietário da terra, etc.",[57] personificações das relações econômicas. Por isso, na análise marxiana das relações capitalistas, as "pessoas só interessam na medida em que representam categorias econômicas, em que simbolizam relações de classe e interesses de classe".[58]

Nas diferentes formas de propriedade, "as condições sociais, maneiras de pensar e concepções de vida distintas e peculiarmente constituídas" são criadas e formadas pela classe, "sobre a base de suas condições materiais e das relações sociais correspondentes".[59] Com o desenvolvimento de novas forças produtivas, os homens mudam seu modo de produção e, a partir de então, mudam todas as suas relações sociais: "O moinho a braços dá-nos a sociedade dos senhores feudais; o moinho a vapor, a sociedade dos capitalistas industriais. Os homens, ao estabelecer as relações de acordo com o desenvolvimento

---

55 *IA-II*, p. 299.

56 *MPC-I*.

57 *MF*, p. 69.

58 *K*, p. 6, prefácio da 1ª edição.

59 *IA-I*.

de sua produção material, criam também os princípios, as idéias e as categorias em conformidade com suas relações sociais".[60]

A produção, desde o início da civilização, é baseada no antagonismo "das hierarquias, dos testamentos, das classes e, por último, no antagonismo entre o trabalho acumulado e o trabalho direto".[61] Assim, "[homem] livre e escravo, patrício e plebeu, barão e servo, burgueses de corporação e oficial, em suma, opressores e oprimidos estiveram em constante oposição uns aos outros, travaram uma luta ininterrupta, ora oculta ora aberta, uma luta que de cada vez acabou por uma reconfiguração revolucionária de toda a sociedade ou pelo declínio comum das classes em luta. Nas anteriores épocas da história encontramos quase por toda a parte uma articulação completa da sociedade em diversos estados [ou ordens sociais], uma múltipla gradação das posições sociais. Na Roma antiga temos patrícios, cavaleiros, plebeus, escravos; na Idade Média: senhores feudais, vassalos, burgueses de corporação, oficiais, servos, e ainda por cima, quase em cada uma destas classes, de novo gradações particulares".[62] Marx realça o antagonismo de classe existente nas formações sociais pré-capitalistas ao situá-lo no interior do processo histórico de desenvolvimento da propriedade privada; deste modo, o que era comum a essas estruturas era o fato de serem "uma associação contra a classe produtora dominada; o que variava era a forma de associação e a relação com os produtores diretos, já que as condições de produção haviam mudado".[63]

A sociedade moderna, "saída do declínio da sociedade feudal, não aboliu as oposições de classes. Apenas pôs novas classes, novas condições de opressão, novas configurações de luta, no lugar das antigas. A nossa época, a época da burguesia, distingue-se, contudo, por ter simplificado as oposições de classes. A sociedade toda cinde-se, cada vez mais, em dois grandes campos inimigos, em duas grandes classes que diretamente se enfrentam: burguesia e proletariado".[64] A identidade entre riqueza e miséria é, por fim, a expressão concreta da oposição entre trabalho acumulado (capital) e trabalho vivo ou direto. Tanto é assim que o supérfluo, Marx observa em sua época, é mais fácil de produzir que o necessário, isso ocorre pois são as condições sociais dos consumidores, determinadas

60 *MF*, p. 105.

61 *MF*, p. 60.

62 *MPC-I*.

63 *IA-I*, p. 34.

64 *MPC-I*. "Os pequenos estados médios [*Mittelstände*] até aqui, os pequenos industriais, comerciantes e rentiers, os artesãos e camponeses, todas estas classes caem no proletariado, em parte porque o seu pequeno capital não chega para o empreendimento da grande indústria e sucumbe à concorrência dos capitalistas maiores, em parte porque a sua habilidade é desvalorizada por novos modos de produção. Assim, o proletariado recruta-se de todas as classes da população."

pelo antagonismo de classes, que determinam o uso dos produtos.[65] Essa configuração da contradição de classe capital-trabalho impacta diretamente a existência dos indivíduos, as relações entre eles perdem, com o tempo, todo caráter de naturalidade ou comunalidade, tornam-se relação de exploração direta com a instauração da concorrência universal.

Apenas na coletividade, diz Marx, "é que cada indivíduo encontra os meios de desenvolver suas capacidades em todos os sentidos; somente na coletividade, portanto, torna-se possível a liberdade pessoal. Nos sucedâneos da coletividade existentes até aqui, no estado etc., a liberdade pessoal tem existido apenas para os indivíduos desenvolvidos dentro das relações da classe dominante e apenas na medida em que eram indivíduos dessa classe".[66] Por isso, Marx considera esta coletividade "em que os indivíduos se associaram até agora", de certo modo, aparente. Cabe ressaltar que essa liberdade pessoal até agora foi entendida como o "direito de poder desfrutar imperturbavelmente, dentro de certas condições, o acaso",[67] acaso que consiste nas condições objetivas criadas pelas forças de produção e pelas formas de intercâmbio de cada época, resultante do desenvolvimento natural das mesmas. A relação coletiva dos indivíduos na classe sempre foi uma relação na qual "pertenciam estes indivíduos apenas como indivíduos médios", dentro das condições de existência de sua classe, ou seja, não participavam como indivíduos, mas como proletários, burgueses etc. Os indivíduos médios estão sempre em condições de classe e fixados como indivíduos dessas classes, não são indivíduos que se desenvolvem na sua totalidade, a não ser como indivíduos dessa classe.

A coletividade continua sendo, porém, o pressuposto pelo qual este desenvolvimento historicamente restrito a poucos indivíduos ocorre; apenas através dela pode se superar a divisão do trabalho e subsumir as forças objetivas aos indivíduos, momento em que a coletividade torna-se real, na qual os indivíduos adquirem sua liberdade "na e através de sua associação". A coletividade, que até o momento adquiriu uma existência autônoma em relação aos indivíduos, além de parecer uma coletividade totalmente ilusória para os indivíduos da classe dominada, constitui-se sempre num novo entrave a ser superado. A vida de cada indivíduo, "na medida em que uma vida é pessoal e na medida em que está subsumida a um ramo qualquer do trabalho e às condições a ele

65 Por exemplo, "durante todo um século os governos lutaram em vão contra esse ópio [a aguardente] europeu; a economia prevaleceu, ditando suas leis ao consumo. Por que, pois, o algodão, as batatas e a aguardente são a pedra angular da sociedade burguesa? Porque sua produção requer a menor quantidade de trabalho e, por conseguinte, têm preço mais baixo. Por que o mínimo de preço determina o máximo de consumo? Será, talvez, por causa da utilidade absoluta desses artigos, de que satisfazem da maneira mais conveniente às necessidades do operário como homem e não do homem, como operário? Não; é porque em uma sociedade baseada na miséria, os produtos mais miseráveis têm a prerrogativa fatal de servir ao consumo das grandes massas" (*MF*, p. 61).

66 *IA-I*, p. 117.

67 *IA-I*, p. 118.

correspondentes",[68] está condicionada e determinada por relações de classe claramente definidas. No estamento, diz Marx, essa divisão dissimula-se pelo fato da posição social assumida pelos indivíduos ser uma "qualidade inseparável de sua individualidade", um nobre, por exemplo, é um nobre independente de suas relações; já no sistema de classes, um burguês pode (e pela concorrência, tende a) se tornar um proletário e vice-versa.

A classe autonomiza-se em face dos indivíduos de sorte que estes encontram suas condições de existência preestabelecidas e têm, assim, sua posição na vida e seu desenvolvimento pessoal determinados pela classe; tornam-se subsumidos a ela. As condições de vida parecem independentes de cada indivíduo que compõe a classe, embora sejam comuns a todos eles. O indivíduo isolado, que adquire essas condições "através da tradição e da educação, poderá imaginar que [elas] constituem os motivos reais e o ponto de partida de sua conduta".[69] Trata-se do mesmo fenômeno, diz Marx, que o da submissão dos indivíduos isolados à divisão do trabalho. "Indicamos várias vezes como essa subsunção dos indivíduos à classe transforma-se, ao mesmo tempo, em sua subsunção a todo tipo de representação etc.".[70] Uma vez que as representações que os indivíduos fazem estão sob a influência direta das condições materiais de produção, "a classe que tem à sua disposição os meios de produção material dispõe, ao mesmo tempo, dos meios de produção espiritual".[71] Para os que não possuem os meios de produção espiritual, resta a submissão às ideias dominantes – que não podem ser separadas, portanto, dos indivíduos e das circunstâncias mundiais dos quais partem estas ideias. O Estado, da mesma forma, funciona segundo as regras dominantes e tem como objetivo representar os interesses gerais, sendo as classes, portanto, os verdadeiros agentes das lutas no interior do Estado.

Os interesses particulares transformam-se em interesses de classe e independentes da vontade das próprias pessoas, independência que assume um aspecto autônomo, na forma de interesses *gerais*, frente às "pessoas individuais". É apenas na forma de oposição entre interesses gerais e individuais que os interesses gerais passam a assumir a consciência sob a forma de interesses *ideais*, religiosos, sagrados; e é no *acesso* do indivíduo à autonomia dos interesses de classe que o seu "comportamento pessoal" deve, necessariamente, "reificar-se, alienar-se, existindo simultaneamente fora do próprio indivíduo, como potência independente, produzida pelo sistema das relações sociais entre os homens".[72]

68 *IA-I*, p. 119.

69 *18B*, p. 51-52.

70 *IA-I*, p. 84.

71 *IA-I*, p. 80.

72 *IA-II*, p. 15.

Na França de início do século XIX os pequenos camponeses constituíam uma imensa massa, analisa Marx, cujos membros se assemelhavam por viverem em condições parecidas, mas que não estabeleciam relações multiformes entre si, pois seu modo de produção (além do péssimo sistema de comunicação à época), ao invés de cultivar um intercâmbio mútuo, os isolava uns dos outros. Desta forma, cada família camponesa era obrigada a ser autossuficiente, consumando as trocas para sua subsistência mais com a natureza do que por meio do intercâmbio com a sociedade. Segundo Marx, "na medida em que milhões de famílias camponesas vivem em condições econômicas que as separam umas das outras, e opõem o seu modo de vida, os seus interesses e sua cultura aos das outras classes da sociedade, estes milhões constituem uma classe. Mas na medida em que existe entre os pequenos camponeses apenas uma ligação local e em que a similitude de seus interesses não cria entre eles comunidade alguma, nessa exata medida não constituem uma classe".[73] A burguesia, ao contrário, constitui-se como classe nestes dois sentidos.

A representação burguesa interesseira, que transforma as "relações de produção e de propriedade de relações históricas transitórias no curso da produção em leis eternas da Natureza e da razão", é partilhada "com todas as classes dominantes já desaparecidas".[74] Nesta perspectiva, "a missão prática de qualquer das classes ascendentes deveria ser para cada um dos seus componentes uma missão *universal*, /.../ cada classe só poderia derrubar a precedente ao libertar os indivíduos de *todas* as classes deste ou daquele entrave anterior – ao longo de toda esta história, era necessário que a missão dos indivíduos de uma classe que aspirasse ao domínio se apresentasse como missão válida para a generalidade dos homens".[75] Marx reitera em relação às classes modernas o que já havia sido dito em relação às classes em toda história, isto é, "os indivíduos isolados apenas formam uma classe na medida em que têm que manter uma luta comum contra outra classe; no restante, eles mesmos defrontam-se uns com os outros na concorrência".[76] Os burgueses se definiram enquanto tal por oposição às relações sociais existentes e ao seu tipo de trabalho, ou seja, "criaram essas condições na medida em que se destacavam da associação feudal, e foram criados por essas condições na medida em que estavam determinados por sua oposição à feudalidade existente".[77] A burguesia reúne – ou "absorve" – todas as classes possuidoras que existiam antes dela, assim como transforma em outra classe aquela que anteriormente era a classe de

73 *18B*, p. 127-129.

74 *MPC-I*.

75 *IA-II*, p. 74.

76 *IA-II*, p. 74.

77 *IA-I*, p. 83.

despossuídos, o proletariado. Da mesma maneira que a formação da classe burguesa ocorre por oposição às classes dominantes existentes, a classe do proletariado surge em oposição à classe burguesa.

Assim, aquelas mesmas "armas com que a burguesia deitou por terra o feudalismo viram-se agora contra a própria burguesia". A burguesia não apenas forjou as armas que serão usadas contra ela própria, "também gerou os homens que manejarão essas armas – os operários modernos, *os proletários*. Na mesma medida em que a burguesia, isto é, o capital se desenvolve, nessa mesma medida desenvolve-se o proletariado, a classe dos operários modernos, os quais só vivem enquanto encontram trabalho e só encontram trabalho enquanto o seu trabalho aumenta o capital. Estes operários, que têm de se vender à peça, são uma mercadoria como qualquer outro artigo de comércio, e estão, por isso, igualmente expostos a todas as vicissitudes da concorrência, a todas as oscilações do mercado".[78] Apenas com a classe proletária é que se explicita "a divisão entre o indivíduo pessoal e o indivíduo de classe, a contingência das condições de vida para o indivíduo aparecem apenas com a emergência da classe, que é, ela mesma, um produto da burguesia. Esta contingência apenas é enquadrada e desenvolvida pela concorrência e pela luta dos indivíduos entre si. Assim, na imaginação, os indivíduos parecem ser mais livres sob a dominação da burguesia do que antes, porque suas condições de vida parecem acidentais; mas, na realidade, não são livres, pois estão mais submetidos ao poder das coisas".[79]

Contribui para essa ilusão o fato da aplicação do padrão de medida da classe nas relações capitalistas ser "totalmente estranho à produção de mercadorias. Na produção mercantil, confrontam-se vendedor e comprador, independentes entre si. Suas relações recíprocas cessam no mesmo dia em que acaba o contrato que fizeram. Se a transação se repetir será em virtude de novo contrato que nada tem a ver com o precedente e só uma casualidade levará o mesmo comprador e o mesmo vendedor a se encontrarem novamente. Para julgar, portanto, a produção de mercadorias ou um fenômeno que pertença a sua esfera, temos de considerar em si mesmo cada ato de troca, fora de qualquer conexão com o ato de troca que o precedeu e com o que o segue. E uma vez que compras só se realizam entre indivíduos, é inadmissível procurar nelas relações entre classes inteiras da sociedade".[80]

Mesmo que sob as relações capitalistas a personalidade e a liberdade do indivíduo estejam completamente condicionadas por essas bem definidas relações de classe e sua autoatividade não corresponda a sua vida pessoal, "a ilusão gerada pela forma

78 *MPC-I*.

79 *IA-I*, p. 119-120.

80 *K*, p. 782.

dinheiro desaparece logo que se consideram a classe capitalista e a classe trabalhadora e não o capitalista e o trabalhador isoladamente. A classe capitalista dá constantemente à classe trabalhadora, sob a forma de dinheiro, letras que a habilitam a receber parte do produto que produziu e do qual esta se apoderou. Mas, o trabalhador devolve continuamente essas letras à classe capitalista, para receber parte do produto dele mesmo, que lhe é atribuída. A forma mercadoria do produto e a forma dinheiro da mercadoria dissimulam a operação",[81] isto é, o capitalista antecipa ao trabalhador o que já é na realidade trabalho materializado por ele.

Todos os indivíduos participam dessa dissimulação involuntária, os indivíduos estranhados estão em todas as classes, "a classe possuidora e a classe proletária representam a mesma alienação humana. Mas a primeira sente-se à vontade nesta alienação; encontra nela uma confirmação, reconhece nesta alienação, vê nela a sua impotência e a realidade de uma existência inumana. É, para empregar uma expressão de Hegel, no aviltamento, na *revolta* contra esse aviltamento, revolta para a qual aquela classe é empurrada pela contradição entre a sua natureza e a sua situação na vida, que reside a negação franca, categórica desta mesma natureza. No seio desta contradição, o proprietário privado é pois a parte *conservadora*, o proletário a parte *destruidora*. Do primeiro emana a ação que mantém a contradição, do segundo, a ação que a aniquila".[82]

Assim, a classe diretamente produtora, o proletariado, tem a "missão real" de alterar as condições de sua vida. Para isso, "não basta que haja, de um lado, condições de trabalho sob a forma de capital e, do outro, seres humanos que nada têm para vender além de sua força de trabalho. Tampouco basta forçá-los a se venderem livremente. Ao progredir a produção capitalista, desenvolve-se uma classe trabalhadora que por educação, tradição e costume aceita as exigências daquele modo de produção como leis naturais evidentes".[83] A luta do proletariado contra a burguesia começa com a luta por sua existência e passa por diversos estágios de desenvolvimento.

Se no começo apenas os operários singulares lutam, paulatinamente "com o desenvolvimento da indústria o proletariado não apenas se multiplica; é comprimido em massas maiores, a sua força cresce, e ele sente-a mais. Os interesses, as situações de vida no interior do proletariado tornam-se cada vez mais semelhantes, na medida em que a maquinaria vai obliterando cada vez mais as diferenças do trabalho e quase por toda a parte faz descer o salário a um mesmo nível baixo. A concorrência crescente dos burgueses entre si e as crises comerciais que daqui decorrem tornam o salário dos operários cada vez mais oscilante; o melhoramento incessante da maquinaria, que cada

81 *K*, p. 661.

82 *SF*, p. 53.

83 *K*, p. 854.

vez se desenvolve mais depressa, torna toda a sua posição na vida cada vez mais insegura; as colisões entre o operário singular e o burguês singular tomam cada vez mais o caráter de colisões de duas classes. Os operários começam por formar coalisões contra os burgueses; juntam-se para a manutenção do seu salário. Fundam eles mesmos associações duradouras para se premunirem para as insurreições ocasionais. Aqui e além a luta irrompe em motins".[84]

Somente o proletariado é uma classe realmente revolucionária. As demais classes que defrontam a burguesia "vão-se arruinando e soçobram com a grande indústria; o proletariado é o produto mais característico desta. Os estados médios – o pequeno industrial, o pequeno comerciante, o artesão, o camponês –, todos eles combatem a burguesia para assegurar, face ao declínio, a sua existência como estados médios. Não são, pois, revolucionários, mas conservadores. Mais ainda, são reacionários, procuram fazer andar para trás a roda da história. Se são revolucionários, são-no apenas à luz da sua iminente passagem para o proletariado, e assim não defendem os seus interesses presentes, mas os futuros, e assim abandonam a sua posição própria para se colocarem na do proletariado. O lumpenproletariado, esta putrefacção passiva das camadas mais baixas da velha sociedade, é aqui e além atirado para o movimento por uma revolução proletária, e por toda a sua situação de vida estará mais disposto a deixar-se comprar para maquinações reacionárias".[85] Assim, mesmo setores inteiros da classe dominante, através do progresso da indústria ou são lançados no proletariado, ou têm ameaçadas suas condições de vida. Portanto, também os burgueses decaídos levam ao proletariado uma massa de elementos de formação.

Os proletários revolucionários representam "exatamente esta união de indivíduos (pressupondo naturalmente as atuais forças produtivas desenvolvidas) que coloca sob seu controle as condições de livre desenvolvimento e de movimento dos indivíduos".[86] É somente a classe que não possui qualquer interesse particular de classe para impor à classe dominante que pode operar a supressão das classes.

84 *MPC-I.*

85 *MPC-I.*

86 *IA-I*, p. 117.

FORMAÇÕES IDEAIS

As formações ideais são conjuntos de representações constituídas no decorrer da sociabilidade humana, são as formas da consciência dos homens – e nessa condição formam parte do conteúdo da consciência individual – que tomam diversas formas objetivas e exteriores aos indivíduos (diferentes da existência meramente subjetiva, portanto), tais como a arte, a ciência, a religião, a moral, a política, o direito. A natureza é apropriada e reproduzida pelo homem "em parte como objetos da ciência natural, em parte como objetos da arte",[87] isso indica que as distintas representações remetem sempre a uma mesma realidade. Também neste particular, deve-se considerar, sobretudo, a prioridade do ser sobre o pensamento, que remete diretamente ao indivíduo empírico, isto é, às condições objetivas que determinam as representações dos indivíduos sobre suas relações, sobre a sociedade, sobre si mesmos. Marx adverte que considerar as verdadeiras relações práticas dos homens como advindas das representações que eles fazem destas relações e de si mesmos é como pressupor, "fora do espírito de indivíduos reais, materialmente condicionados, um outro espírito à parte",[88] alheio aos indivíduos vivos e ativos. Ao contrário, apenas quando se parte de homens ativos e de seu processo de vida, da ação dos indivíduos de cada época, que se torna possível expor também "seus reflexos ideológicos" e os "ecos desse processo de vida".

A vida que determina a consciência é a vida de indivíduos reais, a consciência é unicamente a consciência desses indivíduos vivos; e o conteúdo de sua consciência é determinado pelo conjunto dessas relações. Desta forma, ao considerarmos que o que os homens produzem e o modo como produzem constitui o que os homens realmente são, chegamos às representações que os indivíduos elaboram como sendo sempre e necessariamente sobre suas relações com a natureza, com os outros homens e sobre si mesmos enquanto homens. Essas representações podem ser reais ou ilusórias, mas que acabam sempre por refletir o caráter social das mesmas, posto que a forma fundamental da atividade dos indivíduos "é, naturalmente, material, e dela dependem todas as outras formas: a espiritual, a política, a religiosa etc.".[89] Neste mesmo sentido, Marx comenta que "o trabalhador que compra batatas e a concubina que adquire rendas prendem-se às suas respectivas opiniões, não há dúvida. Mas a diversidade de suas opiniões se explica pela diferença de posição que ocupam no mundo, e essa diferença de posição é produto da organização social".[90]

---

87 Cf. *M44*, p. 84.

88 *IA-I*, p. 74.

89 *IA-I*, p. 111.

90 *MF*, p. 41.

E pergunta: "Que prova a história das idéias senão que a produção espiritual se reconfigura com a da material? As idéias dominantes de um tempo foram sempre apenas as idéias da classe dominante. Quando o mundo antigo estava em declínio, as religiões antigas foram vencidas pela religião cristã. Quando as idéias cristãs sucumbiram, no século XVIII, às idéias das Luzes, a sociedade feudal travava a sua luta de morte com a burguesia então revolucionária. As idéias de liberdade de consciência e de religião exprimiam apenas, no domínio do saber, a dominação da livre concorrência. 'Mas', dirão, 'as idéias religiosas, morais, filosóficas, políticas, jurídicas, etc., modificaram-se certamente no decurso do desenvolvimento histórico. A religião, a moral, a filosofia, a política, o direito, mantiveram-se sempre nesta mudança".[91] Para Marx, a reprodução dessas formas de consciência é a prova de que a história inteira foi a história da luta de classes. E tal como a produção material, também a produção espiritual se universaliza com as relações capitalistas, de forma que "os artigos espirituais das nações singulares tornam-se bem comum. A unilateralidade e estreiteza nacionais tornam-se cada vez mais impossíveis, e das muitas literaturas nacionais e locais forma-se uma literatura mundial".[92]

Discutindo com Stirner, Marx afirma que um exemplo de "canonização do mundo" na obra daquele é a transformação que ele opera dos conflitos práticos dos indivíduos com suas condições de vida em conflitos de ideias. Da mesma forma que autonomiza os pensamentos em relação aos indivíduos, separa "o reflexo ideal dos conflitos reais destes mesmos conflitos, tornando esse reflexo autônomo".[93] As contradições reais, *que são as do indivíduo*, transformam-se em contradições do indivíduo com sua representação – Marx esclarece que Stirner separa o indivíduo do seu próprio pensamento e de sua própria representação, após esse procedimento, exorta os homens a *renunciar* à *ideia de conflito*. A partir do momento em que transforma todos os conflitos e contradições do indivíduo em contradições e conflitos do indivíduo com uma de suas representações, o próximo passo (um truque que Marx denomina de *bluff* lógico) é o indivíduo abstrair desta representação, num "dos mais sublimes esforços do egoísta", nas palavras de Stirner. Marx mostra que a partir de então "é fácil considerar secundários, deste modo, na perspectiva egoísta, todos os conflitos e todos os movimentos históricos eventuais sem deles nada conhecer, extraindo simplesmente algumas das fórmulas que neles se manifestam".[94] Ao serem exilados para o mundo ideal, os conflitos reais dos indivíduos são sublimados, mas jamais resolvidos ou atenuados, pois as representações que

91 *MPC-I.*

92 *MPC-I.*

93 *IA-II*, p. 70.

94 *IA-II*, p. 71.

os indivíduos fazem estão sob a influência direta das condições materiais de produção. A separação entre o indivíduo e sua própria representação ocorre porque os meios de produção espiritual estão disponíveis apenas à classe que tem à sua disposição os meios de produção material,[95] e as ideias dominantes não podem ser separadas dos indivíduos e das circunstâncias mundiais dos quais partem estas ideias.

E não é por ser pensamento que ele é (abstratamente) universal, ao contrário, estará sempre determinado por condições concretas e particulares. O pensamento de um indivíduo que "sinta a necessidade de pensar", por exemplo, um "escritor que jamais tenha saído de Berlim", ou seja, "cujas relações com este mundo estejam reduzidas ao mínimo pela sua situação material miserável", é consequentemente um pensamento tão abstrato "como ele mesmo e sua própria existência". Oferecendo "ao indivíduo a possibilidade de se evadir deste 'mundo mau' que é o seu", o pensar resume-se à "possibilidade de um prazer momentâneo": escrever sobre suas necessidades e assim supri-las. Os poucos desejos desse indivíduo "dimanam menos do comércio com os homens do que da sua constituição física, manifestam-se apenas em ricochete, isto é, no âmbito do seu desenvolvimento limitado, o mesmo caráter brutal e unilateral que o pensamento".[96]

Ciência

As ciências naturais e as ciências do homem serão abordadas aqui sob o ângulo individual e social que representam enquanto desenvolvimento mais avançado das forças produtivas e, portanto, também de sua significação uma vez livres do estranhamento a que estão submetidas na indústria moderna.

Inicialmente, devemos lembrar que a sensibilidade humana desenvolve-se no intercâmbio com a *natureza sensível*. O homem encontra "seu conhecimento de si" primeiramente apenas em objetos naturais, e portanto, no homem como objeto natural: sendo a natureza o primeiro objeto do homem e sendo o homem imediatamente natureza, é o próprio homem o primeiro objeto humano, relação que se constitui entre a "sensibilidade e forças essenciais humanas sensíveis particulares". O objeto imediato da ciência reflete "a efetividade *social* da natureza", de modo que "a ciência natural *humana* ou a *ciência natural do homem* são expressões idênticas".[97] Nesse sentido, a história humana faz parte da história natural, precisamente como "o devir da natureza até o homem", e assim, ciência natural e ciência do homem tendem a se transformar em uma única ciência. A história da indústria, o próprio "livro *aberto* das *forças essenciais humanas*", mostra-nos, porém, que

95 Cf. *IA-I*, p. 74.

96 *IA-I*, p. 42.

97 *M44*, p. 112.

as forças essenciais humanas objetivadas estão estranhadas do homem e não podem, por isso, se tornar "ciência *real*, plena de conteúdo efetivo".[98]

A clara consciência teórica das relações objetivas dos homens com a natureza (ciência natural) é a base da ciência humana. Mas as ciências naturais e a filosofia, aponta Marx, permaneceram entre si estranhas; embora a ciência do homem seja, "propriamente, um produto da auto-atividade prática do homem"[99] como consciência teórica da emancipação. Significa ao mesmo tempo uma reapropriação pelo indivíduo singular da ciência natural e a descoberta da autêntica ciência do homem. "A *indústria* é a relação histórica *efetiva* da natureza e, portanto, da ciência natural com o homem; por isso, se ela é apreendida como revelação *exotérica* das *forças essenciais* humanas, então também a essência *humana* da natureza ou a essência *natural* do homem é compreendida dessa forma, e por isso a ciência natural perde a sua orientação abstratamente material, ou antes idealista, tornando-se a base da ciência *humana*, como agora já se tornou – ainda que em figura estranhada – a base da vida efetivamente humana; uma *outra* base para a vida, uma outra para a *ciência* é de antemão uma mentira. A natureza – é a natureza *efetiva* do homem, por isso a natureza, assim como vem a ser por intermédio da indústria, ainda que em figura *estranhada*, é a natureza *antropológica* verdadeira".[100] A fim de que seja ciência *efetiva* esta tem de partir tanto da consciência *sensível* quanto da carência *sensível* – "portanto, apenas quando a ciência parte da natureza".[101] Marx observa que "as *ciências naturais* desenvolveram uma enorme atividade e se apropriaram de um material sempre crescente. /.../ Mas quanto mais a ciência natural interveio de modo *prático* na vida humana mediante a indústria, reconfigurou-se e preparou a emancipação humana, tanto mais teve de completar, de maneira imediata, a desumanização".[102] O desenvolvimento da ciência corresponde à indústria moderna e está na raiz do processo de alienação. Nessa condição, reapropriá-la é a premissa da emancipação.

O desenvolvimento do capital e o progresso da ciência ocorrem mutuamente. A aplicação da ciência natural depende da concentração do capital fixo, e assim a indústria moderna "faz da ciência uma força produtiva independente de trabalho, recrutando-a para servir ao capital".[103] Em contraposição à divisão manufatureira do trabalho (completada na indústria moderna) em que as forças intelectuais do processo material de produção são opostas aos trabalhadores, o campo de produção, a pequena

98 *M44*, p. 111.

99 *M44*, p. 157. Porém, Marx observa ainda que "a filosofia permaneceu para elas tão estranha justamente quanto elas permaneceram estranhas para a filosofia".

100 *M44*, p. 111-112.

101 *M44*, p. 112.

102 *M44*, p. 111-112.

103 *K*, p. 414.

propriedade dos pequenos camponeses franceses do século XIX, não permitia "qualquer divisão do trabalho para o cultivo, nenhuma aplicação de métodos científicos e, portanto, nenhuma diversidade de desenvolvimento, nenhuma variedade de talento, nenhuma riqueza de relações sociais".[104] Marx associa diretamente, portanto, a divisão do trabalho e a concentração do capital à aplicação da ciência e ao progresso social real que manifesta-se também, ainda que limitadamente, nos indivíduos. De modo geral, "a ciência, como produto intelectual em geral do desenvolvimento social, apresenta-se, do mesmo modo, como diretamente incorporada ao capital (sua aplicação como ciência, separada do saber e da potencialidade dos operários considerados individualmente, no processo material de produção); e o desenvolvimento geral da sociedade – porquanto é usufruído pelo capital em oposição ao trabalho e opera como força produtiva do capital contrapondo-se ao trabalho –, apresenta-se como *desenvolvimento* do *capital*; e isso porque, para a grande maioria, esse desenvolvimento corre paralelo com o *esvaziamento da força de trabalho*".[105] Para a grande maioria dos indivíduos, quanto maiores as forças sociais e, por conseguinte, maior o desenvolvimento científico, maior o alheamento de sua atividade e seus produtos. Pois "tudo isso se apresenta como *força produtiva do capital*, não como força produtiva do trabalho; ou como força produtiva do trabalho apenas na medida em que este é idêntico ao capital, e em todo caso nunca como força produtiva quer do operário individual, quer dos operários associados no processo de produção".[106] O capital incorpora gratuitamente o progresso social que se realizou sem qualquer interferência de sua forma antiga.[107] Marx explica ainda como, "ao lado dessa centralização ou da expropriação de muitos capitalistas por poucos, desenvolve-se, cada vez mais, a forma cooperativa do processo de trabalho, a aplicação consciente da ciência ao progresso tecnológico, a exploração planejada do solo, a transformação dos meios de trabalho em meios que só podem ser utilizados em comum, o emprego econômico de todos os meios de produção manejados pelo trabalho combinado, social, o envolvimento de todos os povos na rede do mercado mundial e, com isso, o caráter

104 *18B*, p. 51-52.

105 *Cap VI*, p. 85.

106 *Cap VI*, p. 55.

107 "Toda introdução de melhores métodos etc. atua, portanto, quase simultaneamente sobre o capital adicional e sobre o capital que já se encontra em funcionamento. Cada progresso da química multiplica o número dos materiais úteis e as aplicações dos já conhecidos, ampliando com o crescimento do capital seu campo de aplicação. Além disso, ensina como lançar de volta no ciclo do processo de reprodução os resíduos dos processos de produção e de consumo, criando sem prévio dispêndio de capital nova matéria explorável pelo capital. Do mesmo modo que a exploração incrementada das riquezas naturais por meio apenas de maior tensão da força de trabalho, constituem a ciência e a técnica uma potência para expandir o capital independentemente da magnitude dada do capital em funcionamento. Ambas atuam ao mesmo tempo sobre a parte do capital em funcionamento." (K, p. 703)

internacional do regime capitalista".[108] O trabalho socializado requer a utilização científica da natureza e das relações humanas de produção. Apenas essa socialização do trabalho está em condições de usar no "processo *imediato* de produção os produtos *gerais* do desenvolvimento humano, como a matemática, etc., assim como, por outro lado, o desenvolvimento dessas ciências pressupõe determinado nível do processo material de produção". Esse é necessariamente um "desenvolvimento da força produtiva do *trabalho objetivado*, por oposição ao trabalho mais ou menos isolado dos indivíduos dispersos etc., e com ele a *aplicação da ciência* – esse produto *geral* do desenvolvimento social – ao *processo imediato de produção*".[109] O trabalho isolado dos indivíduos (em contraste ao trabalho socializado) jamais pode constituir a base para o desenvolvimento das forças produtivas em geral e da ciência em particular.

Surgida no desenvolvimento da indústria, a ciência é utilizada segundo as finalidades do capital, ou seja, é aplicada para diminuir o valor da mercadoria individual: "a melhoria progressiva das *forças sociais do trabalho*, tal como derivam da produção em grande escala, da concentração de capital e combinação do trabalho, da subdivisão do trabalho, da maquinaria, de métodos aperfeiçoados, da aplicação de agentes químicos e outros agentes naturais, do encurtamento do tempo e do espaço por meios de comunicação e transporte, e todas as outras invenções pelas quais a ciência obriga os agentes naturais a estarem ao serviço do trabalho e pelas quais o caráter social ou co-operativo do trabalho se desenvolve. Quanto maiores são as forças produtivas de trabalho menor é o trabalho posto num dado montante de produto; portanto, menor é o valor desse produto. Quanto menores são as forças produtivas de trabalho mais trabalho é posto no mesmo montante de produto; portanto, maior o seu valor".[110]

Apesar da ciência avançada não se constituir senão através das condições de desenvolvimento do próprio capital, a maquinaria, a expressão material da aplicação científica, não é a responsável em si mesma pelo alheamento do homem em relação ao trabalho. Pois, se por um lado é com a maquinaria que se consuma a inversão do trabalho morto dominando o trabalho vivo, fazendo com que as forças intelectuais do processo de produção sejam separadas do trabalho manual e colocadas sob o domínio do capital e, portanto, fazendo com que desapareça a habilidade especializada e restrita do trabalhador individual "como uma quantidade infinitesimal diante da ciência, das imensas forças naturais e da massa de trabalho social, incorporadas ao sistema de

---

108 *K*, p. 881.

109 *Cap. VI*, p.55.

110 *SPL*, p. 53.

máquinas e formando com ele o poder do patrão".[111] Por outro, a máquina, "como instrumental que é, encurta o tempo de trabalho, facilita o trabalho, é uma vitória do homem sobre as forças naturais, aumenta a riqueza dos que realmente produzem". É, portanto, sua aplicação capitalista que gera "resultados opostos: prolonga o tempo de trabalho, aumenta sua intensidade, escraviza o homem por meio das forças naturais, pauperiza os verdadeiros produtores".[112]

Arte

Marx afirma que é a imaginação, "esse dom grandioso que tanto tem contribuído para o desenvolvimento da humanidade", que cria, desde seus primórdios, a literatura não escrita dos mitos, lendas e tradições, "que exercem uma influência poderosa sobre o gênero humano".[113] Abordaremos a natureza específica da atividade artística e como ela se relaciona com o indivíduo, principalmente no tocante ao desenvolvimento espiritual e prático da sensibilidade, na criação e fruição artísticas; e, também, alguns aspectos da condição da atividade artística e de seus produtos no sistema capitalista de produção.

A arte é uma forma da produção, o que se observa já desde a elevação à categoria de arte de certos trabalhos, como a arquitetura ou a confecção de objetos com metais.[114] Sendo a arte uma atividade produtiva do homem, enquanto tal participa na elaboração do mundo humano e se move, consequentemente, no interior do estranhamento, assim como a política, a religião e todas as formações ideais dos homens ligadas à propriedade privada – nessa medida, a arte não apreende as forças essenciais humanas em conexão com a essência do homem. Ao se abarcar a totalidade específica de uma forma historicamente desenvolvida da produção, diz Marx, deve-se proceder de modo a tornar possível a compreensão dos "elementos ideológicos da classe dominante" e "a livre produção intelectual própria de uma formação social concreta".[115] Com isso, explica-se porque cada sociedade particular irá favorecer ou não o desenvolvimento de certos ramos das artes.

O desenvolvimento da sensibilidade humana é intrinsecamente ligado à arte. A fruição da arte proporciona a satisfação de uma carência que se desenvolve junto ao desdobrar do sentido artístico e estético: "se tu quiseres fruir da arte, tens de ser uma pessoa artisticamente cultivada",[116] e nessa medida, portanto, a arte toma o homem

---

111 *K*, p. 584.

112 *K*, p. 506.

113 "Guión de 'La sociedad antigua primitiva', Lewis Morgan". In: *Sobre el Arte*, p. 173.

114 Cf. *In57*, p. 124.

115 "Historia crítica de la teoria de la plusvalia". In *Sobre el Arte*, p. 149.

116 *M44*, p. 161.

como finalidade em si mesmo. A fruição da arte depende do desenvolvimento dos sentidos que afirmam o homem no mundo objetivo: "assim como a música desperta o sentido musical do homem, assim como para o ouvido amusical a mais bela música *não* tem sentido, *não* é objeto, pois meu objeto só pode ser a confirmação de minhas forças essenciais, portanto só pode ser para mim como minha força essencial é para si enquanto capacidade subjetiva, pois o sentido de um objeto para mim (apenas tem sentido para um sentido a ele correspondente) vai tão longe justamente o quanto, por causa disso é que os *sentidos* do homem social são sentidos *outros* que não os do não social; apenas pela riqueza desdobrada da essência humana que a riqueza da sensibilidade *humana* subjetiva, que um ouvido musical, um olho para a beleza da forma, em suma as fruições humanas todas se tornam *sentidos* capazes, sentidos que se confirmam como forças essenciais *humanas*, em parte recém cultivados, em parte recém engendrados. Pois não só os cinco *sentidos*, mas também os assim chamados sentidos espirituais, os sentidos práticos (vontade, amor, etc.), numa palavra o sentido *humano*, a humanidade dos sentidos, vem a ser primeiramente pela existência do *seu* objeto, pela natureza *humanizada*".[117] A fruição da arte corresponde, assim, ao avanço no desenvolvimento da sensibilidade humana, ao desdobramento dos denominados sentidos espirituais e práticos, possíveis em toda sua riqueza apenas porque partem da *riqueza da essência humana* que é passível de um desdobramento omnilateral. A arte está no domínio espiritual e se dirige para ele, embora a fruição e a criação ocorram também através dos cinco sentidos naturais.

A arte assemelha-se, em muitos aspectos, à ciência. Primeiramente, ambas buscam desvendar a realidade concreta que se apresenta imediatamente como uma síntese de múltiplas determinações – um todo caótico que pode apenas ser conhecido através do processo abstrativo do pensamento, que deve ter o concreto como ponto de partida e ponto de chegada. A ciência realiza esta operação por meio da depuração de um momento do processo de trabalho (o momento ideal). A arte apreende numa síntese particular a *efetividade das forças essenciais* e os *atos genéricos humanos* próprios à existência universal do homem. Por este atributo, a forma artística tem um caráter emancipatório: a verdadeira arte refletirá, mediante sua forma e conteúdo particulares, a sociabilidade estranhada, tornando-a explícita para o homem. A ciência enquanto força produtiva é a conquista pelo trabalho intelectual, no intercâmbio ativo com a natureza, do conhecimento da legalidade natural dirigida para a construção do mundo humano, e, nesta condição, pode ser tomada nessa mesma dimensão emancipatória.

Uma diferença radical entre arte e ciência, entretanto, é que enquanto a ciência natural e a indústria moderna estão intrinsecamente ligadas, a arte é uma forma de representação que apenas marginalmente participa da produção capitalista de riquezas

117 *M44*, p. 110.

e, também por esse motivo, está mais próxima do homem como finalidade em si mesmo. Evidentemente, essa consideração pressupõe que a arte é um importante meio de reprodução do capital que se dirige aos sentidos (propaganda, arquitetura, cinema etc.), porém, não é, como a ciência, o motor da indústria.

A arte grega, por exemplo, supõe certa determinação social sobre a qual está baseada "a mitologia grega, isto é, a elaboração artística mas inconsciente da natureza e das próprias formas sociais pela imaginação popular".[118] Tais formas sociais são representadas mitologicamente pela fantasia do artista. Marx pergunta como é possível que uma arte localizada no tempo e no espaço, como a arte grega, proporcione ainda prazer estético. "O encanto que sua arte exerce sobre nós não está em contradição com o caráter primitivo da sociedade em que ela se desenvolveu. Pelo contrário, está indissoluvelmente ligado ao fato de as condições sociais insuficientemente maduras em que esta arte nasceu, e somente sob as quais poderia nascer, não poderão retornar jamais".[119] É como a "verdade natural da natureza infantil" na qual, em todas as épocas da sua vida, o homem revive seu próprio caráter, mesmo sabendo que jamais voltará a ser como era. Nesse sentido, a arte possui um tipo de universalidade distinto da ciência – a ciência só avança na medida em que é superada através das gerações, a ciência antiga passa a ter um significado meramente histórico, "a história das ideias", enquanto a arte mantém sempre um significado insuperável. O encanto da arte grega não está somente na sua beleza (conceito, ademais, polêmico), mas no fato dela representar determinado estágio da história do desenvolvimento humano que ainda se desenrola atualmente. Reconhecemos na arte grega formações materiais e ideais atuantes em grande parte até hoje, mas em formas iniciais de desenvolvimento.

Marx sublinha, mais de uma vez, que os artistas como Rafael são condicionados pelos progressos técnicos que a arte realizou até o tempo em que eles tornaram-se artistas, ou seja, condicionados pela organização da sociedade e pela divisão do trabalho, tanto no lugar onde habitavam como pela divisão do trabalho nos países com os quais a cidade manteve relações. Por isso, quem quer que compare "Rafael a Leonardo da Vinci ou Ticiano constatará quanto as obras do primeiro foram condicionadas pelo esplendor de Roma nessa época, esplendor ao qual se elevara sob a influência florentina; a do segundo pela situação particular de Florença, as do terceiro, mais tarde, pelo diferente desenvolvimento de Veneza".[120] Desse modo, as condições sociais de existência dos indivíduos, ancoradas materialmente, determinam as possibilidades de desenvolvimento destes próprios indivíduos, tenham eles o potencial inato que tiverem. E a atividade

118 *In57*, p. 124.

119 *In57*, p.125.

120 *IA-II*, p. 234.

artística, ainda que tenha no seu produto um significado universal, será sempre condicionada pelas circunstâncias históricas concretas nas quais nasceu.

Por seu caráter espiritual, a arte muitas vezes é confundida com um tipo de atividade que somente um indivíduo singular, um gênio, pode realizar, imputando-lhe um sentido místico abstrato e subjetivo. Essa concepção teve grande vulto no romantismo alemão do século XVIII e acompanhou de alguma forma a visão que se tem do artista e sua atividade na sociedade capitalista, muito pelo isolamento do indivíduo que é característico a esta sociedade e que, da mesma forma, é um engendramento objetivo que foi sublimado para as esferas especulativas da razão auto-sustentada. Assim como o indivíduo não é um indivíduo isolado, mas um indivíduo em sociedade, a atividade artística não é uma atividade à margem da produção. Como uma forma particular da produção, o trabalho artístico deve ser organizado; o que já verificam as próprias concepções burguesas: "Horace Vernet [pintor francês, século XIX] não teria tido tempo para executar um décimo das suas pinturas se as tivesse considerado como trabalhos 'que só esse ser único pode realizar'. Os *vaudevilles* e os romances são muito apreciados em Paris e isso conduziu a organizar a produção destas peças, organização essa que faz melhor do que os seus concorrentes 'únicos' na Alemanha. Em astronomia, pessoas como Arago, Herschel, Encke e Bessel sentiram a necessidade de se organizarem para efetuar observações coordenadas e foi somente a partir desse momento que conseguiram obter resultados apreciáveis. Na história, é absolutamente impossível ao 'único' realizar qualquer coisa, e os franceses têm desde há muito conseguido vantagens sobre as outras nações, também neste domínio, devido à sua organização do trabalho. Entenda-se que todas estas organizações, que repousam na divisão do trabalho na época moderna, só conduzem ainda a resultados extremamente limitados e apenas constituem um progresso relativamente ao isolamento limitado que era regra até hoje".[121] Assim, praticamente nas situações cotidianas do desenvolvimento das artes e das ciências, pouco avança o indivíduo "único"; ao contrário, requer os esforços coordenados de muitos indivíduos.

Em sua crítica a Stirner, Marx não entra no terreno inócuo que este propõe sobre o caráter único do "gênio", disfarçado como traço egoísta de certas atividades, como as artísticas. Ao invés disso, acusa as contradições no pensamento do neo-hegeliano oriundas de seu idealismo: "A concentração exclusiva do talento artístico em algumas individualidades, e correlativamente a sua asfixia na grande massa das pessoas, é uma consequência da divisão do trabalho".[122] Ao comunismo, diz Marx, não cabe possibilitar que um Rafael seja um Rafael (como queriam os socialistas utópicos),

121 *IA-II*, p. 234.

122 *IA-II*, p. 235.

mas suprimir "as barreiras locais e nacionais, produtos da divisão do trabalho, em que o artista está encerrado", de modo que mesmo os limites que separam as diversas modalidades de arte sejam rompidos. Assim, arremata, numa sociedade comunista não existirão pintores, mas pessoas que farão pintura entre outras atividades, extrapolando, portanto, os limites da divisão do trabalho – e onde a arte e a fruição artística se tornarão sentidos novos.

A produção imaterial, quando produzida como mercadoria, pode ser de dois tipos, explica Marx. Um caso é quando a mercadoria possui um valor de uso que reveste uma forma própria, independente do produtor e do consumidor, como os "livros, quadros e todas as obras de arte que existem independentemente da atividade artística do artista que a cria". Este primeiro caso é típico da *transição* para a forma capitalista: "as pessoas que executam diversos tipos de trabalho na produção científica ou artística (artesãos e mestres em seu ofício) trabalham para o capital mercantil conjunto dos livreiros, relação esta que nada tem em comum com o modo capitalista de produção no sentido estrito da palavra e que não depende dele nem sequer formalmente",[123] e isso é independente de que nessas formas o grau de exploração do trabalho atinja seu nível máximo.

O segundo caso possível é aquele em que o produto não pode separar-se do ato em que é produzido, como um ator, um orador etc.[124] Da mesma forma, o modo capitalista de produção tem margem de ação restrita pela própria natureza dos objetos. As atividades artísticas, mesmo as imateriais, podem entretanto encaixar-se no conceito de trabalho produtivo: basta que sejam exploradas de forma capitalista. Assim, enquanto o ator é um artista para o público, ele é também um trabalhador produtivo para o empresário que o emprega. Temos então que um mesmo tipo de trabalho pode ser produtivo e improdutivo: quando um escritor escreve uma obra por "um impulso de sua natureza" e depois a vende, temos um trabalho improdutivo. Mas quando o escritor está empregado, é um literato-proletário, sua produção está submetida desde o começo ao capital e é realizada para aumentar-lhe o valor.[125]

Religião[126]

A divisão do trabalho tem sua primeira expressão, como vimos, na separação do trabalho material e espiritual. Tal divisão é pressuposto e base da religião, formação

123 "Historia crítica de la teoria de la plusvalia". In *Sobre el Arte*, p. 152.

124 Observamos que com o recurso da gravação e reprodução o produto pode separar-se do artista, materializando-se numa mercadoria independente de seu produtor.

125 "Historia crítica de la teoria de la plusvalia". In: *Sobre el Arte*, p. 151.

126 Assinalamos que a Religião, a Moral, o Estado e o Direito constituíam o universo teórico do Marx pré-1843, isto é, do Marx pré-marxiano.

ideal tão antiga na história do homem quanto a própria divisão do trabalho; os sacerdotes foram os primeiros ideólogos.[127]

A religião corresponde ainda a uma forma estranhada de apreensão das forças essenciais humanas, corresponde à "expressão da separação e da alienação do homem em relação ao homem". Neste sentido, diz Marx a respeito da ideia de criação: "A *criação* é, portanto, uma representação muito difícil de ser eliminada da consciência do povo. O ser-por-si-mesmo da natureza e do homem é *inconcebível* para ele porque contradiz todas as *palpabilidades* da vida prática".[128] Na religião, "a auto-atividade da fantasia humana, do cérebro e do coração humanos, atua independentemente do indivíduo e sobre ele".[129] Tal como no trabalho alienado, no qual o trabalhador não se afirma em sua atividade, esta não é a satisfação de uma carência essencial, mas apenas um expediente de que o trabalhador se utiliza para satisfazer necessidades externas a ele, de forma que, por fim, é como se o seu trabalho não pertencesse a si próprio, mas a outro. É como se pertencem a um "outro" tanto a autoatividade do trabalhador, quanto a autoatividade da fantasia humana na forma da religião, e nesta medida são ambos a perda do homem de si mesmo.

Como *espírito da sociedade civil*,[130] "o reflexo religioso do mundo real só pode desaparecer quando as condições práticas das atividades cotidianas do homem representem, normalmente, relações racionais claras entre os homens e entre estes e a natureza".[131] Nesta medida, "o espírito religioso não pode *realmente* secularizar-se. Pois, não é ele simples forma *não secular* de um estágio evolutivo do espírito humano?"[132] É "*o homem* [que] faz a religião, a religião não faz o homem. E a religião é de fato a autoconsciência e o sentimento de si do homem, que ou não se encontrou ainda ou voltou a perder-se. Mas o *homem* não é o ser abstrato, acocorado fora do mundo. O homem é o *mundo do homem*, o Estado, a sociedade. Este Estado e esta sociedade produzem a religião, uma *consciência invertida do mundo*, porque eles são um *mundo invertido*. A religião é a teoria geral deste mundo, o seu resumo enciclopédico, a sua lógica em forma popular, o seu *point d'honneur* espiritualista, o seu entusiasmo, a sua sanção moral, o seu complemento solene, a sua base geral de consolação e de justificação. É a *realização fantástica* da essência humana, porque a essência humana não possui verdadeira realidade. Por conseguinte, a luta contra a religião é indiretamente a luta contra *aquele*

127 Cf. *IA-I*, p. 30.

128 *M44*, p. 113.

129 *M44*, p. 83.

130 Cf. *QJ*, p. 52.

131 Cf. *K*, p. 88.

132 *QJ*, p. 52.

mundo cujo *aroma* espiritual é a religião".[133] E, assim, "a crítica à religião é o pressuposto de toda a crítica",[134] posto que, como todos os produtos do homem, a religião tem uma base material definida; mas não só: a religião resume, justifica, completa este Estado e esta sociedade civil. De fato, "na produção material, no verdadeiro processo da vida social – pois o processo de produção é isso – dá-se exatamente a *mesma* relação que no terreno ideológico se apresenta na *religião*: a conversão do sujeito em objeto e vice-versa. Considerada *historicamente*, essa conversão surge como momento de transição necessário para impor, às expensas da maioria, a criação da riqueza enquanto tal, isto é, das brutais forças produtivas do trabalho social, as únicas que podem constituir a base material de uma sociedade humana livre".[135]

Em uma crítica aguda ao cristianismo, Marx afirma que "o homem, enquanto permanece absorto na religião, só pode objetivar a sua essência através de um ser *estranho* e fantástico, assim sob a dominação da necessidade egoísta só pode afirmar-se a si mesmo e produzir objetos na prática, subordinando os produtos e a própria atividade ao domínio de uma entidade alheia, e atribuindo-lhes o significado de uma entidade estranha, a saber, o dinheiro".[136] O cristianismo, principalmente o protestantismo, o deísmo etc. é a forma de religião mais adequada para o modo capitalista de produção, "seu culto do homem abstrato" está "de acordo com a relação social de produção que tem validade geral numa sociedade de produtores de mercadorias, estes tratam seus produtos como mercadorias, isto é, valores, e comparam, sob a aparência material das mercadorias, seus trabalhos particulares, convertidos em trabalho humano homogêneo".[137]

Também a religião judaica expressa o mesmo desapreço pelo homem em si mesmo, tal qual a lógica do dinheiro (encarnada pelo judeu e por todo "homem de dinheiro"): "O que se contém de forma abstrata na religião judaica – o desprezo pela teoria, pela arte, pela história e pelo homem como fim em si mesmo – é o ponto de vista *real*, *consciente* e a *virtude* do homem de dinheiro".[138] Mas o cristianismo, neste mesmo sentido, tem consequências muito mais avassaladoras no que diz respeito ao alheamento do homem: "O judaísmo atinge o apogeu com a consumação da sociedade civil; mas a sociedade civil só alcança a sua perfeição no mundo *cristão*. Só sob a

---

133 *In44*, p. 77-78.

134 *In44*, p. 77-78. Comentando a crítica feuerbachiana a Hegel, Marx afirma "que a filosofia não é outra coisa senão a religião trazida para o pensamento e conduzida pensadamente; portanto, deve ser igualmente condenada; uma outra forma e modo de existência do estranhamento da essência humana" (*M44*, p. 117).

135 *CapVI*, p. 102.

136 *QJ*, p. 73.

137 *K*, p. 88.

138 *QJ*, p. 71.

dominação do cristianismo, que *exterioriza* para o homem *todas* as relações nacionais, naturais, morais e teóricas, podia a sociedade civil separar-se completamente da vida do Estado, romper todos os laços genéricos do homem, estabelecer em seu lugar o egoísmo e a necessidade interesseira, dissolvendo o mundo humano num mundo de indivíduos atomizados e antagônicos. O cristianismo proveio do judaísmo. De novo foi reabsorvido no judaísmo".[139] O princípio judaico-cristão dirige-se ao indivíduo como sendo ele o único responsável por si mesmo (sua salvação), seus laços genéricos lhe são antagônicos, e as representações humanas, portanto, estranhadas.

Ao desdobrar as relações entre política e religião, Marx explicita que ambas contêm os elementos do homem alienado, do homem que ainda não surge como *real* ser genérico: o dualismo entre a vida individual (sociedade civil) e genérica (política); a vida política é, como a religião, distante da vida individual, mas é "como se fosse a sua verdadeira vida", pois, para a religião, *todo homem* é considerado "ser soberano e ser supremo" e, neste sentido, ela resume-se a preceitos morais na prática ineficazes. A religião é aqui, portanto, a expressão do homem corrompido, "perdido para si mesmo, alienado, sujeito ao domínio das condições e elementos inumanos".[140] A secularidade da religião, em contraste com sua significação teológica frente ao Estado, só pode surgir onde o Estado está plenamente desenvolvido, ou seja, quando o Estado passa a comportar-se *politicamente* em face da religião. Em polêmica com Bruno Bauer, Marx mostra que não é este o caso do Estado alemão que, por ser cristão e não laico, não aceita os judeus. Neste sentido, Marx indaga: "qual a relação entre *total* emancipação política e religião?"[141] A religião secularizada deixa de ser religião da mesma forma que o Estado deixa de ser Estado, ao subverter os fundamentos da sociedade civil. A *tarefa da história* "é desmascarar a auto-alienação humana nas suas *formas não sagradas*, agora que ela foi desmascarada na sua *forma sagrada*. A crítica do céu transforma-se deste modo em crítica da terra, a *crítica da religião em crítica do direito*, e a *crítica da teologia em crítica da política*".[142]

Moral

A moral será abordada sob dois aspectos: a moral do sistema capitalista propagada aos indivíduos pelos ideólogos burgueses (tanto no que tange ao ideal moral quanto à moral da prática cotidiana), e os traços e efeitos de uma crítica moral ao capitalismo.

Marx comenta que a "filosofia do prazer", que concentra-se na fruição do indivíduo, aparece na modernidade com o declínio do feudalismo, com a transformação da

139 *QJ*, p. 72.

140 *QJ*, p. 52.

141 *QJ*, p. 41.

142 *In44*, p. 78.

nobreza rural em nobreza de corte, "dissipadora e ávida de viver". Esta filosofia ainda aparenta, neste primeiro momento, uma concepção espontânea (ligada a poemas, memórias, romances etc.). Contudo, com os escritores da burguesia revolucionária é que ela torna-se de fato uma filosofia; estes, além de terem sido formados na corte, partilhavam com a nobreza a predileção pelas idéias gerais que se assentam no "caráter mais universal das condições de existência desta classe".[143] A crítica de Marx à filosofia do prazer, e podemos acrescentar, todas as outras críticas que realiza, apenas são possíveis mediante o movimento histórico das relações sociais: "Esta conexão entre os prazeres dos indivíduos em cada época e as relações de classes, elas próprias engendradas pelas condições de produção e de trocas em que vivem esses indivíduos, a pobreza dos prazeres conhecidos até agora, estranhos ao conteúdo real da vida dos indivíduos e em contradição com ele, a correlação existente entre toda a filosofia do prazer e os gozos reais que constituem o seu bastidor, e a hipocrisia de uma tal filosofia quando se dirige a todos os indivíduos sem distinção, tudo isso não poderia naturalmente vir à luz do dia antes de poder ser empreendida a crítica das condições de produção e de trocas que o mundo conheceu ao longo da sua história, isto é, antes de o antagonismo entre a *bourgeoisie* e o proletariado ter engendrado as teorias comunistas e socialistas. Esta crítica trazia em si a condenação de toda a moral, tanto a do ascetismo como a do prazer".[144]

No domínio religioso, a famosa comparação de Engels, sobre Smith como o Lutero da economia política, é uma alusão à interiorização de Deus – e da religião cristã – postulada pelo reformador alemão, com a qual exortava a busca pela salvação através da ênfase em preceitos morais individuais, que dependem mais do indivíduo do que da comunidade, ou da Igreja – da mesma forma, a moderna economia política considera a indústria como poder da consciência.

Moralmente, o protestantismo é uma religião que se assemelha muito à economia política, prossegue Marx: "esta ciência da *riqueza* é, por isso, ao mesmo tempo, ciência do renunciar, da indigência, da *poupança* e ela chega efetivamente a poupar ao homem a *carência* de *ar* puro ou de *movimento* físico. Esta ciência da indústria maravilhosa é, simultaneamente, a ciência da *ascese* e seu verdadeiro ideal é o avarento *ascético*, mas *usurário*, e o escravo *ascético*, mas *producente*. O seu ideal moral é o *trabalhador* que leva uma parte de seu salário à caixa econômica, e ela encontrou mesmo para esta sua idéia predileta uma *arte* servil".[145] Por esta razão, a ciência da economia é uma "ciência efetivamente moral, a mais moral de todas as ciências", seu princípio é a autorrenúncia, a renúncia à vida, a todas as carências humanas, pois para ela quanto menos "comeres,

143 *IA-II*, p. 18.

144 *IA-II*, p. 273.

145 Marx refere-se aqui a determinadas peças teatrais da época.

beberes, comprares livros, fores ao teatro, ao baile, ao restaurante, pensares, amares, teorizares, cantares, pintares, esgrimires etc., tanto mais tu *poupas*, tanto *maior* se tornará o teu tesouro".[146] Na própria teoria econômica existe uma controvérsia entre os que defendem o luxo ou a poupança como forma de estimular a produção geral de riquezas.[147] De qualquer forma, é possível perceber claramente a *ausência de carências* enquanto princípio moral da economia política na sua teoria da população: "há seres humanos *a mais*".[148] Tudo o que passa do mínimo necessário para a reposição da força de trabalho através do salário é tratado como luxo pela economia política.

O capital constantemente induz o trabalhador à maior eficácia e dispêndio de força de trabalho; por exemplo pelo método de retribuição – trabalho por tarefa ou por peça – que "aumenta extraordinariamente a regularidade, a uniformidade, a ordem, a continuidade e a energia do trabalho",[149] maior afinco dos trabalhadores e economia de seu tempo. Marx menciona que o "elemento moral" desempenhou importante papel nesta adaptação disciplinar, cita o depoimento de um trabalhador: "Trabalhamos mais animados, pensamos sempre na recompensa de sair mais cedo à noite, sentimo-nos todos alegres e estimulados, do mais jovem ao mais velho e ficamos em condições de ajudar efetivamente uns aos outros".[150] Com um estímulo moral análogo, o trabalhador trabalha até se esgotar (sobretrabalho) no afã pequeno-burguês de enriquecer, ao mesmo tempo em que acirra a concorrência entre os trabalhadores.[151] Da mesma forma, na liberdade do comércio (e da concorrência), o capital industrial reveste, sob a forma da troca justa e da igualdade, as relações de exploração às quais submete a classe trabalhadora, sendo assim, essencialmente, um capital moral.[152]

Não coincidentemente, a "crítica" proudhoniana que pretende asseverar uma "necessária" "relação de proporcionalidade" entre oferta e procura termina como crítica moral dos bons burgueses e dos economistas filantropos ao capitalismo: os "bons desejos" de um "homem honesto" que pretende que a quantidade de mercadorias produzidas permita vendê-las a um "preço honesto". Marx informa a Proudhon que isto não é uma questão moral, que "essa justa proporção entre oferta e procura, que volta a ser objeto de tantos bons desejos, deixou de existir há muito. É uma antigualha. Só foi possível nas épocas em que os meios de produção eram limitados e a troca se efetuava

146 *M44*, p. 141.

147 Cf. *M44*, p. 143.

148 *M44*, p. 143. Em flagrante contradição com o postulado da própria economia política de que *o trabalho é a única fonte da riqueza*.

149 *K*, p. 468.

150 *K*, p. 470.

151 Cf. *M44*, p. 26-27.

152 Cf. *M44*, p. 96-97.

em limites extremamente rígidos", incompatíveis com a grande indústria, que por isso passa por "uma sucessão perpétua pelas alternativas de prosperidade, depressão, crise, estagnação, nova prosperidade e assim por diante".[153] Logo, o equilíbrio social através de um ajuste entre oferta e procura e outras medidas similares simplesmente não corresponde ao modo de funcionamento do sistema capitalista, e também não corresponde absolutamente ao princípio moral do sistema. De forma bastante análoga a Proudhon, ambos à maneira burguesa, portanto, Stirner adentra com sua moral nos assuntos da economia política não fazendo mais que corroborar para um único objetivo: "assegurar a cada um o que lhe é devido, um salário justo e honesto, 'prazeres honestamente adquiridos pelo trabalho'".[154] O intuito de Stirner é encontrar uma nova concepção da vida, uma outra moral para o indivíduo.

À filosofia stirneana alia-se à "dialética cristã", que se mantém no "preceito moral, ineficaz na prática".[155] Pretende nos libertar da fixação dos desejos – esse é o sentido do "despreendimento" – através do "domínio de si", certa modificação da consciência pela conduta moral.[156] Marx insiste que desejos se fixam por causa de circunstâncias materiais, que permitem satisfazê-los ou não, ou ainda ampliá-los; tal como o sentido da atividade do indivíduo é determinado por determinada configuração social da qual dependerá a possibilidade e a abrangência de seu desenvolvimento. Assim, entre as condições de existência do indivíduo a insatisfação moral é uma "expressão ideológica" das mesmas, que "não as ultrapassa nem lhes é exterior, constitui um dos seus elementos".[157]

Stirner, nos domínios da especulação, não é capaz de conceber a prática dos indivíduos, pois não os concebe em suas condições materiais de vida. Ainda assim, ao escolher o princípio do egoísmo, Stirner "pode", a partir dele, discorrer sobre como os indivíduos devem se portar, e por isso a moral toma um papel proeminente, como a salvação do eu: "Stirner considera o preceito moral como conduta real".[158] Mas, ao contrário, diz Marx, na contradição entre os interesses privados e gerais o indivíduo não tem qualquer hipótese de escolha, mesmo tendo sempre, como não poderia ser diferente, "a si próprio como ponto de partida". Isso implica que o indivíduo está encerrado nas possibilidades de desenvolvimento deixadas pelas circunstâncias particulares e pela divisão do trabalho, razão pela qual a posição stirneana, por desconsiderar

153 *MF*, p. 66.

154 Cf. *IA-II*, p. 224-225.

155 *IA-II*, p. 28.

156 Cf. *IA-II*, p. 30.

157 *IA-II*, p. 35.

158 *IA-II*, p. 28.

as condições objetivas em que vive o indivíduo, reduz-se necessariamente a "fórmulas vazias, a arengas moralizadoras".[159]

Para sustentar seus preceitos moralizadores, Marx observa que Stirner tem de se servir da astúcia filosófica que não diz diretamente "Vós não sois homens", mas sim, "Homens, Vós haveis sempre sido homens, mas falta-Vos muito simplesmente a *consciência* de que éreis e, por esta razão, jamais haveis sido, mesmo na realidade, verdadeiros homens".[160] Em outros termos: a aparência não corresponderia à essência. Mesmo assim, obriga-se a reconhecer, ainda que indiretamente, determinados homens e circunstâncias ligados a determinada consciência, que está distorcida em relação à sua essência por estas circunstâncias. Stirner quer modificar a *consciência* sobre este fato, e isso o faz através da moral, e não das condições empíricas, permanecendo, deste modo, no terreno ideal, e, o que é a consequência inevitável dessa postura "crítica", acaba por aceitar e exaltar as condições burguesas como se apresentam. Temos, em Stirner, portanto, a separação entre consciência e indivíduos reais, e a "ideia quimérica" de que o indivíduo da sociedade burguesa não tem consciência de seu egoísmo – ambas são, segundo Marx, "velhas artimanhas da filosofia".

Ao deixar de lado a história real, Stirner necessariamente faz "a apologia da vocação imposta no quadro do mundo atual a todos os indivíduos". Considerando o desenvolvimento dos homens em todos os sentidos como "manifestação do 'sagrado'", como "vocação para uma coisa alheia", posiciona-se contra a "necessidade específica do operário de mudar suas condições de vida", defendendo o partido do homem que se constitui às suas custas, a despeito da mutilação e submissão daquele a uma vocação unilateral. Na medida em que renuncia ao sagrado, exorta os homens a aceitar as condições de vida encontradas por eles, modificando-as apenas no pensamento. Segundo Marx, "o que aqui é valorizado sob a forma de vocação, de determinação, é justamente a negação da vocação suscitada, até aqui, na prática, pela divisão do trabalho, da única vocação realmente existente – valoriza-se portanto a negação da vocação, sem mais".[161]

Os comunistas, ao contrário, ao não considerarem a contradição entre o indivíduo e a sociedade no plano teórico, na sua forma sentimental, ideológica ou transcendental, demonstram sua origem material, fazendo com que ela desapareça imediatamente. A moral reafirma e repõe a contradição entre o indivíduo e a sociedade, e não é crítica, pois diz como viver no mundo que é contraditório. "Aliás, os comunistas não pregam, de modo algum, qualquer espécie de *moral* /.../ sabem perfeitamente, pelo contrário, que o egoísmo assim como o devotamento é uma das formas e, em certas

159 *IA-II*, p. 139.

160 *IA-II*, p. 77.

161 *IA-II*, p. 140.

condições, uma forma necessária de afirmação dos indivíduos".[162] Ao não pregar nenhuma moral o comunismo não pretende abolir o "homem privado" em benefício do homem "geral", ressalta Marx. O comunismo teórico sabe que, no decorrer da história, os indivíduos enquanto "homens privados" estiveram por trás do "interesse geral", e a moral é expressão desse fato. Deste modo, a contradição é apenas aparente, pois o interesse geral é permanentemente produzido pelo interesse privado, o interesse geral não constitui perante o interesse privado uma "potência autônoma com história autônoma; na prática, portanto, esta contradição anula-se e engendra-se continuamente",[163] imediatamente atrelada à ação dos indivíduos. Enquanto receituária e mediadora das relações entre o indivíduo e a sociedade, a moral, diz Marx, "é a impotência em ação",[164] uma vez que desaparece a contradição real, ela torna-se inútil e desaparece também, não é mais necessário estabelecer preceitos, modos de agir e pensar exteriores aos indivíduos.

Política

Consideraremos aqui a crítica de Marx à política e ao Estado realizada por meio do desmascaramento das bases concretas da existência destas formações sociais autônomas em oposição à vida empírica dos indivíduos na sociedade civil, isto é, as relações materiais entre os homens.

Assim, em primeiro lugar, deve-se reconhecer que "a vida material dos indivíduos, que não depende de modo nenhum apenas da sua 'vontade', o seu modo de produção e as suas modalidades de troca, que se condicionam reciprocamente, são a base real do Estado e continuarão sempre a sê-lo em todos os estádios em que sejam ainda necessárias a divisão do trabalho e a propriedade privada, de uma forma perfeitamente independente da *vontade* dos indivíduos".[165] A base real do Estado é a base material da sociedade: o intercâmbio, a divisão do trabalho, a propriedade privada, as classes. É um conjunto de coisas, portanto, que não depende da vontade individual para existir – o Estado é a expressão desta separação entre os indivíduos reais, com suas reais necessidades, e o indivíduo abstrato, um ideal apresentado como de interesse social geral. O Estado expressa, assim, a contradição entre o indivíduo real e os interesses dominantes na sociedade capitalista; no sistema capitalista, "este Estado não é mais do que a forma de organização que os burgueses necessariamente adotam, tanto no interior como no exterior, para a garantia recíproca de

---

162 *IA-II*, p. 140.

163 *IA-II*, p. 141.

164 Cf. *SF*, p. 194.

165 *IA-II*, p. 136.

sua propriedade e de seus interesses",[166] ou, em outras palavras, "o moderno poder de Estado é apenas uma comissão que administra os negócios comunitários de toda a classe burguesa".[167] A sociedade e o Estado procedem, assim, com o mesmo exclusivismo (burguês) de interesses.[168]

O Estado foi chamado a desempenhar importante função defensiva e de incentivo ao desenvolvimento burguês, beneficiando sobretudo os comerciantes, pela maior influência política, mas também os manufatureiros, que requisitaram e obtiveram, constantemente, a proteção do Estado. "A burguesia suprime cada vez mais a dispersão dos meios de produção, da propriedade e da população. Aglomerou a população, centralizou os meios de produção e concentrou a propriedade em poucas mãos. A consequência necessária disto foi a centralização política. Províncias independentes, quase somente aliadas, com interesses, leis, governos e direitos *alfandegários diversos, foram comprimidas numa nação, num governo, numa* lei, *num* interesse nacional de classe, *numa* linha aduaneira".[169] Entre os séculos XVII e XVIII, o comércio e a navegação desenvolveram-se mais acentuadamente que a manufatura. O mercado se ampliava, com as colônias consumindo cada vez mais, e a concorrência aumentava. Onde não foi possível contornar, por meio de tarifas e outras medidas análogas, a guerra se instalou.[170] A Inglaterra era a nação que mais dependia de medidas de proteção sob o risco de arruinar-se, posto que a manufatura no século XVIII "está ligada tão intimamente às condições de vida de grandes massas de indivíduos que nenhum país pode aventurar-se a por em jogo sua existência, permitindo a livre concorrência".[171] Além disso, correspondendo às exigências do capital desde a gênese histórica da produção capitalista, "a burguesia nascente precisava e empregava a força do Estado para 'regular' o salário, isto é, comprimi-lo dentro dos limites convenientes à produção de mais valia, para prolongar a jornada de trabalho e para manter o próprio trabalhador num grau adequado de dependência. Temos aí um fator fundamental da chamada acumulação primitiva".[172]

A organização estatal da burguesia implementa o sistema colonial, o das dívidas públicas, o moderno regime tributário e o protecionismo, que nascem todos no período manufatureiro, desenvolvem-se muito no período inicial da indústria moderna e "se baseiam em parte na violência mais brutal". Todos esses métodos, reafirma Marx,

166 *IA-I*, p. 98.

167 *MPC-I*.

168 Cf. *SF*, p. 144.

169 *MPC-II*.

170 *IA-I*, p. 90.

171 *IA-I*, p. 90.

172 *K*, p. 855.

"utilizavam o poder do Estado, a força concentrada e organizada da sociedade para ativar artificialmente o processo de transformação do modo feudal de produção no modo capitalista, abreviando assim as etapas de transição. A força é o parteiro de toda sociedade velha que traz uma nova em suas entranhas. Ela mesma é uma potência econômica".[173] Revestidos em forma civilizada, "cada um destes estádios de desenvolvimento da burguesia foi acompanhado de um correspondente progresso político. Estado [ou ordem social — *Stand*] oprimido sob a dominação dos senhores feudais, associação armada e auto-administrada na comuna, aqui cidade-república independente, além terceiro-estado na monarquia sujeito a impostos, depois ao tempo da manufatura contrapeso contra a nobreza na monarquia de estados [ou ordens sociais] ou na absoluta, base principal das grandes monarquias em geral — ela conquistou por fim, desde o estabelecimento da grande indústria e do mercado mundial, a dominação política exclusiva no moderno Estado representativo".[174] À universalização do capital corresponde, portanto, a primazia da dominação política pelo moderno Estado democrático.

A dependência do Estado em relação à burguesia é patente nos empréstimos, que "capacitam o governo a enfrentar despesas extraordinárias, sem recorrer imediatamente ao contribuinte, mas acabam levando o governo a aumentar os impostos. /.../ O regime fiscal moderno encontra seu eixo nos impostos que recaem sobre os meios de subsistência mais necessários, encarecendo-os portanto, e traz em si mesmo o germe da progressão automática. A tributação excessiva não é um incidente; é um princípio".[175] Esse foi um método de expropriação violento contra o camponês, o artesão e todos os componentes da "classe média inferior" — sua eficácia é a tal ponto potencializada pelo sistema protecionista que nem mesmo os economistas burgueses discordam disso. "A dívida do Estado, a venda deste, seja ele despótico, constitucional ou republicano, imprime sua marca à era capitalista. A única parte da chamada riqueza nacional que é realmente objeto da posse coletiva dos povos modernos é... a dívida pública".[176]

A base da sociedade na qual vigora o Estado político depurado é a propriedade privada. Ainda que o Estado pretenda suprimir *politicamente* a propriedade privada, ele pressupõe de fato a sua existência, "permite que a propriedade privada, a educação e a profissão *atuem* à *sua* maneira, a saber: como propriedade privada, como educação e profissão, e manifestem a sua natureza *particular*. Longe de abolir estas diferenças *efetivas*,

173 *K*, p. 869.

174 *MPC-II*.

175 *K*, p. 874.

176 K, p. 872. "Com a dívida pública nasceu um sistema internacional de crédito, que frequentemente dissimulava uma das fontes da acumulação primitiva neste ou naquele país" (K, p. 874).

ele só existe na medida em que as pressupõe; apreende-se como *estado político* e revela a sua *universalidade* apenas em oposição a tais elementos".[177]

A contradição entre o interesse coletivo (que aparece como forças de produção e relações sociais) e o interesse particular (individual) faz com que o primeiro tome a forma de Estado, que autônomo e sob a forma de uma coletividade ilusória, é separado tanto dos interesses particulares quanto dos interesses gerais – ou seja, dos interesses dos indivíduos na sua coletividade. Assim, o Estado surge como um terceiro elemento – aparentemente neutro – paralelo à sociedade (coletividade real) e ao indivíduo: "adquire uma existência particular, ao lado e fora da sociedade civil".[178] A forma de produção e intercâmbio material entre os indivíduos é a própria *sociedade civil*, que condiciona e é condicionada pelas forças de produção, abrangendo todo o comércio e toda a indústria, em cada fase da história. A sociedade civil é (para além da configuração burguesa na qual assumiu sua forma desenvolvida) toda "organização social que se desenvolve imediatamente a partir da produção e do intercâmbio e que forma em todas as épocas a base do Estado e do resto da superestrutura idealista".[179]

Quando Marx debruça-se sobre o significado do Estado e do homem singular, do indivíduo, sob este Estado, ele nos diz que: "O Estado político aperfeiçoado é, por natureza, a *vida genérica* do homem em *oposição* à sua vida material. /.../ Vive na *comunidade política*, em cujo seio é considerado como *ser comunitário*, e na *sociedade civil*, onde age como simples *indivíduo privado*".[180] O Estado é uma determinada expressão das forças genéricas humanas que estão em oposição a sua vida material. Por mais que o Estado se apresente como coletividade, ele pressupõe a existência da propriedade privada, expressando sempre, portanto, a separação entre o indivíduo real e sua vida material em relação à coletividade. Desta forma, o gênero, que existe efetivamente nos indivíduos singulares vivos e ativos, separa-se deles na forma de Estado. A vida genérica do indivíduo aparece para ele como uma esfera separada, particularizada sob a forma de Estado; o Estado existe, portanto, em oposição à vida material do homem, em oposição à realidade social imediata e primordial do indivíduo, âmbito no qual este indivíduo deveria ser, por excelência, um ser comunitário, já que a sociedade civil – a integralidade das relações sociais – é o próprio gênero vivo. O Estado, enquanto uma formação que é expressão real da organização social, é uma representação abstrata da vida genérica, mas é expressão necessária da sociedade civil que se funda sobre a propriedade privada.

177 *QJ*, p. 44.

178 *IA-I*, p. 98.

179 *IA-I*, p. 53.

180 *QJ*, p. 44.

Havendo uma cisão entre o Estado político e a sociedade civil, o homem leva uma existência dividida. Por um lado, é indivíduo real ativo membro da sociedade civil, por outro, cidadão do Estado: "A diferença entre o homem religioso e o cidadão é a diferença entre o comerciante e o cidadão, entre o jornaleiro e o cidadão, entre o proprietário de terras e o cidadão, entre o *indivíduo vivo* e o *cidadão*".[181] O indivíduo é um ser comunal, mas na sociedade civil é e, por conseguinte, *age*, como mero indivíduo "privado", em oposição ao gênero: "Precisamente aqui [na sociedade civil], onde aparece a si mesmo e aos outros como indivíduo real, surge como fenômeno *ilusório*. Em contrapartida, no Estado, onde é olhado como ser genérico, o homem é o membro imaginário de uma soberania imaginária, despojado da sua vida real individual e dotado de universalidade irreal",[182] de modo que, diz Marx, o indivíduo chega a tornar-se irreal em sua existência e real em sua inexistência. A expressão genérica no Estado, onde o indivíduo não existe concretamente, é reflexo do estranhamento dos indivíduos no interior da sociedade civil, a qual o Estado supostamente representa em sua universalidade. Por um lado, o indivíduo vive na comunidade política, na qual ele é um ser comunitário, onde pode participar política e publicamente; e por outro lado, vive na sociedade civil, na qual ele age segundo seus interesses privados de acordo com sua vida material e pessoal.

Como membros do Estado, os cidadãos sustentam o mesmo "dualismo entre a vida individual e a vida genérica"[183] da religião. Os membros do Estado político "são religiosos no sentido de que o homem trata a vida política distante da vida individual, como se fosse a sua verdadeira vida".[184] A democracia política e a religião cristã consideram não um só homem, mas todo homem, abstraindo a particularidade de cada homem que a vida genérica autêntica imprime. A similitude e concordância encontradas por Marx entre religião e Estado democrático são tais que, longe de emancipar da religião os membros do Estado, a democracia moderna aguça a consciência religiosa – e neste sentido, a esfera política do Estado está ainda mais estranhada do indivíduo vivo do que, por exemplo, a religião, pois ele é a supressão ideal das condições objetivas de vida enquanto representação (abstrata e ilusória) da generidade dos indivíduos. O Estado laico deixa a religião desenvolver-se livremente, pois esta fica destituída de um significado político ou de objetivos terrenos, isto é, a religião ainda se afirma frente ao Estado como algo mais puro e mais elevado, que não se mistura aos interesses materiais e terrenos, como é o

181 *QJ*, p. 46.

182 *QJ*, p. 46.

183 *QJ*, p. 52.

184 *QJ*, p. 52.

caso do Estado – realçando, ainda mais que a religião, o alto grau da abstração pelo Estado das condições reais de vida.

É neste sentido que, na discussão com Bauer a respeito de como se comporta o Estado diante da emancipação política frente à religião, Marx mostra que ambas não estão em contradição, a religião se apresenta, como vimos, até mais vigorosa com a plena emancipação política. Quando Bauer reivindica a situação de cidadãos para o judeus, de alguma forma indica que eles devem deixar a religião de lado para se tornarem alemães, contudo, não é porque o Estado está politicamente emancipado que ele irá suprimir ou expulsar a religião; não há uma oposição. Na verdade, aponta Marx, só podemos investigar a natureza do Estado político se quisermos encontrar as insuficiências que o permitem cultivar consigo a religião. E a crítica de Bauer ao Estado cristão alemão é, desta forma, suplantada pela crítica do Estado político como tal.[185]

Destarte, ainda que formal e efetivamente alienada da base material, a atitude do Estado nada mais é que a atitude dos homens que compõem o Estado, que por sua vez vivem realmente na sociedade civil. Desta forma, "os limites da emancipação política aparecem imediatamente no fato de o *Estado* poder libertar-se de um constrangimento sem que o homem se encontre *realmente* liberto; de o Estado conseguir ser um *Estado livre* sem que o homem seja um *homem livre*".[186] É "tratando os outros homens como meios, degradando-se a si mesmo em puro meio e tornando-se joguete de poderes estranhos",[187] que o homem torna-se despojado de sua vida individual pela política.

O moderno Estado democrático é uma forma por natureza contraditória; a forma requerida pelo desenvolvimento atual da sociedade. Para extinguir o Estado democrático, esta determinada forma de sociedade teria de revolucionar seu principal pressuposto: a propriedade privada. Uma vez que o Estado é expressão da alienação entre os indivíduos na sociedade civil, em alguma medida "a revolução política é a revolução da sociedade civil",[188] mas a política jamais pode subverter os pressupostos

185 "Os judeus alemães buscam a emancipação. Que emancipação buscam eles? A emancipação civil, política. Bruno Bauer responde-lhes: /.../ como alemães, deveríeis trabalhar pela emancipação política da Alemanha e, como homens, pela emancipação da humanidade." Bauer, diz Marx, resolve a questão assumindo a unilateralidade em que esta foi expressa: não se pergunta sobre a natureza ou o caráter dessa emancipação da humanidade que ele quer reivindicar. Bauer submete à crítica apenas o Estado alemão: "...vemos o engano de Bauer no fato de só submeter à crítica o 'Estado cristão' e não o 'Estado como tal'" (*QJ*, p. 40).

186 *QJ*, p. 43.

187 *QJ*, p. 45.

188 *QJ*, p. 60. Bauer, por exemplo, não coloca em questão o Estado enquanto tal, mas determinado Estado particular (o Estado alemão cristão). Por isso, para ele, no âmbito mais restrito, o judeu deveria trabalhar pela emancipação política da sua nação, Alemanha, e como homens (sem nação específica) deveriam trabalhar pela emancipação da humanidade, pressupond, portanto, a emancipação política. O Estado

materiais da sociedade civil que fazem surgir a própria política como expressão da separação entre os indivíduos. Reapropriar-se das forças sociais é, por isso, a própria abolição do Estado, e portanto a supressão da política pela revolução da sociedade civil. Do mesmo modo que a religião ao secularizar-se deixa de ser religião, cabe à política, uma vez levada aos seus limites, necessariamente subverter seus pressupostos, que estão na sociedade civil.

Movido verdadeiramente pelas classes sociais, cujas lutas tomam as formas ilusórias (no sentido de formas representativas nas quais se revestem essas lutas das classes e também no sentido de formas autônomas, próprias) de monarquia, democracia etc., no Estado democrático os indivíduos lutam pelos interesses particulares que possuem na sociedade civil; deste modo, o interesse comum representado pelo Estado aparece como um interesse "estranho" aos indivíduos, um interesse geral com o qual não se identificam. O Estado democrático torna-se nada mais que a luta de cada indivíduo pelos seus interesses particulares de classe e não dos indivíduos pelos interesses gerais – que são ilusórios na medida em que tomam a forma de Estado. Para que os indivíduos da classe dominante efetivem seus interesses comuns através do Estado, "todas as instituições comuns são mediadas pelo Estado e adquirem através dele uma forma política"[189] e, assim, a defesa dos interesses gerais acontece somente enquanto são subordinados aos interesses das classes dominantes. A aparência de universalidade do Estado explicita-se então porque ele "não exclui ninguém que satisfaça a todas as suas exigências e ordens, que satisfaça ao seu desenvolvimento. Na sua perfeição, chega mesmo a fechar os olhos declarando que as oposições *reais* são oposições que não têm nada de *política* e não o incomodam".[190]

Fazer "a idealização da ideologia como concepção justa de Estado",[191] o Estado como regulador da justiça entre os indivíduos, é prática dos ideólogos políticos (que partiam da vontade dos indivíduos particulares, como a idealização hegeliana da representação do Estado). Representam determinada classe de indivíduos que orienta a ação do Estado, os burgueses, que "não permitem que o Estado se imiscua nos interesses privados e só lhe concedem o poder necessário à sua segurança e manutenção da concorrência";[192] são as relações privadas que determinam a participação política dos membros do Estado – cidadãos. O Estado é a "constituição em Nós, em pessoa moral"

que Bauer critica na emancipação política é o Estado cristão que não incorpora politicamente os judeus. Não se trata de uma emancipação política completa ou integral, que por fim prescinda da própria política, é só uma reivindicação para a modificação de um Estado particular, não do Estado em geral.

189 *IA-I*, p. 98.

190 *SF*, p. 145.

191 *IA-II*, p. 165.

192 *IA-II*, p. 177.

de todos os membros da sociedade burguesa, com o objetivo de garantir os interesses comuns, delegando "a um pequeno número, quanto mais não seja em virtude da divisão do trabalho, o poder assim constituído".[193]

A ilusão do indivíduo isolado (que se reflete na filosofia especulativa como pensamento autossustentado) à qual corresponde o Estado democrático deriva, na verdade, das condições de classe burguesas, condições que aparecem como um dado das condições objetivas dos indivíduos o qual eles reproduzem e defendem. Sobre os indivíduos que exercem o poder nestas condições, Marx comenta que seu domínio pessoal só é possível porque se "assenta sobre condições de existência comuns a um grande número dentre eles, condições de que eles, os que ascenderam ao poder, têm de assegurar a persistência contra os outros modos de vida e que, além disso, terão de afirmar como válidas para a generalidade". É imperioso, portanto, distinguir a realidade social objetiva da impressão pessoal que o indivíduo faz da mesma: "assim como na vida privada se diferencia o que um homem pensa e diz de si mesmo do que ele realmente é e faz, nas lutas históricas deve-se distinguir mais ainda as frases e as fantasias dos partidos de sua formação real e de seus interesses reais, o conceito que fazem de si do que são na realidade".[194] Portanto, se o princípio do Estado é o estranhamento dos indivíduos, isto é, os indivíduos que movem o Estado o fazem com base em seus interesses reais, tanto o indivíduo real quanto as formações sociais dos indivíduos devem ser analisadas em sua situação objetiva no mundo, e não de acordo com o conceito que fazem de si mesmos, e independentemente de suas ilusões políticas idealizadas a respeito de suas ações enquanto funcionários do Estado.

Marx afirma que, "de um modo geral, as colisões da velha sociedade promovem, de muitas maneiras, o curso de desenvolvimento do proletariado. A burguesia acha-se em luta permanente: de começo contra a aristocracia; mais tarde, contra os setores da própria burguesia cujos interesses entram em contradição com o progresso da indústria; sempre, contra a burguesia de todos os países estrangeiros. Em todas estas lutas vê-se obrigada a apelar para o proletariado, a recorrer à sua ajuda, e deste modo a arrastá-lo para o movimento político. Ela própria leva, portanto, ao proletariado os seus elementos de formação próprios, ou seja, armas contra ela própria",[195] anulando-se, assim, também politicamente. Mas o burguês não percebe "que a fim de preservar intacto o seu poder social, seu poder político deve ser destroçado; que o burguês particular só pode continuar a explorar as outras classes e a desfrutar pacatamente a propriedade, a família,

193 *IA-II*, p. 178.

194 *18B*, p. 51-52.

195 *MPC-I*.

a religião e a ordem sob a condição de que sua classe seja condenada, juntamente com as outras, à mesma nulidade política".[196]

Os representantes políticos da classe burguesa acreditam realmente que suas condições de classe são de interesse geral. Por este motivo, "não se deve formar a concepção estreita de que a pequena burguesia, por princípio, visa a impor um interesse de classe egoísta. Ela acredita, pelo contrário, que as condições *especiais* para sua emancipação são as condições gerais sem as quais a sociedade moderna não pode ser salva nem evitada a luta de classes. Não se deve imaginar, tampouco, que os representantes democráticos sejam na realidade todos *shopkeepers* ou defensores entusiastas destes últimos. Segundo sua formação e posição individual podem estar tão longe deles como o céu da terra. O que os torna representantes da pequena burguesia é o fato de que sua mentalidade não ultrapassa os limites que esta não ultrapassa na vida, de que são consequentemente impelidos, teoricamente, para os mesmos problemas e soluções para os quais o interesse material e a posição social impelem, na prática, a pequena burguesia. Esta é, em geral, a relação que existe entre os *representantes políticos* e *literários* de uma classe e a classe que representam".[197] Sobre os indivíduos que exercem o poder nessas condições antagônicas de classe, Marx comenta que seu domínio pessoal só é possível porque se "assenta sobre condições de existência comuns a um grande número de entre eles, condições de que eles, os que ascenderam ao poder, têm de assegurar a persistência contra os outros modos de vida e que, além disso, terão de afirmar como válidas para a generalidade".[198]

A distância do Estado frente à sociedade civil pode ser ilustrada, por exemplo, pelos pequenos camponeses franceses da primeira metade do século XIX. Autossuficientes e isolados uns dos outros, eles não constituem uma classe (isto é, seus interesses similares não criaram entre eles uma comunidade), "são, consequentemente, incapazes de fazer valer seu interesse de classe em seu próprio nome, quer através de um Parlamento, quer através de uma Convenção. Não podem representar-se, têm que ser representados. Seu representante tem, ao mesmo tempo, que aparecer como seu senhor, como autoridade sobre eles, como um poder governamental ilimitado que os protege das demais classes e que do alto lhes manda o sol ou a chuva. A influência política dos pequenos camponeses, portanto, encontra sua expressão final no fato de que o Poder Executivo submete ao seu domínio a sociedade /.../ É preciso que fique bem claro. A dinastia de Bonaparte representa não o camponês revolucionário, mas o conservador; não o camponês que luta para escapar às condições de sua existência social, a

196 *18B*, p. 71.

197 *18B*, p. 54-55.

198 *IA-II*, p. 136.

pequena propriedade, mas antes o camponês que quer consolidar sua propriedade".[199] Assim, Luís Bonaparte representa o pequeno proprietário camponês na medida em que se utiliza dessa força política por si mesma não mobilizada como classe, a qual no próprio movimento de autoconservação necessariamente se anula politicamente, e realmente declina na sociedade civil, tendo suas propriedades tomadas pelos grandes latifundiários do capital.

Discutiremos agora o sentido da luta política dos trabalhadores na medida em que esta não se resume à tomada do poder político do Estado – ainda que no período revolucionário da transição da antiga sociedade capitalista para a nova sociedade comunista a dominação do proletariado enquanto classe seja necessária para levar a cabo tarefas destrutivas.

De forma análoga ao que se passa com a filosofia idealista, que não interfere de modo revolucionário na ordem social efetiva, as instituições políticas tampouco abolem a divisão do trabalho, ao contrário, conduzem necessariamente a novas instituições políticas. A revolução comunista é a única que extingue a divisão do trabalho e não se deixa conduzir por instituições políticas ou sociais, mas apenas pelo estado das forças produtivas. Somente a classe operária tem como condição de sua emancipação a abolição de todas as classes, logo, é condição da emancipação da ordem burguesa. Aliás, pergunta Marx, é de "causar estranheza que uma sociedade baseada na *oposição* de classes chegue, como último desenlace, à *contradição* brutal, a um choque corpo a corpo?"[200] Na história da sociedade até o momento, todos os movimentos sociais "foram movimentos de minorias ou no interesse de minorias. O movimento proletário é o movimento autônomo da maioria imensa no interesse da maioria imensa. O proletariado, a camada mais baixa da sociedade atual, não pode elevar-se, não pode endireitar-se, sem fazer ir pelos ares toda a superestrutura das camadas que formam a sociedade oficial. Pela forma, embora não pelo conteúdo, a luta do proletariado contra a burguesia começa por ser uma luta nacional. O proletariado de cada um dos países tem naturalmente de começar por resolver os problemas com a sua própria burguesia".[201] E assim o processo de expropriação historicamente violento sofrido pelos trabalhadores volta-se agora com a mesma violência contra a classe burguesa, que antes o perpetrara.

A luta política do proletariado é, antes, defendida por Marx como necessidade de reação ao capital, cuja tendência é reduzir ao máximo as condições necessárias à vida do trabalhador. As coalisões operárias e as greves mostram que a própria organização do trabalho imposta pela indústria moderna é, por um lado, a causa da oposição entre

199 *18B*, p. 71.

200 *M44*, p. 165.

201 *MPC-I*.

os operários, mas, por outro, o meio que possibilita a união entre os trabalhadores: "A grande indústria concentra, em um mesmo lugar, uma massa de pessoas que não se conhecem entre si. A concorrência divide seus interesses. Mas a defesa do salário, esse interesse comum a todas elas perante seu patrão, os une em uma idéia comum de resistência: a *coalisão*. Portanto, a coalisão persegue, sempre, uma dupla finalidade: acabar com a concorrência entre os operários para poder fazer uma concorrência geral aos capitalistas. Se o primeiro fim da resistência se reduzia à defesa do salário, depois, à medida que por sua vez os capitalistas se associam movidos pela idéia da repressão, as coalisões, inicialmente isoladas, formam grupos, e a defesa pelos operários de suas associações, diante do capital sempre unido, acaba sendo para eles mais necessária que a defesa do salário".[202] Assim, o simples aumento de salário não é a principal razão pela qual necessariamente lutam os operários, embora seja a mais imediata e sempre premida pelo capital (não sendo no mais das vezes nem um aumento real, portanto, mas uma simples retomada em relação ao nível médio do salário), os operários lutam pela continuidade da união de seus interesses comuns na forma de uma associação, uma vez que os capitalistas historicamente se articulam para desbaratá-los.

A organização dos proletários em classe e, consequentemente, em partido político, "é rompida de novo a cada momento pela concorrência entre os próprios operários". Além disso, Marx explica que os operários vencem, de tempos em tempos, "mas só transitoriamente. O resultado propriamente dito das suas lutas não é o êxito imediato, mas a união dos operários que cada vez mais se amplia. Ela é promovida pelos meios crescentes de comunicação, criados pela grande indústria, que põem os operários das diversas localidades em contato uns com os outros. Basta, porém, este contato para centralizar as muitas lutas locais, por toda a parte com o mesmo caráter, numa luta nacional, numa luta de classes. Mas toda a luta de classes é uma luta política. E a união, para a qual os burgueses da Idade Média, com os seus caminhos vicinais, precisavam de séculos, conseguem-na os proletários modernos com os caminhos-de-ferro em poucos anos". À medida em que a história torna-se história mundial, isto é, em que as condições burguesas tornam-se universais, e portanto, torna-se universal também a classe proletária, mais está próxima de sua missão histórica.

E como participam os comunistas? "Os comunistas diferenciam-se dos demais partidos proletários apenas pelo fato de que, por um lado, nas diversas lutas nacionais dos proletários eles acentuam e fazem valer os interesses comuns, independentes da nacionalidade, do proletariado todo, e pelo fato de que, por outro lado, nos diversos estádios de desenvolvimento por que a luta entre o proletariado e a burguesia passa,

202 *MF*, p. 163.

representam sempre o interesse do movimento total".[203] Desse modo, não é necessário apenas que as condições tornem-se comuns aos proletários de todas as partes do mundo, mas também que seus interesses de classe sejam unificados, tarefa dos comunistas, os ideólogos da classe dos trabalhadores.

Desenvolvida no transcurso do desenvolvimento da classe operária em substituição à antiga sociedade civil, esta se transforma em uma associação que exclui as classes e seu antagonismo. O poder político propriamente não existirá, pois ele "é, precisamente, a expressão oficial do antagonismo de classe, dentro da sociedade civil".[204] A dominação política do proletariado será usada "para arrancar pouco a pouco todo o capital à burguesia, para centralizar todos os instrumentos de produção na mão do Estado, isto é, do proletariado organizado como classe dominante, e para multiplicar o mais rapidamente possível a massa das forças de produção".[205]

Neste embate decisivo, os meios políticos certamente são fundamentais, ainda que, e isto é central, a finalidade da luta não seja política e esta tenha necessariamente de cessar sua existência, posto que a revolução da sociedade civil é seu pressuposto: "Somente em uma ordem de coisas na qual já não existam classes e antagonismos de classes, as *evoluções sociais* deixarão de ser *revoluções políticas*".[206] Quando observamos as "fases mais gerais do desenvolvimento do proletariado, seguimos de perto a guerra civil mais ou menos oculta no seio da sociedade existente até o ponto em que rebenta numa revolução aberta e o proletariado, pelo derrube violento da burguesia, funda a sua dominação".[207] Isso porque, "naturalmente, isto só pode primeiro acontecer por meio de intervenções despóticas no direito de propriedade e nas relações de produção burguesas, através de medidas, portanto, que economicamente parecem insuficientes e insustentáveis mas que no decurso do movimento levam para além de si mesmas e são inevitáveis como meios de revolucionamento de todo o modo de produção".[208]

Como vimos, a supressão da contradição existente entre a vida "real e individual" e a política só pode consistir, fundamentalmente, na reapropriação pelo indivíduo do gênero estranhado em forças políticas, estas que são formas estranhadas de suas próprias forças sociais e individuais. Em outras palavras, "desaparecidas no curso do desenvolvimento as diferenças de classes e concentrada toda a produção nas mãos dos indivíduos associados, o poder público perde o caráter político. Em sentido próprio, o

---

203 *MPC-II.*

204 MF, p.165.

205 *MPC-II.*

206 *MF*, p. 165.

207 *MPC-I.*

208 *MPC-II.*

poder político é o poder organizado de uma classe para a opressão de uma outra. Se o proletariado na luta contra a burguesia necessariamente se unifica em classe, por uma revolução se faz classe dominante e como classe dominante suprime violentamente as velhas relações de produção, então suprime juntamente com estas relações de produção as condições de existência da oposição de classes, as classes em geral, e, com isto, a sua própria dominação como classe".[209]

Marx comenta que na Comuna de Paris pela "primeira vez o proletariado deteve o poder político", o que durou dois meses. Embora o programa da Comuna já estivesse, à época de Marx, atrasado, explica ele, "a Comuna, nomeadamente, forneceu a prova de que "a classe operária não pode simplesmente tomar posse da máquina de Estado [que encontra] montada e pô-la em movimento para os seus objetivos próprios",[210] é necessário conduzi-lo de acordo com a missão histórica da classe do proletariado. Ao traçar as linhas gerais de um programa de ação para os proletariados, Marx e Engels fazem a ressalva de que as medidas são diversas, de acordo com a diversidade dos países, mas que, "para os países mais avançados", as seguintes medidas, que reproduzimos abaixo, podem ser aplicadas de um modo bastante geral: "1. Expropriação da propriedade fundiária e emprego das rendas fundiárias para despesas do Estado. 2. Pesado imposto progressivo. 3. Abolição do direito de herança. 4. Confiscação da propriedade de todos os emigrantes e rebeldes. 5. Centralização do crédito nas mãos do Estado, através de um banco nacional com capital de Estado e monopólio exclusivo. 6. Centralização do sistema de transportes nas mãos do Estado. 7. Multiplicação das fábricas nacionais, dos instrumentos de produção, arroteamento e melhoramento dos terrenos de acordo com um plano comunitário. 8. Obrigatoriedade do trabalho para todos, instituição de exércitos industriais, em especial para a agricultura. 9. Unificação da exploração da agricultura e da indústria, atuação com vista à eliminação gradual da diferença entre cidade e campo. 10. Educação pública e gratuita de todas as crianças. Eliminação do trabalho das crianças nas fábricas na sua forma hodierna. Unificação da educação com a produção material, etc".[211]

Direito

O direito legisla em nome do Estado. Pressupõe, portanto, condições de existência que não dependem da escolha dos indivíduos. Tais condições, porém, afirmam-se

209 *MPC-II.*

210 *MPC-I.* Ver também *A Guerra Civil em França.* "Mensagem do Conselho Geral da Associação Internacional dos Trabalhadores". A luta política dos trabalhadores também é discutida nos artigos da *Nova Gazeta Renana.*

211 *MPC-II.* Em "A burguesia e a Contra-Revolução" (*Nova Gazeta Renana*, dezembro de 1848), Marx também expõe um programa, mais detalhado e adequado às condições alemãs da época, em que é possível observar a maioria dos passos acima.

enquanto princípios gerais abstratos (a liberdade e a igualdade), como se fossem da vontade dos indivíduos. Estes pretensos interesses comuns de todos os indivíduos não são mais que os interesses burgueses – o direito é apenas a vontade da classe burguesa elevada a lei, uma vontade cujo conteúdo está dado nas condições materiais de vida desta classe.[212] Veremos através de alguns exemplos históricos como os indivíduos são considerados de maneira atomística no direito, pois, tal como o Estado, o direito surge com a propriedade privada – e caracteristicamente o direito não a questiona, já que ela é um pressuposto absoluto de sua existência. E, por fim, como o direito é um instrumento de viabilização e aceleração do desenvolvimento capitalista.

Os indivíduos, diz Marx, distinguem-se pelo nascimento, pela posição social, pela educação, pela profissão; e o Estado decreta a igualdade dos indivíduos eliminando tais diferenças como diversidades não políticas, que não são da alçada do Estado. O Estado não abrange a universalidade da vida social, colocando-se acima e à parte das particularidades. Torna-se então necessário distinguir entre os direitos do homem e os direitos do cidadão: os direitos do cidadão são do homem como membro do Estado, os direitos do homem constituem os direitos de um membro da sociedade civil.

Os direitos surgem para instituir politicamente a mediação do Estado, que assim transfere uma forma política a todas as instituições comuns. O direito privado surge simultaneamente com a propriedade privada e sempre se refere aos seus desenvolvimentos, tanto entre os romanos – entre os quais a propriedade privada desenvolve-se até certo ponto e seu modo de produção permanece o mesmo – quanto para os povos modernos, que têm no direito romano sua base. Portanto, os direitos do homem têm a mesma base que os direitos do cidadão, isto é, têm a mesma base do Estado – da sociedade civil – que é a propriedade privada, que toma a forma universal e abstrata através das leis.

Para os códigos jurídicos (como para o Estado), é fortuito que os indivíduos travem relações, e com isso as relações de propriedade são declaradas resultado da vontade geral, tomando corpo "a ilusão de que a lei se baseia na vontade e, mais ainda, na vontade destacada de sua base real – na vontade *livre*. Da mesma forma, o direito é reduzido novamente à lei".[213] Marx afirma ainda que "a expressão desta vontade determina o triunfo dos indivíduos independentes uns dos outros e o triunfo da sua vontade pessoal – triunfo que, nesta base, só pode ser egoísta no que respeita ao seu comportamento social – que torna necessária a negação de si na lei e no direito".[214]

212 Cf. *MPC-II*.

213 *QJ*, p. 98.

214 *IA-II*, p. 136. Em outras palavras, "na classe burguesa, como em qualquer outra, são as condições pessoais que se transformaram nas condições comuns e gerais em que os indivíduos da classe vivem e são proprietários" (*IA-II*, p. 181).

Cabe ressaltar que a liberdade pessoal até agora foi entendida (e é deste sentido que se trata acima) como o "direito de poder desfrutar imperturbavelmente, dentro de certas condições, o acaso",[215] que consiste nas condições objetivas criadas pelas forças de produção e pelas formas de intercâmbio de cada época, resultante do desenvolvimento natural das mesmas.

Procedendo segundo as exigências da propriedade privada, na sociedade civil o homem é tomado como mônada isolada, e a liberdade, como direito humano, é fundada na separação entre homem e homem, de forma que "o direito humano da propriedade privada, portanto, é o direito de fruir da própria fortuna e de dela dispor como quiser, sem atenção pelos outros homens, independentemente da sociedade. É o direito do interesse pessoal. Esta liberdade individual e a respectiva aplicação formam a base da sociedade civil. Leva cada homem a ver nos outros homens não a *realização*, mas a *limitação* da sua própria liberdade".[216] Quando o comunista proclama que estas relações burguesas devem ser suprimidas, exclama Marx, os burgueses espantam-se, pois para eles trata-se da "supressão da personalidade e da liberdade! E com razão. Trata-se certamente da supressão da personalidade burguesa, da autonomia burguesa e da liberdade burguesa. Por liberdade entende-se, no interior das atuais relações de produção burguesas, o comércio livre, a compra e venda livres",[217] nas quais os próprios burgueses constantemente sucumbem, pela concorrência.

Marx afirma que, historicamente, os teóricos para os quais a força era o fundamento do direito opuseram-se aos que consideravam a vontade como base. A força como fundamento do direito, como exposto em Hobbes, evidencia que o direito é o resultado de outras relações nas quais o poder do Estado está baseado, isto é, a vida material dos indivíduos, que "não depende de modo nenhum apenas da sua 'vontade'". Nesse sentido, assim como o direito, diz Marx, "o crime, ou seja, a luta do indivíduo isolado contra o estado de coisas em vigor, não é simplesmente resultante do nosso bel-prazer. Está, muito pelo contrário, submetido às mesmas condições que o domínio existente".[218]

Comentando a história do direito, Marx observa que em seus tempos mais primitivos e bárbaros, o direito constituía-se pelo "estado de fato" em sua forma mais brutal. Quando, na sociedade burguesa, os interesses pessoais se transformaram em interesses de classe, as relações jurídicas adquiriram expressão civilizada, isto é, não são

---

215 *QJ*, p. 118.

216 *QJ*, p. 57.

217 *MPC-II*.

218 *IA-II*, p. 136. O crime, aliás, enquanto forma normal de intercâmbio na sociedade, é uma atividade produtiva como qualquer outra, contribuindo para o aprimoramento de todo o sistema da propriedade privada capitalista (ver Teorias da Mais-Valia).

mais consideradas individuais, mas universais, de forma que os interesses pessoais da burguesia são revestidos sob a forma de interesses gerais, isolando assim os indivíduos que concorrem entre si.

O direito de propriedade, diz Marx, "é inerente à produção de mercadorias. Esse direito vigora não só na época inicial em que o produto pertence a quem produz e em que esse produtor, trocando equivalente por equivalente, só pode enriquecer-se com o próprio trabalho; esse direito vigora também no período capitalista em que a riqueza social em proporção cada vez maior torna-se propriedade daqueles que estão em condições de apropriar-se continuamente de trabalho não pago".[219] O direito de propriedade aparecia, originalmente, "fundamentado sobre o próprio trabalho. Essa suposição era pelo menos necessária, uma vez que se confrontavam possuidores de mercadorias com iguais direitos e o único meio de que uma pessoa dispõe para apropriar-se de mercadoria alheia é alienar a própria, e essas só podem ser produzidas com trabalho. Agora, do lado capitalista, propriedade revela-se o direito de apropriar-se de trabalho alheio não pago ou de seu produto, e, do lado do trabalhador, a impossiblidade de apropriar-se do produto de seu trabalho. A dissociação entre propriedade e trabalho se torna consequência necessária de uma lei que claramente derivava da identidade entre ambos".[220] O interesse pessoal, que sempre esteve na base do direito, impõe-se à força frente aos outros indivíduos, ainda que nas relações jurídicas desenvolvidas estes interesses pessoais adquiram expressão civilizada, passando a assumir forma universal e não individual (a forma que tais interesses assumiam na Idade Média).

Temos na história da acumulação primitiva muitos exemplos empíricos deste fato, como a desmantelação, no século XIX, da antiga propriedade comunal de clãs celtas, nos quais seus líderes, "por conta própria, transformaram seu direito titular ao solo em direito de propriedade privada e, como encontrassem resistência nos membros do clã, resolveram enxotá-los com emprego direto da violência".[221] No clássico processo histórico da acumulação primitiva de capital, na Inglaterra, Marx aponta que, se num primeiro momento – precisamente o início da era capitalista – a legislação consternou-se e tentou impedir a expropriação pelos senhores feudais das terras comuns, as quais perpassavam suas propriedades, também salpicadas de vilas camponesas; esta reação esteve ligada à própria preservação do poder real que estava sendo ameaçado. Foi evidentemente inútil, e em pouco mais de três séculos (entre XV e XVIII) a expropriação das terras camponesas e das terras comuns estava consumada. A reação negativa do poder real (que se manifestava por decretos e leis restritivas ao proprietário de terras) foi ape-

219 *K*, p. 683.

220 *K*, p. 679.

221 *K*, p. 844.

nas um choque de adaptação (de 150 anos) às novas condições burguesas que ocorriam ainda em dimensões pequenas, posto que durante muito tempo o processo se realizava prioritariamente por meio da violência individual. Por isso, o progresso burguês do século XVIII, diz Marx, foi "ter tornado a própria lei o veículo do roubo das terras pertencentes ao povo /.../, os proprietários das terras, utilizando processos legais, levaram a cabo uma usurpação como a que se efetivou depois no continente".[222] Ascendem então ao poder os proprietários da mais-valia, nobres e capitalistas, expandindo a partir daí descaradamente o roubo às terras do Estado, através de leis relativas ao cercamento das terras comuns, "ou melhor, os decretos com que os senhores das terras se presenteiam com os bens que pertencem ao povo, tornando-os sua propriedade particular".[223]

Apesar deste "progresso" ter se dado somente no século XVIII, desde o século XV, por outro lado, já atuava uma "legislação sanguinária" contra os expropriados.[224] A legislação tratava os expropriados que afluíam às cidades e que por ventura não se enquadravam na nova disciplina do sistema de trabalho assalariado "como pessoas que escolhem propositalmente o caminho do crime, como se dependesse da *vontade* deles prosseguirem trabalhando nas velhas condições que não mais existiam".[225] Ao contrário, diz Marx, essas pessoas foram compelidas à vagabundagem e enquadradas à força "por meio de um grotesco terrorismo legalizado que empregava o açoite, o ferro em brasa e a tortura".[226]

Somente quando o modo capitalista de produção está suficientemente forte, no período manufatureiro, as leis reguladoras do salário são dispensadas. Na Inglaterra, "começa pelo 'Estatuto dos Trabalhadores' de Eduardo III, de 1349, a legislação sobre trabalho assalariado, a qual desde a origem visa explorar o trabalhador e prossegue sempre hostil a ele",[227] assim, de acordo com os ditames do capital, o Estado dita sempre o máximo para os salários, mas nunca o mínimo. As disposições sobre contratos entre patrões e empregados, aviso prévio etc., permitem, em caso de quebra contratual, uma ação criminal contra o trabalhador, e somente uma ação civil contra o patrão (até a época de Marx, observa ele, estas disposições ainda vigiam).[228]

As regulações legais tiveram de ser reformuladas segundo as necessidades dos novos tempos e, "através do parlamento, os landlords presentearam os landlords".[229] Nisso

222 *K*, p. 840.

223 *K*, p. 839-840.

224 Cf. *K*, p. 851.

225 *K*, p. 851, grifos meus.

226 *K*, p. 852.

227 Cf. *K*, p. 855

228 Cf. *K*, p. 858.

229 *K*, p. 845.

se apoiava o sistema protecionista, que "era um meio artificial de fabricar fabricantes, de expropriar trabalhadores independentes, de capitalizar meios de produção e meios de subsistência, de encurtar a transição do velho modo de produção para o moderno. Esse invento criou uma grande disputa entre os estados europeus, que, uma vez colocados a serviço dos fabricantes de mais-valia, não se limitaram a espoliar seu próprio povo, indiretamente através de impostos e diretamente através de prêmios à exportação, etc.".[230] A finalidade da usurpação das terras pelos capitalistas ingleses era "transformar a terra em mero artigo de comércio, ampliar a área da grande exploração agrícola, aumentar o suprimento dos proletários sem direitos, enxotados das terras, etc. Além disso, a nova aristocracia das terras era aliada natural da nova bancocracia, da alta finança que acabara de romper a casca do ovo e da burguesia manufatureira que então dependia da proteção manufatureira".[231]Enquanto os capitalistas podem se associar livremente (e o fazem efetivamente desde o início do modo de produção capitalista), "a coligação dos trabalhadores é considerada crime grave desde o século XIV até 1825, ano em que foram abolidas as leis contra a coligação ou associação dos trabalhadores".[232] Recentemente, diz Marx à época, houve o reconhecimento legal das Trade Unions. "Mas uma lei do Parlamento, da mesma data (destinada a modificar a legislação criminal na parte relativa a violências, ameaças e ofensas), restabelece na realidade a situação anterior sob nova forma".[233] No mesmo período, a legislação fabril inglesa sobre a duração normal do trabalho, era "letra morta".[234] Por estes mesmos mecanismos, contudo, as classes dominantes, em seu próprio interesse (o do capital), removem os obstáculos legais que impedem o desenvolvimento da classe trabalhadora. A organização política e de classe dos operários rompe-se constantemente, "mas renasce sempre, mais forte, mais sólida, mais poderosa. Força o reconhecimento de interesses isolados dos operários em forma de lei, na medida em que tira proveito das cisões da burguesia entre si. Assim [aconteceu] em Inglaterra com a lei das dez horas",[235] na conquista da redução da jornada de trabalho.

230 *K*, p. 875.

231 *K*, p. 840.

232 *K*, p. 856.

233 *K*, p. 858.

234 Cf. *K*, p. 316.

235 *MPC-I*.

CAPÍTULO III

O Desenvolvimento Histórico da Individualidade

História

Marx demonstra que a burguesia moderna é produto histórico de séculos, "produto de um longo curso de desenvolvimento, de uma série de revolucionamentos no modo de produção e de intercâmbio".[1] O desenvolvimento acelerado começa a partir do século XV quando a servidão já havia sido extinta, com a acumulação primitiva de capital – sucessivas expropriações dos trabalhadores – e o impulso do comércio, até chegar a sua era industrial, em fins do século XVIII. Dessa forma, observando a história dos modos de produção e de intercâmbio, é possível perceber como alguns elementos centrais que compõem a sociedade moderna já estavam presentes nas sociedades pré-capitalistas, nas quais por diferentes razões não puderam se desenvolver. Apenas pela história da produção material da vida atual imediata, o capitalismo, é possível expor a forma de intercâmbio criada por este sistema como o fundamento de toda história.

A sociedade capitalista não é, contudo, somente a libertação destes elementos enclausurados (os "becos sem-saída" do desenvolvimento histórico), é fundamentalmente a constante revolução de seu próprio modo de produção – ainda que sobre a mesma base histórica pré-capitalista, a oposição capital/trabalho. Na origem da sociedade capitalista houve um claro rompimento que reporta diretamente ao indivíduo produtor: sua atividade não é mais unida às suas condições de existência. Modificam-se, portanto, as relações de propriedade e de troca entre os indivíduos: "segundo nossa concepção, portanto, todas as colisões na história têm origem na contradição entre as forças produtivas e a forma de intercâmbio".[2] A seguir, acompanharemos alguns dos

1 *MPC-I.*

2 *IA-I*, p. 16.

principais lineamentos de Marx sobre a contraditória história do processo de formação do ser social pelo desenvolvimento do trabalho.

AS FORMAS PRÉ-CAPITALISTAS DE PRODUÇÃO

Marx afirma que o primeiro ato histórico é a produção dos meios que permitam a satisfação das necessidades, "a produção da própria vida material, e de fato este é um ato histórico, uma condição fundamental de toda a história".[3] A forma como os homens produzem os meios de vida corresponde à forma de apropriação das condições objetivas de existência. A primeira forma de propriedade é a tribal.[4] "O primeiro pressuposto desta forma inicial da propriedade da terra é uma comunidade humana", pois os homens não foram fixados pela natureza ("a vida nômade é a primeira forma de sobrevivência"), de tal forma que a "comunidade tribal, o grupo natural, não surge como consequência, mas como condição prévia de apropriação e uso conjuntos, temporários, do solo".[5] A propriedade, isto é, a forma de apropriação da natureza pelos homens para a satisfação de suas necessidades, surge assim como consequência da comunidade, que é portanto o primeiro passo para a apropriação não apenas das condições objetivas de vida, mas também da "atividade que lhe reproduz e lhe dá expressão material, tornando-a objetiva (atividade de pastores, caçadores, agricultores)".[6]

O fato de que nas formas asiáticas a unidade geral mais abrangente seja o proprietário real evidencia seu caráter originariamente comunal: "como a unidade é o proprietário efetivo e, ao mesmo tempo, pré-condição real da propriedade comum, torna-se perfeitamente possível que apareça como algo separado, superior às numerosas comunidades particulares reais". Nesse caso, o indivíduo é um *não proprietário*, a propriedade "aparece como *cessão da unidade global do indivíduo*, através da *mediação* exercida pela *comunidade particular*".[7] Com essa mediação comunal, o indivíduo é apenas um possuidor das condições de existência e não realmente o proprietário. O proprietário é personificado pela comunidade mesma (que por fim é uma pessoa), à qual pertence parte do excedente de trabalho do indivíduo. A comunalidade pode ser, então, mais democrática ou despótica, e o trabalho aparecerá de dois modos: o indivíduo que trabalha independentemente – forma oriental – ou uma organização comum do trabalho (formas peruanas e mexicanas), em ambos os casos as condições comunais de apropriação

3 *IA-I*, p. 39.

4 Cf. *IA-I*, p. 29; *Form*, p. 66.

5 *Form*, p. 66.

6 *Form*, p. 66-67.

7 *Form*, p. 67.

pelo trabalho surgirão sempre como obras da unidade superior (sistemas de irrigação, meios de comunicação etc.).[8]

A forma de propriedade associada à Antiguidade grega e romana é produto de uma vida histórica mais dinâmica. A comunidade é também condição prévia, mas os indivíduos não são mais "meros acidentes". A divisão do trabalho já se manifesta como separação, e mais tarde como oposição, entre cidade e campo. A base da comunidade é a cidade, não a terra; não obstante, a relação dos que trabalham com a terra continua sendo enquanto natureza inorgânica do próprio indivíduo: é a "oficina" de trabalho, meio de trabalho, objeto de trabalho e meio de subsistência do trabalhador. As dificuldades de estabelecimento desse modo de vida só advirão do contato com outras comunidades, de modo que a guerra torna-se uma forma regular de intercâmbio e o grande trabalho comunal para ocupação das condições objetivas de existência.

Marx observa que a guerra é uma forma regular de intercâmbio entre as comunidades humanas e, portanto, entre os indivíduos. A comunidade organizada militarmente é, em primeira instância, uma das condições da sua existência como proprietária, e a cidade é a base da organização bélica. Na forma greco-romana, quanto mais cresceu a tendência de se definir o caráter comunal como unidade negativa contra o mundo exterior – caráter bélico –, mais o indivíduo encontrou-se em condições de tornar-se um proprietário privado – assim, o caráter e a estrutura bélica da cidade – base da comunidade – conduziram à propriedade privada.

Nesse momento, a terra comum (*ager publicus*)[9] separa-se da terra privada, a propriedade do indivíduo não é mais necessariamente propriedade comunal direta (na qual o indivíduo é apenas um ocupante), e assim, a propriedade do indivíduo não necessita do trabalho comunal para valorizar-se. Quando o indivíduo assim se "destaca" da comunidade, "*o caráter primitivo da tribo pode desaparecer* pela própria dinâmica da história ou por migração, /.../ [neste caso] passando a viver sob novas condições de trabalho e *desenvolvendo mais as energias dos indivíduos*".[10] O aumento das forças produtivas dos indivíduos é, deste modo, condicionado pela forma de propriedade própria à comunidade e esta forma dependerá de inúmeros fatores. À medida que este desenvolvimento das forças produtivas ocorre, o "caráter primitivo" da comunidade tende a desaparecer, dando lugar ao desenvolvimento dos próprios indivíduos.

---

8 Marx comenta que o despotismo destas formas leva aparentemente à ausência legal de propriedade, mas seu fundamento é a propriedade comum.

9 O *ager publicus* romano era a propriedade comum a todos os cidadãos, na qual os escravos trabalhavam para toda a comunidade; o *ager publicus* passa a existir juntamente com uma propriedade individual/familiar de cada cidadão.

10 *Form*, p. 69.

Os proprietários/trabalhadores livres e iguais, independentes, relacionam-se tendo a comunidade como garantia, assim, ela continua como sustentáculo e pressuposto agora de indivíduos distintos da comunidade ou não identificados imediatamente com ela. A relação do indivíduo com sua propriedade é uma relação com a terra e com sua existência enquanto membro da comunidade – sua manutenção é a manutenção da própria comunidade. Tem-se aqui, portanto, a unidade natural da terra com o indivíduo que trabalha. O trabalho pertence ao indivíduo porque este tem sua existência mediada como membro do Estado. O trabalho individual é condição da manutenção da propriedade individual e, igualmente, da comunidade como um todo. Assim, "suas relações com as condições naturais de trabalho são as de proprietários; mas o trabalho pessoal tem de estabelecer, continuamente, tais condições como *condições reais e elementos objetivos da personalidade do indivíduo, de seu trabalho pessoal*". Nesse processo, "o indivíduo é colocado em condições tais de ganhar a sua vida que seu objetivo não será a aquisição de riqueza, mas sim a auto-subsistência, sua própria reprodução como membro da comunidade",[11] e para tanto, o membro da comunidade tem de cooperar em trabalhos de interesses comunais (reais ou imaginários), como a guerra, para a manutenção da própria comunidade.

Houve, entretanto, uma tendência à extrapolação de tais limites de pequena comunidade militar: a própria determinação de que a posse hereditária fosse garantida ao maior número de cidadãos era uma dificuldade a sua manutenção tal como fora na origem, acirrando a oposição entre as classes dos cidadãos e dos escravos. Marx observa que a comunidade, como na propriedade tribal, ainda exerce a prevalência sobre os indivíduos, posto que "os cidadãos possuem o poder sobre seus escravos apenas em sua coletividade",[12] escravos que são uma propriedade móvel. Esta comunidade, baseada na "propriedade coletiva dos cidadãos ativos", é obrigada, face aos escravos, "a permanecer neste modo de associação surgido naturalmente".[13] Ocorre então uma "forma contraditória de propriedade estatal e propriedade privada da terra, de modo que ou a última está mediada pela primeira, ou a primeira só existe nesta dupla forma".[14] Mesmo em crise, já não era mais possível voltar às origens primitivas da forma comunal de propriedade (com a prevalência do *ager publicus*), desprezando a propriedade privada, e nem relevar esta forma privada de propriedade ao primeiro plano, independente do Estado, o que seria totalmente contraditório uma vez que este era a base comunal sobre a qual se erigiam aquelas sociedades. Em Roma, observa Marx, mesmo que os indivíduos parecessem "grandes, notáveis", seu livre desenvolvimento não era possível, pois estava

---

11 *Form*, p. 71, grifo meu.

12 *IA-*, p. 30.

13 *IA-I*, p. 31.

14 *Form*, p. 76

em contradição com o relacionamento original. A *riqueza* não era o objetivo da produção, ela era um objeto materializado em objetos, *como valor*: o direito de comandar o trabalho e outras pessoas. A riqueza era sempre situada fora do indivíduo, como coisas ou relações por meio de coisas.

Nas formas antigas de propriedade (Roma e Esparta, especialmente) a propriedade tribal aparece como propriedade do Estado, e "o direito do indivíduo sobre ela como simples *possessio* que, entretanto, limita-se, como a propriedade tribal em geral, apenas à propriedade da terra. A verdadeira propriedade privada começa, tanto entre os antigos como entre os povos modernos, com a propriedade mobiliária".[15] Com a ascensão da propriedade móvel (no caso, os escravos), "forma anormal e subordinada à forma comunal", a estrutura social baseada na propriedade coletiva decai. Os plebeus,[16] por exemplo, que possuíam uma parcela do *ager publicus*, começam a perdê-la com a ascensão da propriedade móvel. A concentração de terra aumenta e cada proprietário passa a produzir para si (com seus próprios escravos) e não mais para a comunidade. Os escravos, embora considerados propriedade móvel, possuíam até este momento, de certa forma, uma característica de propriedade imóvel (já que estavam atrelados ao *ager publicus* e à produção comunal), posto que só coletivamente os cidadãos proprietários possuíam poder sobre os escravos, não individualmente (assim como apenas coletivamente, na forma de Estado/comunidade, é que se tornam cidadãos proprietários).

No seu período de declínio, que ainda manteve o fundamento escravista na estrutura social, a elevada concentração da propriedade fez com que a população livre, que vivia da terra comum, se tornasse escassa – o *ager publicus* desaparece para se transformar em propriedade privada. As mesmas relações que surgem posteriormente com o desenvolvimento da propriedade moderna já surgem em Roma pela primeira vez, como a concentração da propriedade privada e a transformação dos camponeses plebeus (faixa da população entre os cidadãos livres – proprietários – e os escravos) em proletariado, "cuja situação intermediária /.../ não levou a nenhum desenvolvimento autônomo";[17] de forma que algumas especificidades modernas não puderam ser plenamente manifestadas na Antiguidade – isso só ocorrerá com as condições necessárias que surgirão posteriormente.

A forma de propriedade germânica, germe da propriedade feudal, mantém também as condições naturais de trabalho (a propriedade baseada na comunidade), mas os indivíduos são membros autossuficientes e independentes da comunidade. Grande parte das forças produtivas desenvolvidas na Antiguidade foram destruídas e, diferentemente

15 IA-I, p.97.

16 Os plebeus não possuíam propriedade privada imóvel.

17 *IA-I*, p. 31.

daquela forma de propriedade, em vez de concentrar a população na cidade a situa no campo: a pequena população está concentrada no campo em feudos autossuficientes; e a cidade aparece, no período germânico inicial, apenas como associação para fins determinados. Não sendo a terra não ocupada pela comunidade e a comunidade não concentrada na cidade, não havia uma existência exterior diferenciada da de seus membros individuais. Vimos que a concentração na cidade proporciona à comunidade uma existência econômica – diferente de uma simples reunião de partes isoladas. Na forma germânica, ao contrário, a ausência das cidades significa que, em contraposição às formas anteriores, a comunidade manifesta-se como *associação* e não como união (acordo, não unidade espontânea). A propriedade germânica é fruto dessas condições e do modo de conquista desenvolvido a partir de então. Como a propriedade tribal e antiga em relação aos escravos, a propriedade feudal também repousa numa comunidade em que os servos são a classe diretamente produtora. O poder sobre os servos advinha da posse hierárquica da terra e do sistema de vassalagem; os servos que estavam em determinada propriedade faziam parte da terra como instrumentos de produção.

Na forma germânica, a propriedade comunal só aparece secundariamente: "a propriedade individual da terra não surge, aqui, como uma forma contraditória da propriedade comunal, nem como intermediada pela comunidade. Pelo contrário, a comunidade existe apenas nas relações mútuas dos donos individuais de terra, como tais".[18] "A propriedade do indivíduo não está mediada pela comunidade, mas a existência mesma da comunidade é que é da média pelos membros independentes – isto é, por suas relações mútuas".[19] Assim, a comunidade tem existência econômica nos prados, bosques comuns etc., sendo utilizada desse modo pelo proprietário individual "não como em seu caráter de representante do Estado, como sucedia em Roma".[20] O *ager publicus* existe aqui como suplemento da propriedade individual. O lar individual é uma economia completa, uma vez que a comunidade não tem existência econômica independente.

Quando a estrutura feudal se desenvolve e as cidades passam a ocupar um lugar mais relevante, sua estrutura corresponderá à propriedade corporativa e à organização feudal dos ofícios, ou seja, a mesma estrutura hierárquica da posse da terra. Nas cidades medievais, Marx aponta que os indivíduos possuem como principal propriedade seu próprio trabalho. Diversamente, portanto, do que se via na Antiguidade, cujas cidades eram a unidade política dos proprietários de terras e nas quais o indivíduo baseado em seu próprio trabalho (um artesão, por exemplo) era considerado um corruptor dessa

---

18 *Form*, p. 76.

19 *Form*, p. 76.

20 *Form*, p. 77.

ordem. Desse modo, na Antiguidade não havia o indivíduo que tinha como principal propriedade o seu próprio trabalho, os cidadãos proprietários de terra eram (inicialmente, na Grécia), por isso, ao mesmo tempo agricultores e guerreiros, funções que só posteriormente passaram predominantemente aos escravos. No período feudal tem-se, assim, de um lado, a propriedade da terra baseada no trabalho dos servos, de outro, o "trabalho próprio com pequeno capital dominando o trabalho dos oficiais".[21] O trabalho aqui aproxima-se de uma expressão da criação artística, sendo o esmero de sua confecção e seu resultado válidos por si mesmos.

O relacionamento ativo com as condições de existência faz com que essas condições mudem, preservando e destruindo as comunidades. Em Roma, por exemplo, com a propriedade privada assumindo uma existência separada da propriedade coletiva como coletividade urbana, surgem as condições que permitirão ao indivíduo a perda de sua propriedade. A reprodução da comunidade (mero aumento populacional) elimina paulatinamente as condições objetivas pressupostas, mesmo que o indivíduo não altere sua relação com a comunidade (o que evidentemente modificaria tanto a comunidade quanto sua premissa econômica). Nesse sentido, o indivíduo nunca se torna independente da comunidade, posto que "em todas estas formas, o fundamento da evolução é a *reprodução* das relações entre o indivíduo e sua comunidade *aceitas como dadas /.../* e uma existência *objetiva, definitiva e predeterminada* seja quanto ao relacionamento com as condições de trabalho, como quanto às relações do homem com seus companheiros de trabalho, de tribo, etc.".[22] Essa relação é, pois, limitada de início, e é grande o risco de arruinar a comunidade se estes limites forem transpostos.

Na forma oriental, o indivíduo não estabelece relações independentes da comunidade, sendo esta mais estável. Existe uma estagnação: como o indivíduo não se torna nunca um proprietário, ele mesmo é a propriedade, o escravo daquilo que personifica a unidade da comunidade, não se desenvolvendo além do que é postulado pela forma comunal. Mais uma vez, a propriedade é uma atitude fixada pela comunidade para o indivíduo. Nesse modo asiático, pode-se entender porque a manufatura entre os antigos já aparece como corrupção, pois tal desenvolvimento (consequência das relações necessárias com estrangeiros e escravos, da ânsia de trocar produto excedente etc.) desagrega o modo de produção sobre o qual se apoia a comunidade e, "com ele o *homem objetivamente individual /.../*. A troca, o endividamento, surtem o mesmo efeito". O objetivo primeiro das comunidades é sua preservação, mas, como pudemos ver, seu desenvolvimento é contraditório, pois *estas formas de comunidade correspondem apenas a um*

21 *IA-I*, p. 34.

22 *Form*, p. 79.

desenvolvimento limitado das forças produtivas, "a evolução das forças produtivas as dissolve e sua dissolução é, ela própria, uma evolução das forças produtivas humanas".[23]

FEUDALISMO E TRANSIÇÃO CAPITALISTA

Nas sociedades da Idade Média, a propriedade tribal desenvolve-se nas seguintes fases: propriedade feudal da terra, propriedade mobiliária corporativa, capital manufatureiro. Surge então o capital moderno, com a concorrência universal e a grande indústria. Eis a "propriedade privada pura, que se despojou de toda aparência de comunidade e que exclui toda influência do Estado sobre o desenvolvimento da propriedade"613. Neste processo histórico se desenvolveram, portanto, as principais características que pressupõe a relação entre o trabalho e o capital: a dissolução da relação com a terra, que pressupõe uma entidade comunal para que o indivíduo utilize-a como "laboratório de suas forças e [sob] o domínio de sua vontade";[24] a dissolução das relações em que o homem é proprietário do instrumento, que pressupõe a forma de trabalho artesanal (vida urbana medieval); o homem não mais possui meios de consumo anteriores à produção; a dissolução das relações entre escravos e servos (estes que são parte direta das condições objetivas), posto que o capital se apropria do trabalho e não do trabalhador, por meio de troca, e não diretamente.

Tendo o domínio da propriedade privada iniciado com a posse fundiária, Marx fará algumas considerações sobre as relações de propriedade feudais imediatamente antecedentes às relações capitalistas. Na Idade Média, "não há o indivíduo independente; todos são dependentes: servos e senhores feudais, vassalos e suseranos, leigos e clérigos. A dependência pessoal caracteriza tanto as relações sociais da produção material, quanto as outras esferas da vida baseadas nessa produção. /.../ sejam quais forem os papéis que os homens desempenham, ao se confrontarem, as relações sociais entre as pessoas na realização de seus trabalhos revelam-se como suas próprias relações pessoais, não se dissimulando em relações entre coisas, entre produtos do trabalho".[25] A sociedade civil medieval possuía um caráter diretamente político, ou seja, os elementos da vida civil eram elevados a elementos da vida política, de modo que propriedade, família e tipos de trabalho tomaram a forma de suserania, ordem e cooperação. O caráter diretamente político da vida civil, da interação dos indivíduos, não estava separado e abstraído numa universalidade ideal, atinham-se, ao contrário, à vida empírica (por isso, na sociedade medieval, cada indivíduo era tido pelo Estado em sua situação específica na esfera da sociedade civil: servo, senhor feudal, oficial, mestre; não eram abstraídos todos como iguais).

---

23 *Form*, p. 89.

24 *Form*, p. 92.

25 *K*, p. 86.

A sólida ligação entre oficiais e aprendizes com seus mestres, que conferia sucesso à associação que era a cidade, provinha de dois fatos: "de um lado, os mestres exerciam influência direta sobre toda a vida dos oficiais; de outro lado, porque, para os oficiais que trabalhavam com o mesmo mestre, havia um vínculo real que os mantinha unidos frente aos oficiais dos outros mestres e os separavam destes",[26] a concorrência externa era um elemento que unia oficiais e mestres de determinada oficina. A influência patriarcal dos mestres sobre seus subordinados garantia a segurança e a estabilidade do domínio dos primeiros sobre os oficiais, sobre o trabalho, domínio cultivado, inclusive, por meio da oposição real existente entre oficiais de mestres diferentes.

A divisão do trabalho entre as corporações de ofício medievais e no interior das mesmas era ainda algo "inteiramente natural", "ela não se estabelecia de forma alguma entre os diferentes trabalhadores. Cada trabalhador devia estar apto a executar todo um ciclo de trabalhos e preparado para fazer tudo o que pudesse produzir com suas ferramentas".[27] Cada parte da produção do produto e suas ferramentas eram de conhecimento do trabalhador: a incipiente ligação com outras cidades e o intercâmbio limitado, a pouca densidade populacional e a carência de necessidades impediam uma divisão do trabalho mais extensa, de modo que o domínio integral do ofício era um imperativo para a execução do trabalho (e portanto para a titulação de mestre). É por este conhecimento especializado, no tocante a determinado objeto, e geral, quanto à fabricação integral do mesmo, que havia entre os artesãos medievais "um interesse por seu trabalho especial e pela habilidade em exercê-lo, que podia chegar até a um certo sentido artístico limitado. Por isso também cada artesão medieval estava completamente absorvido por seu trabalho, com o qual mantinha uma agradável relação de servidão e ao qual estava muito mais subordinado do que o trabalhador moderno, para o qual seu trabalho é indiferente".[28]

Marx observa que a relação corporativa medieval desenvolveu-se de maneira análoga em círculos restritos de Atenas e de Roma, e teve, realmente, decisiva importância na Europa para o surgimento dos capitalistas e para a formação de uma classe de trabalhadores livres. Nas cidades medievais, o trabalho do indivíduo e seu capital, que consistia nos instrumentos necessários à execução do trabalho, eram sua única propriedade. A corporação medieval "constitui forma *limitada*, inadequada ainda, da relação entre capital e trabalho assalariado. Estamos frente a uma relação entre compradores e vendedores. Há pagamento de salários e o mestre, o oficial e o aprendiz se defrontam entre si como pessoas livres". A *oficina artesanal* é a *base tecnológica* dessa relação, o fator

26 *IA-I*, p. 81.

27 *IA-I*, p. 81.

28 *IA-I*, p. 81.

decisivo da produção, isto é, o que determina aqui o resultado do trabalho é "o manejo mais ou menos habilidoso do *instrumento de trabalho*; o trabalho pessoal autônomo e, portanto, seu desenvolvimento profissional, que exige um período de aprendizagem maior ou menor". O valor de troca ou o enriquecimento não eram decisivos para o objetivo e resultado da exploração do trabalho alheio, importavam na medida em que proporcionavam uma existência de acordo com sua posição social. O mestre, e por vezes o oficial, detém a propriedade das condições de produção, ferramentas e material de trabalho, e nesta medida o produto lhe pertence. Assim, o mestre "é, em primeiro lugar, *artesão*, e se supõe que é mestre em seu ofício. Dentro do próprio processo de produção atua como artesão, do mesmo modo que seus oficiais, e inicia seus aprendizes nos segredos do ofício. Mantém com seus aprendizes exatamente a mesma relação que um professor com seus alunos. /.../ a posição hierárquica, que é suposta, se funda sobre sua própria *mestria* no ofício /.../ seu capital /.../ é um capital vinculado, que de modo algum adquiriu a forma livre do capital".[29]

O capital liberto constitui um *quantum* determinado de trabalho objetivado, é valor em geral que, quando trocado pelo trabalho vivo na finalidade de apropriar-se de trabalho excedente, *adota*, à vontade, esta ou aquela forma de condições de trabalho. O trabalho próprio ainda era algo muito marginal frente às corporações organizadas. Nas cidades que foram criadas pelo afluxo dos servos libertos, os trabalhadores não chegavam a constituir uma "força", posto que os mestres de corporação, num trabalho artesanal do tipo corporativo, os organizavam de modo a submetê-los aos seus próprios interesses. Tais interesses fundavam essas cidades que "eram verdadeiras 'associações', criadas pela necessidade imediata, pela preocupação em defender a propriedade e aptas a multiplicar os meios de produção e os meios de defesa de seus membros individuais. A plebe destas cidades encontrava-se privada de todo poder, compunha-se de indivíduos estranhos uns aos outros, que chegavam isoladamente e que não possuíam organização frente a um poder organizado, equipado para a guerra, que os vigiava zelosamente".[30] A associação pressupõe que o indivíduo proprietário associa-se para a defesa dos interesses privados de seus membros individuais, e não para a defesa da coletividade – que acaba sendo uma consequência.

No campo, o predomínio da posse de terra imperava a ponto da fertilidade da terra ser transformada num atributo do possuidor fundiário, como fica demonstrado a partir de proposições de Smith. Marx assevera que a propriedade fundiária feudal é a terra estranhada frente ao homem, na figura de alguns grandes senhores; existindo ainda sob "a aparência de uma relação mais íntima entre o possuidor e a terra do que a mera

29 *Cap VI*, p. 60-61.

30 *IA-I*, p. 79.

riqueza *coisal*. A propriedade rural individualiza-se com o senhor, ela tem seu lugar, é baronial ou condal com ele, tem seus privilégios, sua jurisdição, sua relação política, etc. Ela aparece na condição de corpo inorgânico do seu senhor. Daí o provérbio: *nenhuma terra sem senhor*, no que está expresso o modo de ser concrescente da magnificência e da posse fundiária".[31] O estranhamento do homem frente à terra ocorre sob a forma de um atrelamento que confere atributos sociais e individuais, em suma, humanos, à terra, à coisa. Mesmo não havendo a "mera riqueza coisal" que, totalmente abstraída do elemento humano que a origina, é ela mesma motor e finalidade das relações sociais, o vínculo terra-homem não esteve livre dos condicionamentos da alienação provenientes da propriedade privada. Antes da dominação da propriedade privada tornar-se absoluta, a relação política é, aparentemente, a relação predominante. Desse modo, a história familiar e da casa do senhor individualizam a propriedade fundiária, cada uma contendo costumes e relações específicas, de forma a abrigar os servos numa relação que é pessoal e comunal, antes de ser de mera exploração.

Neste sentido é que a diferença entre capital e terra, e de ambos com o salário, "entre a *indústria* e a *agricultura*, entre a propriedade privada *imóvel* e *móvel* é uma [diferença] ainda *histórica*, uma diferença não fundada na essência da coisa, uma formação *fixada* e o momento originário da oposição entre capital e trabalho. Na indústria etc., em oposição à propriedade fundiária imóvel, exprime-se apenas o modo originário e a oposição na qual a indústria se formou a partir da agricultura. Enquanto espécie *particular* de trabalho, enquanto distinção *essencial, importante, abarcando a vida*, esta diferença subsiste somente na medida em que a indústria (a vida da cidade) se forma *frente* à posse da terra (à vida aristocrática/vida feudal), e ainda conserva o caráter feudal de sua oposição mesma na forma do monopólio, das profissões, da guilda, da corporação etc., no interior de determinações nas quais o trabalho tem ainda um significado *aparentemente social*, ainda o significado de *efetiva* coletividade (*wirkliches Gemeinwesen*); ainda não progrediu à *indiferença* para com seu conteúdo, até o completo ser para si mesmo, isto é, à abstração de qualquer outro ser e, por isso mesmo, também não chegou ainda a capital liberto".[32]

O mestre somente podia converter seu dinheiro em capital em seu próprio ofício, e isto significava empregá-lo não só como meio de trabalho pessoal, mas também como meio de explorar trabalho alheio. É um capital que está ligado a determinada forma de *valor de uso*, não se defrontando, apenas por isso, como capital com seus trabalhadores. Do mesmo modo, o valor de uso – e não o valor de troca – mostra-se como objetivo final da produção quando se considera que os métodos de trabalho empregados fundam-se

31 *M44*, p. 74.

32 *M44*, p. 74.

na experiência, e, além disso, são ditados pela corporação, "são considerados necessários". Toda a empresa corporativa está organizada para que se forneça certa qualidade de trabalho, isso não depende do critério do mestre. A relação do mestre com outros mestres como membro de uma corporação baseada em certas condições comuns de produção implicava, imediatamente, em direitos políticos, participação no governo da cidade etc. Como mencionamos, o capital consistia apenas nos instrumentos de produção, na habitação etc., o dinheiro não era predominante a ponto dos instrumentos poderem ser convertidos em capital, ou seja, as condições de trabalho não eram um capital avaliável em dinheiro, podendo ser investido indiferentemente neste ou naquele ramo do trabalho; ao contrário, era um capital diretamente ligado ao trabalho determinado do possuidor e dele inseparável, era o que Marx denominou de capital corporativo.[33]

Os primórdios do capitalismo datam do século XVI (ainda que alguns prenúncios sejam vistos nos séculos XIV e XV em cidades mediterrâneas) e florescem onde a servidão[34] já estava há muito tempo abolida, e onde predominavam camponeses que dispunham do usufruto das terras comuns, costume que remontava às antigas tradições germânicas. Com as outras formas sociais antecedentes, "chegado a certo grau de desenvolvimento, esse modo de produção gera os meios materiais de seu próprio aniquilamento".[35]

No intuito, já produto do desenvolvimento burguês, de concentrar o poder real, a coroa inglesa acelerou o rompimento dos laços feudais de vassalagem e lançou proletários ao mercado de trabalho das cidades; mas este não foi o fator decisivo para o alvorecer da era capitalista. O grande senhor feudal da nova nobreza, um produto de seu tempo, tinha no dinheiro "o poder dos poderes", e foi quem usurpou as terras comuns e expulsou os camponeses das terras, os quais, ressalta Marx, "possuíam direitos sobre elas, baseados, como os do próprio senhor, nos mesmos institutos feudais".[36] As formas políticas anteriores, "a relação *particular* [que existia] entre a sua corporação e o Estado", transformam-se numa relação geral entre o indivíduo e a vida social, transformam atividade e situação civil específicas em atividade e situação gerais. O resultado dessa reorganização, a unidade do Estado e o poder político geral, "revelam-se também necessariamente como o assunto *privado* de um governante e seus servidores, separados do povo".[37]

---

33 Cf. *IA-I*, p. 72.

34 "Nunca devemos esquecer que mesmo o servo, embora sujeito ao tributo de vassalagem, era proprietário do lote vinculado à sua habitação e ainda co-proprietário das terras comuns" (*K*, p. 832). Tanto o poder do senhor feudal quanto o da coroa baseava-se no número de camponeses nos domínios (e não na magnitude das rendas).

35 *K*, p. 880.

36 *K*, p. 833.

37 *QJ*, p. 60.

O produtor torna-se livre: o mestre artesão quando se liberta da coerção das corporações e o camponês quando pode "dispor de sua pessoa", vender sua força de trabalho, quando não está mais ligado à gleba, quando não é mais escravo ou servo de outrem. "Mas, os que se emancipavam só se tornaram vendedores de si mesmos depois que lhes roubaram todos os meios de produção e os privaram de todas as garantias que as velhas instituições feudais asseguravam à sua existência"[38] – é a história da acumulação primitiva do capital, que tem como base a expropriação do produtor rural.

O caráter abrupto do processo se revela bem nos pouco mais de sessenta anos que separam os fins do século XVII, quando a classe inglesa dos camponeses proprietários (*yeomanry*) ainda era a mais numerosa e detinha a copropriedade das terras comuns, da metade do século XVIII, a qual registra o desaparecimento dos camponeses independentes e os últimos resquícios das terras comuns. Com o cercamento das terras comuns, os camponeses independentes transformaram-se em pequenos arrendatários ("gente servil, dependente do arbítrio do grande proprietário"), e mesmo esses se reduziram à condição de jornaleiros e assalariados.[39] As grandes levas de camponeses expulsos de suas terras com a expropriação não podiam, contudo, ser absorvidos pela manufatura nascente, e com isso muitos se tornaram indigentes. O desenvolvimento do capitalismo inglês, que é considerado clássico por Marx, evidencia como, em poucas décadas (entre os séculos XV e XVI) a classe trabalhadora passa sem transição de trabalhadores proprietários a trabalhadores sem propriedade,[40] por meio dos cercamentos. Opondo-se ao poder real e consternando os legisladores, que tentaram em vão através de decretos restituir a terra aos camponeses (ou até mesmo fixar o número de ovelhas por proprietário), os senhores feudais corresponderam a uma exigência do sistema capitalista: "a subordinação servil da massa popular, sua transformação em mercenários e a conversão de seu instrumental de trabalho em capital".[41]

---

38 *K*, p. 830.

39 Marx observa que na Roma antiga deu-se um processo parecido, os ricos compravam, empregando a persuasão ou a violência, os lotes dos pobres, as terras comuns. A plebe tinha sido retirada para o serviço militar e, assim, foi substituída pelos escravos para cultivar a terra senhorial. Estes perceberam o quão lucrativo era utilizá-los, pois eram isentos do serviço militar e podiam reproduzir-se livremente. A plebe em tempos de paz era totalmente condenada à inatividade, sendo dizimada pela pobreza, pelos tributos e pela guerra, quando havia.

40 Na Inglaterra, a enorme maioria da população compunha-se, no século XV, de camponeses proprietários (desde o século XIV a servidão estava extinta), "qualquer que fosse o título feudal com que se revestissem seus direitos de propriedade sobre a terra que lavravam" (*K*, p. 832).

41 *K*, p. 836. O saque às propriedades feudais da Igreja, com a Reforma, foi outro forte impulso ao violento processo de expropriação do povo: "o direito legalmente explícito dos lavradores empobrecidos a uma parte dos dízimos da Igreja foi confiscada tacitamente" (*K*, p. 837). Além disso, caindo o baluarte religioso das antigas relações de propriedade, estas se enfraqueceram fatalmente.

A acumulação primitiva de capital não ocorre isoladamente e, portanto, não conduz por si só à grande indústria. Como vimos, o capital liberto é caracterizado pelo movimento, está vinculado, assim, à propriedade móvel, ao comércio (capital mercantil e usurário). Foram as necessidades do novo mercado mundial criado pelas grandes descobertas dos fins do século XV que exigiram que se acelerasse o desenvolvimento que até então vinha sendo controlado. As duas formas de capital que a Idade Média fornecera, o capital usurário e o capital mercantil, chegaram a amadurecer em diferentes formações econômico-sociais e emergiram como capital antes do despontar da era capitalista.[42] "O descobrimento da América, a circunavegação da África, criaram um novo terreno para a burguesia ascendente. O mercado das Índias orientais e da China, a colonização da América, o intercâmbio com as colônias, a multiplicação dos meios de troca e das mercadorias em geral deram ao comércio, à navegação, à indústria, um surto nunca até então conhecido, e, com ele, um rápido desenvolvimento ao elemento revolucionário na sociedade feudal em desmoronamento. O modo de funcionamento até aí feudal ou corporativo da indústria já não chegava para a procura que crescia com novos mercados. Substituiu-a a manufatura. Os mestres de corporação foram desalojados pelo estado médio industrial; a divisão do trabalho entre as diversas corporações desapareceu ante a divisão do trabalho na própria oficina singular".[43] A história da colonização e do comércio é também violenta e de expropriação.[44]

Se anteriormente era lei limitar a produção, de modo que fosse ajustada ao total do consumo previamente existente, com a súbita expansão do comércio a produção passa a ser regulada segundo os limites do próprio capital, e a empresa corporativa é levada além de seus limites, transformando-se formalmente em empresa capitalista. Nessa simples transformação formal da oficina artesanal – "na qual o processo tecnológico a princípio ainda se mantém igual" – já está presente a relação capitalista, na qual desapareceram os laços político-sociais medievais e, junto com eles, as limitações dentre as quais ainda se movia o capital. A empresa capitalista "consiste na *supressão de todas essas limitações*, com o que também se modifica a relação de superioridade e subordinação. O mestre agora já não é capitalista por ser mestre; mas mestre, por ser capitalista. A

42 Cf. *K*, p. 867. "O capital dinheiro formado por meio da usura e do comércio era impedido de se transformar em capital industrial pelo sistema feudal no campo e pela organização corporativa na cidade" ([K], p.868); tais entraves cessam de existir com a dissolução das vassalagens, a expropriação e a expulsão parcial das populações rurais.

43 *MPC-I*.

44 "O sistema colonial fez prosperar o comércio e a navegação. As sociedades dotadas de monopólio, de que já falava Lutero, eram poderosas alavancas de concentração do capital. As colônias asseguravam mercado às manufaturas em expansão e, graças ao monopólio, uma acumulação acelerada. As riquezas apresadas fora da Europa pela pilhagem, escravização e massacre refluíam para a metrópole onde se transformavam em capital" (*K*, p. 871).

barreira interposta a sua produção já não está condicionada pela limitação a seu capital. O capital (dinheiro) pode trocar-se, à vontade, por *qualquer tipo* de trabalho e, em consequência, de condições de trabalho. O mestre pode, inclusive, deixar de ser artesão".[45]

É a grande indústria que estabelece o mercado mundial que as grandes navegações prepararam. O comércio torna-se mundial, pois "a necessidade de um escoamento sempre mais extenso para os seus produtos persegue a burguesia por todo o globo terrestre. Tem de se implantar em toda parte, instalar-se em toda parte, estabelecer contatos em toda parte".[46] É exatamente pela exploração burguesa do mercado mundial que se configura "de um modo cosmopolita a produção e o consumo de todos os países".[47] O comércio e a indústria desenvolvem-se, assim, mutuamente, "o mercado mundial deu ao comércio, à navegação, às comunicações por terra, um desenvolvimento imensurável. Este, por sua vez, reagiu sobre a extensão da indústria, e na mesma medida em que a indústria, o comércio, a navegação, os caminhos-de-ferro se estenderam, desenvolveu-se a burguesia, multiplicou os seus capitais, empurrou todas as classes transmitidas da Idade Média para segundo plano".[48] A concentração comercial e manufatureira inglesa gerou um relativo mercado mundial para os produtos ingleses (pois ela conquista colônias, incentiva a produção e o comércio), que se tornaram tão procurados a ponto de as forças produtivas não conseguirem satisfazer a procura pelos artigos. Foi esta procura internacional (e não a livre concorrência dentro do país e a mecânica teórica desenvolvida por Newton, condições que já existiam na Inglaterra) a força motriz que cria a grande indústria e com ela a utilização de forças elementares – a maquinaria e uma extensa divisão do trabalho – para fins industriais.

Com a indústria moderna e o mercado mundial, a história do homem transforma-se em história mundial, na qual cada indivíduo necessita de todos os outros na manutenção de sua existência. "As antiquíssimas indústrias nacionais foram aniquiladas, e são ainda diariamente aniquiladas. São desalojadas por novas indústrias cuja introdução se torna uma questão vital para todas as nações civilizadas, por indústrias que já não laboram matérias-primas nativas, mas matérias-primas oriundas das zonas mais afastadas, e cujos fabricos são consumidos não só no próprio país como simultaneamente em todas as partes do mundo. Para o lugar das velhas necessidades, satisfeitas por artigos do país, entram [necessidades] novas que exigem para a sua satisfação os produtos dos países e dos climas mais longínquos. Para o lugar da velha auto-suficiência e do velho

45 *CapVI*, p. 62.

46 *MPC-I*.

47 *MPC-I*.

48 *MPC-I*.

isolamento locais e nacionais, entram um intercâmbio omnilateral, uma dependência das nações umas das outras".[49]

Nos modos de produção anteriores, a transformação do produto em mercadoria desempenha papel secundário, e vai se tornando importante à medida que estas entram em dissolução. Estes "organismos de produção da sociedade antiga são bem mais simples e transparentes que os burgueses; mas, ou assentam na imaturidade do homem individual que não se libertou ainda do cordão umbilical que o prende a seus semelhantes na comunidade primitiva, ou se fundamentam nas relações diretas de domínio e servidão".[50] Condições de existência destes modos de produção são o baixo desenvolvimento das forças produtivas e, consequentemente, "relações inibidas, nas esferas da vida material, sejam entre os homens ou entre estes e a natureza".

"Vimos assim que: os meios de produção e de intercâmbio sobre cuja base se formou a burguesia foram gerados na sociedade feudal. Num certo estádio do desenvolvimento destes meios de produção e de intercâmbio, as relações em que a sociedade feudal produzia e trocava, a organização feudal da agricultura e da manufactura — numa palavra, as relações de propriedade feudais — deixaram de corresponder às forças produtivas já desenvolvidas. Tolhiam a produção, em vez de a fomentarem. Transformaram-se em outros tantos grilhões. Tinham de ser rompidas e foram rompidas. Para o seu lugar entrou a livre concorrência, com a constituição social e política a ela adequada, com a dominação econômica e política da classe burguesa".[51]

Nesse sentido, a teoria de Holbach é ainda a "ilusão filosófica historicamente justificada" do aparecimento da burguesia e sua vontade de exploração como vontade de desenvolver completamente os indivíduos nas trocas livres. Marx concorda que "esta libertação, tal como a via a *bourgeoisie*, ou seja, a concorrência, era decerto a única forma possível no século XVIII de abrir aos indivíduos a via de um desenvolvimento mais livre". A afirmação teórica dessa prática burguesa corresponde, primeiramente, à "tomada de consciência recíproca enquanto relação universal dos indivíduos entre si", mas também "um progresso audaz e manifesto, um *acentuar* sacrílego da exploração, despojada assim dos disfarces políticos, patriarcais, religiosos e sentimentais que ela tinha sob o feudalismo".[52]

---

49 Cf. *IA-I*, p. 72.

50 *K*, p. 88.

51 *MPC-I*.

52 *IA-II*, p. 260.

CAPÍTULO IV

Capital

MANUFATURA E INDÚSTRIA

Relação capitalista de produção e forças produtivas

"O processo que produz o assalariado e o capitalista tem suas raízes na sujeição do trabalhador".[1] Marx explica que a apropriação do trabalho excedente, a coerção e a relação de domínio sobre o trabalho foi um fato sempre presente na história humana,[2] assim, a produtividade do capital também consiste, primeiramente, na coerção ao trabalho excedente, porém exercida de forma mais favorável à produção.[3]

A burguesia existe apenas revolucionando permanentemente os instrumentos de produção, "portanto as relações de produção, portanto as relações sociais todas. /.../ O permanente revolucionamento da produção, o ininterrupto abalo de todas as condições sociais, a incerteza e o movimento eternos distinguem a época da burguesia de todas as outras. Todas as relações fixas e enferrujadas, com o seu cortejo de vetustas representações e intuições, são dissolvidas, todas as recém-formadas envelhecem antes de poderem ossificar-se. Tudo o que era dos estados e estável se volatiliza, tudo o que era sagrado é profanado, e os homens são por fim obrigados a encarar com olhos prosaicos a sua posição na vida, as suas ligações recíprocas".[4] O princípio da conservação inalterada do antigo modo de produção não é mais a condição primeira de existência como era em todas as anteriores classes industriais. Sob o capitalismo o princípio é o oposto.

---

1 *K*, p. 831.

2 "É sabido o grande papel desempenhado na verdadeira história pela conquista, pela escravização, pela rapina e pelo assassinato, em suma, pela violência." (*K*, p. 829)

3 Cf. *Cap VI*, p. 85.

4 *MPC-I*.

A forma com que a extração do trabalho excedente se processa é distinta nos diversos casos históricos: "Quando a relação de superioridade e de subordinação substitui a escravidão, a servidão e a vassalagem, formas patriarcais etc., de subordinação, apenas se opera uma *transformação em sua forma*. A forma *torna-se mais livre* porque é agora de natureza simplesmente *material*, formalmente voluntária, *puramente econômica*".[5] Esta forma econômico-material liberta expande-se até que todo o "conjunto de condições de existência, inclinações e limitações individuais (..) [é] fundido em duas formas mais simples: propriedade privada e trabalho",[6] situação inaugurada com a grande indústria e a concorrência universal. O que fez a revolução política na transição medievo-capitalista foi eliminar o caráter político da sociedade civil: "Dissolveu a sociedade civil nos seus elementos simples, de um lado, os indivíduos, do outro, os elementos materiais e culturais que formam o conteúdo vital, a situação civil destes indivíduos".[7]

A esse respeito, Marx afirma que "a burguesia desempenhou na história um papel altamente revolucionário. A burguesia, lá onde chegou à dominação, destruiu todas as relações feudais, patriarcais, idílicas. Rasgou sem misericórdia todos os variegados laços feudais que prendiam o homem aos seus superiores naturais e não deixou outro laço entre homem e homem que não o do interesse nu, o do insensível 'pagamento à vista'. Afogou o frêmito sagrado da exaltação pia, do entusiasmo cavalheiresco, da melancolia pequeno-burguesa, na água gelada do cálculo egoísta. Resolveu a dignidade pessoal no valor de troca, e no lugar das inúmeras liberdades bem adquiridas e certificadas pôs a liberdade única, sem escrúpulos, de comércio. Numa palavra, no lugar da exploração encoberta com ilusões políticas e religiosas, pôs a exploração seca, direta, despudorada, aberta".[8] Na gênese do processo capitalista é retirada do trabalhador a propriedade sobre seus meios de trabalho, convertem-se em capital os meios sociais de subsistência e produção, e os produtores diretos transformam-se em assalariados, "a burguesia despiu da sua aparência sagrada todas as atividades até aqui veneráveis e consideradas com pia reverência. Transformou o médico, o jurista, o padre, o poeta, o homem de ciência em trabalhadores assalariados pagos por ela".[9]

Mas o dinheiro e a mercadoria não são capital em si mesmos, transformam-se em capital no processo de produção capitalista. Assim: o dinheiro se transforma em capital, o capital produz mais-valia e a mais-valia produz mais capital; de tal forma que a acumulação do capital pressupõe a mais-valia e esta a produção capitalista, que por sua

5 *Cap. VI*, p. 59. "O progresso constituiu numa metamorfose dessa sujeição [do trabalhador], na transformação da exploração feudal em exploração capitalista." (*K*, p. 831)

6 *IA-I*, p. 102-103.

7 *QJ*, p. 61.

8 *MPC-I*.

9 *MPC-I*.

vez pressupõe grande quantidade de capital e força de trabalho concentrados. O início deste processo, portanto, só pode ser conhecido se admitida uma acumulação anterior (por conseguinte, não decorrente dela) à acumulação capitalista, uma acumulação primitiva. No caso clássico da Inglaterra, o desenvolvimento da manufatura de lã e a consequente elevação dos preços impulsionou a violenta expropriação dos camponeses, que por sua vez gerou uma ainda maior intensificação da produção.

Essa acumulação, que é "apenas o processo histórico que dissocia o trabalhador dos meios de produção",[10] surge necessariamente acompanhada de outros fatores, pois, "para que surja a relação capitalista em geral, são pressupostos um nível histórico e uma forma de produção social determinados. É mister que se tenham desenvolvido, no interior do modo de produção precedente, meios de circulação e de produção, assim como necessidades, que impulsionem no sentido de superar as antigas relações de produção e de transformá-las em relação capitalista".[11] A forma de circulação que lhe é específica e necessária, o comércio, se é pré-condição da relação capitalista passa a ramo da produção (precisamente como forma de mediação monetária – quando o dinheiro já não é apenas dinheiro, mas capital), quando esta se desenvolve plenamente, na indústria.

Com o desenvolvimento da grande indústria, baseada na maquinaria e na ciência, há uma transformação de todas as relações sociais entre os indivíduos no mundo inteiro. "A burguesia, pelo rápido melhoramento de todos os instrumentos de produção, pelas comunicações infinitamente facilitadas, arrasta todas as nações, mesmo as mais bárbaras, para a civilização. Os preços baratos das suas mercadorias são a artilharia pesada com que deita por terra todas as muralhas da China, com que força à capitulação o mais obstinado ódio dos bárbaros ao estrangeiro. Compele todas as nações a apropriarem o modo de produção da burguesia, se não quiserem arruinar-se; compele-as a introduzirem no seu seio a chamada civilização, isto é, a tornarem-se burguesas. Numa palavra, ela cria para si um mundo à sua própria imagem".[12]

Subsunção formal - manufaturas

A divisão do trabalho na manufatura, como método especial de expandir o valor do capital, "é forma específica do modo de produção capitalista".[13] A produção da mais-valia relativa pressupõe, portanto, diz Marx, "um modo de produção especificamente capitalista, que, com seus métodos, meios e condições, surge e se desenvolve, de início, na base da subordinação formal do trabalho ao capital. No curso

10 *K*, p. 830.

11 *Cap VI*, p. 94.

12 *MPC-I*.

13 *K*, p. 415. Marx lembra que ele foi o primeiro a evidenciar este ponto, em *Miséria da Filosofia*.

desse desenvolvimento, essa subordinação formal é substituída pela sujeição real do trabalho ao capital".[14]

A cooperação baseada na divisão do trabalho (a manufatura) é inicialmente criação natural, espontânea; quando adquire uma base ampla, torna-se, todavia, forma consciente, metódica e sistemática do modo de produção capitalista. "A *mercadoria*, com efeito, como forma necessária do produto /.../ supõe uma *divisão do trabalho social* plenamente desenvolvida".[15] Do ponto de vista da divisão manufatureira do trabalho, diz Marx, "o ofício de tecer não é simples, mas ao contrário, um trabalho manual complicado. Em conseqüência, o tear mecânico é uma máquina que executa múltiplas operações. É falsa a idéia de as máquinas se terem apoderado inicialmente das operações que a divisão manufatureira do trabalho tinha simplificado. A fiação e a tecelagem foram diversificadas em novas espécies, no período manufatureiro, e suas ferramentas aperfeiçoadas e diferenciadas, mas o processo de trabalho não foi dividido, mantendo seu caráter artesanal".[16] Na divisão do trabalho da manufatura, o objeto de trabalho percorre os diversos processos parciais, os quais não se fragmentam e estão em conexão.

Um fundamento geral de qualquer produção de mercadorias, afirma Marx, é a relação existente entre a divisão do trabalho no interior da oficina e na sociedade. A divisão da produção social em grandes ramos e a divisão individualizada, singularizada do trabalho, partem, como a manufatura, de pontos opostos: a divisão do trabalho na manufatura só se desenvolve após certo grau de desenvolvimento da divisão do trabalho na sociedade. Antes de tudo, a densidade populacional é condição material para a divisão do trabalho na sociedade e na manufatura, na qual o trabalho necessita de um certo número de trabalhadores empregados ao mesmo tempo. A divisão do trabalho manufatureiro reage, por sua vez, multiplicando e desenvolvendo a divisão social do trabalho.

Existem algumas diferenças importantes entre a divisão do trabalho na manufatura e a divisão do trabalho na sociedade, aponta Marx. Primeiramente, a divisão social do trabalho é inerente às mais diversas formações econômicas sociais, enquanto a divisão manufatureira é criação específica do modo de produção capitalista. O que estabelece a conexão entre os trabalhos na sociedade é o fato dos produtos serem mercadorias, mas o que caracteriza a divisão manufatureira é que *o trabalhador parcial não produz nenhuma mercadoria* – apenas o trabalhador coletivo. "Em todo ofício de que se apossa, a manufatura cria uma classe de trabalhadores sem qualquer destreza especial".[17] A divisão na sociedade se processa pela compra e venda de produtos e

---

14 *K*, p. 585.

15 *CapVI*, p. 99.

16 *K*, p. 431-432.

17 "/.../ os quais o artesanato punha totalmente de lado" (*K*, p. 401).

pela dispersão dos meios de produção entre produtores de mercadorias independentes entre si; na manufatura se processa pela venda de diferentes forças de trabalho ao mesmo capitalista, que possui concentrados em suas mãos os meios de produção. Enquanto na manufatura impera a lei da proporcionalidade determinando quantidade certa de trabalhadores para cada função, na sociedade o "acaso e o arbítrio" distribuem produtores de mercadorias com seus meios de produção nos diferentes ramos de trabalho social.

A dinâmica da antítese entre cidade e campo pode resumir, segundo Marx, toda a história econômica, sendo o fundamento de toda divisão do trabalho processada pela troca de mercadorias.[18] Principal consequência imediata da divisão do trabalho entre as cidades, aliada a uma elevada concentração da população e do capital e seu monopólio, a manufatura caracterizava-se por conter ramos da produção que não estavam sob o comando do sistema corporativo – fato que modificou as relações de propriedade – pois a manufatura não se desenvolve inicialmente na cidade, mas no campo.[19]

Investigando a constituição do capitalismo inglês, Marx observa que a classe de assalariados surgida no século XIV era ainda pequena, mantendo-se assim ainda no século seguinte. A sua posição estava protegida pela economia camponesa independente no campo e pela organização corporativa na cidade; tanto em um quanto noutra, "patrões e trabalhadores estavam próximos socialmente. A subordinação do capital ao trabalho era apenas formal, isto é, o próprio modo de produção não possuía ainda caráter especificamente capitalista".[20] Em outros termos, a parte variável do capital era largamente predominante sobre a parte constante.

A partir de um momento, os fusos e teares, os trabalhadores e a matéria-prima que estavam antes espalhados pelos campos, reuniram-se em algumas grandes casas de trabalho. E assim, "os fusos, os teares e as matérias-primas se transformam em meios de existência independentes de fiandeiros e tecelões, em meios de comandá-los e de extrair deles trabalho não pago".[21] Na simples concentração dos meios de trabalho sob o comando de um capitalista, já se registra "a perda da *autonomia* anterior existente no processo de produção; a relação de superioridade e de subordinação é, ela mesma, produto da implantação do modo capitalista de produção. Por último, a relação entre capitalista e assalariado pode substituir a que existe entre o *mestre gremial* e seus *oficiais* e *aprendizes*, transição pela qual, em parte, a manufatura urbana passa em suas origens".[22]

18 Cf. *K*, p. 404.

19 Cf. *IA-I*, p. 85.

20 *K*, p. 855.

21 Cf. *K*, p. 864.

22 *Cap VI*, p. 60.

Ao mesmo tempo, os meios de subsistência e matérias-primas transformam-se em mercadorias, as quais o arrendatário vende no mercado gerado pelas manufaturas. Não é visível à primeira vista, nota Marx, que as grandes manufaturas e os grandes arrendamentos são apenas uma soma de numerosos pequenos centros de produção que foram formados pela expropriação de muitos produtores pequenos e independentes. A divisão do trabalho que se estabelece na manufatura "é uma espécie particular de cooperação, e muitas de suas vantagens decorrem não da forma particular, mas da natureza geral da cooperação".[23]

Com o desenvolvimento da divisão do trabalho, a divisão da produção entre as cidades também se desenvolve e, aos poucos, as cidades saem do isolamento e da limitação locais, e as condições de vida dos diferentes burgueses transformam-se em condições comuns a todos os indivíduos burgueses (os mesmos interesses, os mesmos costumes), mas independentes de cada um. Os burgueses definiram-se enquanto tal por oposição às relações sociais existentes e ao seu tipo de trabalho, ou seja, "criaram essas condições na medida em que se destacavam da associação feudal, e foram criados por essas condições na medida em que estavam determinados por sua oposição à feudalidade existente".[24]

Diferentemente do sistema feudal, "cuja limitação da produção era lei, regulando ao total do consumo previamente existente"; no capital a produção é ajustada segundo os limites do próprio capital. Ou seja, "na relação capitalista desaparecem essas limitações junto aos laços políticos-sociais, dentro das quais ainda se move o capital, e onde, por conseguinte, ainda não surge como *capital*. A simples transformação formal da oficina artesanal em empresa capitalista – na qual o processo tecnológico a princípio ainda se mantém igual – consiste na *supressão de todas essas limitações*, com o que também se modifica a relação de superioridade e subordinação. O mestre agora já não é capitalista por ser mestre; mas mestre, por ser capitalista. A barreira interposta a sua produção já não está condicionada pela limitação a seu capital. O capital (dinheiro) pode trocar-se, à vontade, por *qualquer tipo* de trabalho e, em consequência, de condições de trabalho. O mestre pode, inclusive, deixar de ser artesão. Com a súbita expansão do comércio, a empresa corporativa, levada além de seus limites, teve que se transformar formalmente em empresa capitalista".[25] As relações entre trabalhador e empregador mudam, substituídas por relações monetárias, "relações que permaneceram com vestígios de patriarcalismo no campo e nas pequenas cidades, mas que logo perderam quase todo o matiz patriarcal nas cidades maiores, verdadeiramente manufatureiras".[26] As relações vão se tornando

23 *K*, p. 389.

24 *IA*, p. 83.

25 *Cap VI*, p. 62.

26 *IA-I*, p. 88.

progressivamente mais impessoais, desaparecendo esse traço da proteção patriarcal que distinguia as relações no campo e na cidade feudais. O que era uma relação que envolvia o conteúdo da atividade, determinados objetos, meios de produção e subsistência, torna-se apenas dinheiro.

O comércio foi desde o início do sistema capitalista, e continua sendo, o grande impulso à produção.[27] A extensão do comércio inicia, em certo momento, a ter significação política, as nações passam a promover lutas comerciais (guerras, tarifas, protecionismo etc.). Os novos produtos importados, "principalmente as massas de ouro e prata que entraram em circulação, transformaram totalmente a situação das classes sociais e desfecharam um rude golpe na propriedade feudal e nos trabalhadores";[28] ou seja, o grupo de indivíduos que comercializavam, que até então era marginal, ascende à primeira classe. Na medida em que os comerciantes ampliam seu capital pela produção nas manufaturas e pela abertura de mercados, a indústria evolui rapidamente, com alguns comerciantes e proprietários de terra transformados nos industriais modernos.

A manufatura exigiu um prolongamento inédito da jornada de trabalho, o que por si só representa uma intensificação na utilização da força de trabalho. Por não terem ainda se desenvolvido os mecanismos automáticos, na manufatura "cada operação parcial tem de ser executável manualmente pelos operários, trabalhando isolados ou em grupos, com suas ferramentas. Se o trabalhador foi incorporado ao processo, este foi ajustado ao trabalhador".[29] Os trabalhos dos operários na oficina mecânica ou manufatura (que concentra em si todas ou quase todas as etapas de produção de uma mercadoria) não são qualitativamente diversos, apenas quantitativamente se distingue o trabalho de um homem do de outro. Marx repete que "o traço distintivo da manufatura era, mais exatamente, a reunião de muitos trabalhadores e de muitos ofícios em um só lugar, em um mesmo local, sob o mando de um capital, e não a fragmentação do trabalho e a adaptação dos operários a operações muito simples".[30] Reunidos os instrumentos e os homens no mesmo lugar, a divisão do trabalho do regime gremial desdobrava-se necessariamente na oficina. Assim, as manufaturas urbanas surgem das antigas agremiações,

---

27 A concentração comercial e manufatureira inglesa gerou um "relativo" mercado mundial para os produtos ingleses (pois ela conquista colônias, incentiva a produção e o comércio), que se tornaram tão procurados a ponto de as forças produtivas não conseguirem satisfazer a procura pelos artigos – esta procura internacional foi fundamental para o avanço das forças produtivas. Enquanto no século XIX a supremacia industrial levou à supremacia comercial, no período manufatureiro ocorrera o contrário, e assim o sistema colonial desempenhava um papel central.

28 *IA-I*, p. 88.

29 *K*, p. 433.

30 *MF*, p. 130.

pois "a acumulação e a concentração dos instrumentos e dos trabalhadores precedeu ao desenvolvimento da divisão do trabalho no seio da oficina"; mas, quando isso ocorre, quem se transforma em chefe da oficina moderna é o comerciante e não o mestre – houve uma intensa disputa entre a manufatura e os ofícios dos artesãos.

Uma vez vendida ao capital, a força de trabalho "só opera dentro de uma conexão que só existe depois da venda, no interior da oficina do capitalista".[31] As relações de produção que se estabelecem na manufatura formam-se a partir da reunião de muitos trabalhadores que fazem o mesmo tipo de trabalho especializado (por exemplo, produzem papel). Num primeiro momento não há ainda o trabalhador parcial, cada artífice leva a cabo sua função por completo; mas "circunstâncias externas logo levam o capitalista a utilizar de maneira diferente a concentração dos trabalhos no mesmo local e a simultaneidade de seus trabalhos".[32] Essa redistribuição do trabalho cristaliza-se progressivamente numa "divisão sistemática do trabalho", levando cada artífice a realizar sem cessar "a mesma e única tarefa parcial".

Em relação à divisão do trabalho na manufatura, Marx mostra que as diferentes fases do processo de produção coincidiram com a decomposição da atividade do artesão em suas diversas operações. Com isso, "não só o trabalho é dividido e suas diferentes frações distribuídas entre os indivíduos, mas o próprio indivíduo é mutilado e transformado no aparelho automático de um trabalho parcial".[33] O ofício continua sendo a base, a operação simples ou complexa ainda é manual, "dependendo portanto da força, da habilidade, rapidez e segurança do trabalhador individual, ao manejar seu instrumento".[34] Ainda que parcial, continua sendo decisiva sua colaboração no processo como trabalhador-artífice. "E justamente por continuar sendo a habilidade profissional do artesão o fundamento do processo de produção, que o trabalhador é absorvido por uma função parcial e sua força de trabalho é para sempre um órgão dessa função parcial".[35] Para ajustar as operações parciais às diversas forças presentes no órgão *vivo de trabalho*, cada trabalhador parcial deveria exercer com habilidade sua função, ainda bastante atrelada à "natureza semi-artística de suas ocupações". Esta era uma categoria de trabalhadores que tinha de ter um aprendizado prévio, e, assim, requeria um certo tempo para crescer.

A manufatura possui um incontestável caráter capitalista que surge somente, tal como a cooperação simples, da reunião de um certo número de trabalhadores sob o

31 *K*, p. 412-413.

32 *K*, p. 388.

33 *K*, p. 412-413.

34 *K*, p. 389.

35 *K*, p. 389.

mesmo comando. Contudo, a cooperação não modifica o modo de trabalhar do indivíduo, a manufatura o revoluciona ao apoderar-se "da força individual de trabalho em suas raízes". Nesse processo, ela deforma completamente o trabalhador, leva-o a desenvolver *artificialmente* "uma habilidade parcial, à custa da repressão de um mundo de instintos e capacidades produtivas".[36] Desse modo, na manufatura, "o enriquecimento do trabalhador coletivo e, por isso, do capital, em forças produtivas sociais, realiza-se às custas do empobrecimento do trabalhador em forças produtivas individuais",[37] fazendo com que uma operação torne-se "profissão eterna de um ser humano".[38] Portanto, ao mesmo tempo em que segue a tendência histórica da especialização natural dos ofícios, a manufatura "produz realmente a virtuosidade do trabalhador mutilado". No período manufatureiro é criada, pela primeira vez, a base para as patologias industriais.

A "continuidade, uniformidade, regularidade, ordenamento e notadamente a intensidade de trabalho"[39] são atingidas mediante o pressuposto consciente (que se torna uma "lei técnica") de se alcançar determinado resultado num determinado tempo (o menor possível), o que faz com que o tempo seja aproveitado completamente, e a simultaneidade dos trabalhos – os quais dependem uns dos outros – aconteça. Novamente, salienta Marx, isso não vem da cooperação simples (nem do ofício independente), mas da produção de mercadorias, que coagida pela norma externa da concorrência não pode ultrapassar o tempo socialmente necessário para que sejam vendidas ao preço de mercado. A manufatura estabelece uma hierarquia nas forças de trabalho segundo as funções simples ou complexas, superiores e inferiores, graus de formação dos trabalhadores; as diferentes tarefas são então adaptadas às habilidades naturais (previamente selecionadas pelo empregador) e às adquiridas.[40] Existe uma proporcionalidade orgânica no interior do processo, de modo que a quantidade de cada setor ou grupo de trabalhadores parciais mantém um equilíbrio.

Essa situação de exploração intensiva do trabalho era inaudita, por isso é possível entender porque, historicamente, a criação das manufaturas conviveu com a indisciplina dos trabalhadores. Estes, advindos das massas de camponeses que chegaram às cidades após serem expulsos do campos, desencadeiam as ondas de vagabundagem nos séculos XV e XVI.

Mas o período manufatureiro não chega a realizar uma transformação radical. Somente com a intensificação da produção manufatureira surgem as condições propícias a um modo de produção especificamente capitalista, cuja principal categoria

36 *K*, p. 412-413.

37 *K*, p. 414.

38 *K*, p. 390. Da mesma forma que as profissões são ossificadas porque o indivíduo tende a variar dentro da produção num sistema de castas.

39 *K*, p. 396.

40 Cf. *K*, p. 401.

econômica – relação social de produção – é a indústria moderna, baseada nas forças produtivas das máquinas.

Subsunção real - indústria e maquinaria

A indústria moderna tem lugar quando as máquinas são introduzidas de forma cada vez mais disseminada pelos ramos produtivos. O trabalho que utilizava uma máquina, a manufatura da tecelagem, foi o que se mostrou logo o mais capaz de se desenvolver. Somente a maquinaria "proporciona a base sólida da agricultura capitalista, expropria radicalmente a imensa maioria dos habitantes do campo e consuma a dissociação entre agricultura e indústria doméstica rural cujas raízes, a fiação e a tecelagem, são extirpadas. Por isso, só ela consegue se apoderar do mercado interno por inteiro para o capital industrial".[41] É na indústria moderna, portanto, que se estabelece de fato e se consuma o domínio das máquinas.

A aplicação técnica da mecânica, da química, da ciência em geral, passa a ser fator fundamental na concatenação geral dos elos da divisão do trabalho, que deve levar em conta o processo por inteiro, examinado-o "objetivamente em si mesmo, em suas fases componentes e o problema de levar a cabo cada um dos processos parciais e de entrelaçá-los".[42] Já plenamente formada no século XVIII, a ciência mecânica vem suprir a necessidade de máquinas para satisfazer a procura do mercado inglês. A produção mecanizada elimina a necessidade da manufatura de fixar um trabalhador a uma função, já que a base técnica (a virtuosidade do trabalhador no manejo da ferramenta agora transferida à máquina) em que se fundamentava a divisão manufatureira do trabalho desaparecera.

A grande indústria estabeleceu-se com a concorrência, o mercado mundial e os meios de comunicação, forçando o rompimento das relações naturais anteriores. O desenvolvimento do sistema monetário, a concorrência universal, a subsunção do comércio à produção e a transformação de todo o capital em capital industrial "tornou cada nação civilizada e cada indivíduo membro dela dependentes do mundo inteiro para a satisfação de suas necessidades".[43] Esse desenvolvimento dos indivíduos ocorre limitado e possibilitado pelas mesmas condições materiais de existência pelas quais os

41 *K*, p. 866.

42 *K*, p. 433.

43 Apesar da tentativa de introduzir a grande indústria protegida por tributos e tarifas, "a grande indústria universalizou a concorrência (ela é a liberdade prática de comércio e o tributo protecionista não passa de paliativo, de arma defensiva na liberdade de comércio); estabeleceu os meios de comunicação e o mercado mundial moderno, submeteu a si o comércio, transformou todo o capital em capital industrial e engendrou, com isso, a rápida circulação (o desenvolvimento do sistema monetário) e a centralização dos capitais". (*IA-I*, p. 94)

indivíduos tinham anteriormente seu desenvolvimento restringido; a diferença está em que a grande indústria e a concorrência, em suma, as formas evoluídas do capital nascido naturalmente trazem a primeiro plano na história do homem o que até então se ocultava sob relações, isto é, a oposição entre a propriedade privada e o trabalho. As transformações advindas daí obrigaram "todos os indivíduos ao mais intenso emprego de suas energias".[44]

A máquina, alerta Marx, não é um instrumento de desenvolvimento do indivíduo, como poderia se pensar, até porque ela realiza funções do indivíduo, podendo deixá-lo livre para se desenvolver. Ao ser erroneamente encarada como síntese do trabalho fragmentado, a máquina é vista como instrumento de unidade do trabalho e, portanto, do desenvolvimento mais universal do trabalho do indivíduo; ou seja, deixa de se perceber que é justamente pela parcialização do trabalho do indivíduo que surge a máquina, que o faz ser ainda mais parcial – ela não faz mais que aprofundar, de forma qualitativamente diversa, a subsunção do trabalhador a uma função parcial que já havia se desenvolvido na manufatura.

A máquina pode até ser uma síntese, no sentido das diversas funções parciais que reúne, diz Marx, mas é síntese só na medida em que divide, criando novas máquinas produtos dessa divisão do trabalho; assim sendo, a concentração dos instrumentos de produção e a divisão do trabalho não são antagônicos.[45] "O operário não via no emprego das máquinas uma espécie de reabilitação, de *restauração*, como diz o Sr. Proudhon. Ao contrário. Tanto que no século XVIII opôs resistência durante largo tempo ao uso nascente dos mecanismos automáticos".[46] E isso porque, "em resumo: a introdução das máquinas acentuou a divisão do trabalho no seio da sociedade, simplificou a tarefa do operário no interior da oficina, aumentou a concentração do capital e desarticulou ainda mais o homem".[47]

O instrumento de trabalho é o ponto de partida para a máquina, não o trabalho (diferentemente, portanto, da manufatura): só existe mudança de forma quando sobrevém uma revolução nos instrumentos do trabalho,[48] e são imediatas as consequências da produção mecanizada sobre o trabalhador. No período manufatureiro os trabalhadores

44 *IA-I*, p. 101.

45 Como sugere Proudhon quando diz que a máquina é expressão dessa concentração dos instrumentos de produção. Proudhon confunde forças produtivas e categorias econômicas, para ele as máquinas são uma "síntese do trabalho fragmentado", enquanto a fábrica moderna é a própria força produtiva. Ao contrário, as máquinas representam "um conjunto de instrumentos de trabalho e não uma combinação de trabalhos para o próprio operário". (*MF*, p. 131)

46 *MF*, p. 113.

47 *MF*, p. 134.

48 *K*, p. 417.

ainda podiam ser indisciplinados, pois, sendo a habilidade do trabalhador o fundamento, o mecanismo coletivo que operava na manufatura não tinha nenhuma *estrutura material independente* dos trabalhadores, de modo que "lutava o capital constantemente contra a insubordinação do trabalhador".[49] Desse modo, a indústria moderna "ficou manietada em todo seu desenvolvimento, enquanto seu instrumento de produção característico, a própria máquina, devia sua existência à força e habilidade pessoais, dependendo da força muscular, da penetração da vista e da virtuosidade manual com que conduziam seus fracos instrumentos o trabalhador parcial na manufatura e o artesão independente fora dela". Além de encarecer a máquina, a expansão da indústria pelo processo manufatureiro ficou ainda na "dependência exclusiva de uma categoria de trabalhadores que só podia aumentar lentamente, devido à natureza semi-artística de suas ocupações".[50]

Não foram os trabalhadores parciais desenvolvidos na manufatura os que contribuíram fundamentalmente para a invenção das máquinas, posto que "a continuidade do trabalho uniforme destrói o impulso e a expansão das forças anímicas que se recuperam e se estimulam com a mudança de atividade",[51] mas os sábios, artífices e camponeses ainda não tornados membros parciais do órgão de trabalho coletivo. Se na manufatura os trabalhadores são membros de um mecanismo vivo, na fábrica eles são o complemento vivo de um mecanismo morto existente independente deles: "na produção mecanizada desaparece esse princípio subjetivo da divisão do trabalho".[52] Marx utiliza a expressão *material humano* designando a coisificação e anulação humana do trabalhador que serve ao capital que agora se realiza através das máquinas, trabalho objetivado sugando o trabalho vivo.

Diferente da manufatura, a produção mecanizada não necessita mais fixar um trabalhador a uma função: a base técnica apoiada na virtuosidade do trabalhador no manejo da ferramenta e na qual se fundamentava a divisão manufatureira do trabalho desaparece, é transferida à máquina. Na divisão do trabalho industrial, o trabalhador serve a uma máquina parcial, "assim, não só se reduzem os custos necessários para reproduzi-lo, mas também se torna completa sua desamparada dependência da fábrica como um todo, e, portanto, do capitalista". Como o artesão, na manufatura os trabalhadores utilizam o instrumento, tornando-se "membros de um mecanismo vivo", na fábrica, ao contrário, o trabalhador "serve à máquina", sendo o complemento vivo de um mecanismo morto existente independente deles. "O trabalho dos proletários perdeu, com a extensão da maquinaria e a divisão do trabalho, todo o caráter autônomo

49 *K*, p. 421.

50 *K*, p. 436.

51 *K*, p. 391. "A. Smith confunde a diferenciação das ferramentas, na qual houve ativa participação do trabalhador parcial da manufatura, com a invenção das máquinas". (*K*, p. 400)

52 *K*, p. 433.

e, portanto, todos os atrativos para os operários. Ele torna-se um mero acessório da máquina ao qual se exige apenas o manejo mais simples, mais monótono, mais fácil de aprender".[53] Enquanto membro de um mecanismo vivo que é seu próprio trabalho objetivado (ou morto), o trabalhador da fábrica realiza um trabalho que "exaure os nervos ao extremo, suprime o jogo variado dos músculos e confisca toda a atividade livre (...), física e espiritual. Até as medidas destinadas a facilitar o trabalho se tornam meio de tortura, pois a máquina em vez de libertar o trabalhador do trabalho, despoja o trabalho de todo interesse".[54]

Como elemento do capital constante, a máquina não cria valor, mas transfere seu próprio valor ao produto, e é mais produtiva quanto menos valor transfere. Mas, "quanto maior a força produtiva das máquinas em relação aos instrumentos manuais, tanto maior o serviço gratuito que prestam em comparação com o que se obtém desses instrumentos. Só com a indústria moderna aprende o homem a fazer o produto de seu trabalho passado, o trabalho já materializado, operar em grande escala, gratuitamente, como se fosse uma força natural".[55]

A quantidade de mais-valia é determinada pela taxa de mais-valia[56] e pelo número de trabalhadores empregados; sua ampliação (do trabalho excedente sobre o necessário) só é possível se diminuído o número de trabalhadores ocupados por certo montante de capital, ou seja, se a parte constante do capital aumenta em relação à variável. Existe, portanto, "uma contradição imanente na aplicação da maquinaria para produzir mais-valia", pois a taxa de mais-valia só aumenta se diminui (o fator decisivo para que isto aconteça) o número de trabalhadores. Essa contradição fica evidente quando o valor da mercadoria produzida à máquina num ramo da produção determina o valor de todas as mercadorias da mesma espécie.

Assim como no período manufatureiro, com a indústria o aumento da jornada foi uma exigência das novas relações de produção, intensificando de maneira inédita as forças humanas; "o capital levou séculos, antes de surgir a indústria moderna, para prolongar a jornada de trabalho até seu limite máximo normal e, ultrapassando-o, até o limite do dia natural de 12 horas".[57] O tempo de trabalho "depende, em parte, de causas puramente materiais, como a constituição física, a idade, o sexo; em parte, de causas morais, puramente negativas, como a paciência, a impassibilidade, a assiduidade. Por último, se persiste uma diferença qualitativa no trabalho dos operários é, quando

53 *MPC-I*.

54 *K*, p. 483.

55 *K*, p. 442.

56 A relação existente entre a mais-valia e o capital variável (trabalho materilizado), ou trabalho excedente e trabalho necessário (trabalho operante) determina a taxa de mais-valia. (*K*, p. 243)

57 *K*, p. 315.

muito, uma qualidade da pior espécie, que está longe de ser uma particularidade distintiva. Tal é, em última análise, o estado de coisas na indústria moderna".[58] Determinados atributos humanos – como características físicas e qualidades morais – foram, desde o início do sistema capitalista, nas manufaturas, isolados para servirem apenas para a reprodução do capital.

O instrumental (antes sob o controle do trabalhador) torna-se animado por um movimento perpétuo e depende "apenas" de seus "auxiliares humanos" para que produza sem parar – são, portanto, estes que delimitam a duração do trabalho, dadas suas debilidades. Ampliando a jornada, a parte despendida em maquinaria e construções permanece inalterável, ampliando ao mesmo tempo a escala de produção. Esse fator é ainda mais decisivo na indústria moderna, pois o capital que se transforma em instrumental de trabalho (o capital constante) é mais preponderante: "O desenvolvimento da produção mecanizada dá a uma parte cada vez maior do capital uma forma em que ele pode continuamente expandir seu valor e, ao mesmo tempo, perde seu valor-de-uso e valor-de-troca, logo que se interrompe seu contato com o trabalho vivo". Com isso, "a máquina produz mais-valia relativa diretamente, ao depreciar a força de trabalho e indiretamente ao baratear as mercadorias que entram na reprodução dessa força".[59] No período de transição em que a produção capitalista assume aspecto de monopólio, a jornada é prolongada ao máximo e os lucros são altíssimos.

Marx nos mostra, analisando a legislação fabril, a luta dos trabalhadores pela diminuição da jornada de trabalho, assim como a constante colaboração do Estado em favor do capital. Nesse ínterim, foi estrategicamente fundamental ao capital, a partir de um momento, a proibição de prolongamento da jornada, pois incentivou a introdução cada vez mais massiva das máquinas e mecanismos automáticos de todo tipo, que expulsou milhares de trabalhadores de seus postos ou diminuiu drasticamente a jornada dos trabalhadores e, consequentemente, o salário. "Não existe a menor dúvida que a tendência do capital, com a proibição legal definitiva de prolongar a jornada de trabalho é de compensar-se com a elevação sistemática do grau de intensidade do trabalho e de converter todo aperfeiçoamento da maquinaria em meio para absorver maior quantidade de força de trabalho".[60] A redução do tempo de trabalho cria, por outro lado, "a condição subjetiva para intensificar o trabalho", levando o trabalhador a empregar mais força num tempo dado, e também cria a condição objetiva para o capital extrair mais trabalho no mesmo tempo, aperfeiçoando as máquinas para "exercer maior pressão sobre o trabalhador", aumentando a velocidade da máquina e ampliando a maquinaria

58 *MF*, p. 53.

59 *K*, p. 463.

60 *K*, p. 476.

a ser vigiada pelo trabalhador.[61] Tal desenvolvimento era imanente à exploração capitalista desde a manufatura.

É uma contradição, afirma Marx, que a máquina, o meio mais poderoso de encurtar o tempo de trabalho, torne-se "o meio mais infalível de transformar todo o tempo de vida do trabalhador e de sua família em tempo de trabalho de que se pode lançar mão o capital para expandir seu valor".[62] O capital induz o trabalhador à maior eficácia e dispêndio de força de trabalho: pelo método de retribuição – trabalho por tarefa ou por peça – "aumenta extraordinariamente a regularidade, a uniformidade, a ordem, a continuidade e a energia do trabalho",[63] cobrando maior afinco dos trabalhadores e economia de seu tempo. A conservação do capital constante depende de que o trabalho seja consumido produtivamente, qualquer desperdício faz com que a parte do trabalho objetivado no produto seja maior do que o socialmente necessário. Se em parte isso depende dos próprios operários, depende também, por outra parte, da vigilância atenta do capitalista, que exige um trabalho ordenado, com finalidade definida, sem interrupção e realizado dentro do prazo. Na indústria moderna, "massas de operários, comprimidos na fábrica, são organizadas como soldados. São colocadas, como soldados rasos da indústria, sob a vigilância de uma hierarquia completa de oficiais subalternos e oficiais. Não são apenas servos da classe burguesa, do Estado burguês; dia a dia, hora a hora, são feitos servos da máquina, do vigilante, e sobretudo dos próprios burgueses fabricantes singulares. Este despotismo é tanto mais mesquinho, mais odioso, mais exasperante, quanto mais abertamente proclama ser o provento o seu objetivo".[64] O operário vê-se *obrigado* pelo capitalista a fornecer um nível normal ou superior de intensidade, se possível, forçado também a prolongar o processo de trabalho além do tempo necessário, sem que o salário seja reposto.

E se anteriormente a família do trabalhador ainda estava preservada dos condicionamentos das relações de produção capitalista, com a maquinaria todo material humano pode ser aproveitado, especificamente aquele que se mostra menos capacitado física e mentalmente: "Quanto menos habilidade e exteriorização de força o trabalho manual exige, isto é, quanto mais a indústria moderna se desenvolve, tanto mais o trabalho dos homens é desalojado pelo das mulheres. Diferenças de sexo e de idade já não

61 Cf. *K*, p. 470.

62 *K*, p. 465. Marx cita a "utopia" de Aristóteles e outros dizendo que "desculpavam, talvez, a escravatura de uns para assegurar o pleno desenvolvimento humano de outros. Mas, pregar a escravatura das massas para transformar alguns parvenus grosseiros ou semicultos em 'eminentes industriais de fiação', 'grandes fabricantes de salsichas' e 'prestigiosos comerciantes de graxa', era uma tarefa para a qual não possuíam a necessária bossa cristã". (*K*, p. 466)

63 *K*, p. 468.

64 *MPC-I*.

têm qualquer validade social para a classe operária. Há apenas instrumentos de trabalho que, segundo a idade e o sexo, têm custos diversos".[65] Ao tornar supérflua a força muscular, a maquinaria permite o emprego de mulheres e crianças, sem força muscular ou com desenvolvimento físico incompleto e membros mais flexíveis.

Assim, a maquinaria foi um poderoso meio de transformar em assalariados toda a família do trabalhador ("o capital, um nivelador por natureza")[66], deixando-a sob o domínio direto do capital. "O trabalho obrigatório para o capital tomou o lugar dos folguedos infantis e do trabalho livre realizado, em casa, para a própria família, dentro de limites estabelecidos pelos costumes".[67] Além do mais, torna-se obrigatória a compra de mercadorias fabricadas antes produzidas em casa, como a comida e as roupas. E assim, a maquinaria aumenta a exploração do trabalho assalariado, sua influência se estende diretamente a âmbitos até então preservados e o trabalhador tem, por fim, sua vida completamente subsumida ao capital.[68] Ademais, "ao recrutar para o capital camadas da classe trabalhadora substituídas pelas máquinas, produz uma população trabalhadora excedente, compelida a submeter-se à lei do capital".[69]

Outra consequência desta vazão do capital para toda a família do trabalhador é que a máquina desvaloriza a força de trabalho do adulto, pois seu valor era determinado pelo necessário a sua manutenção e à de sua família, e agora esse valor se reparte por toda família, aumentando assim a concorrência entre os trabalhadores. Ela aumenta "o campo específico de exploração do capital, o material humano, amplia, ao mesmo tempo, o grau de exploração". Além disso, não se trata mais de um confronto entre pessoas livres para comprar e vender, possuidoras independentes de mercadorias, já que o capital passa a comprar "incapazes ou parcialmente incapazes", motivo pelo qual a máquina "revoluciona radicalmente o contrato entre o trabalhador e o capitalista".[70]

Em muitos países, diz Marx já à época, a aplicação de máquinas em alguns ramos chega a aumentar tanto a oferta de trabalho em outros ramos que nestes não compensa

---

65 *MPC-I.*

66 *K*, p. 453.

67 *K*, p. 450.

68 A alta mortalidade dos filhos dos trabalhadores nos primeiros anos de vida, principalmente em decorrência do trabalho das mães fora de casa, é citado como um exemplo da degeneração humana da classe dos trabalhadores. "Esse desleixo se revela na alimentação inadequada ou insuficiente e no emprego de narcóticos; além disso, as envenenam." (*K*, p.454)

69 *K*, p. 465. "A mudança qualitativa na produção mecanizada afasta constantemente trabalhadores da fábrica ou fecha suas portas a novos candidatos a emprego, enquanto a simples expansão quantitativa das fábricas absorve, com os despedidos, novos contingentes. Os trabalhadores são assim ininterruptamente repelidos e atraídos, jogados de um lado para outro variando constantemente o recrutamento deles em relação ao sexo, à idade e à habilidade." (*K*, p.520)

70 *K*, p. 451.

introduzir a máquina devido à queda do salário abaixo do valor da força de trabalho, tornando supérflua, para o capital, a utilização de máquinas, pois seu lucro deriva não da diminuição do trabalho empregado, mas da diminuição do trabalho pago. Assim, o capital desemprega não apenas os trabalhadores do ramo onde foi introduzida a maquinaria, mas também naqueles em que não foi introduzida. O trabalhador, evidentemente, pode procurar outro ramo de atividade, mas com a extrema divisão do trabalho, "atrofiados", só encontram ramos inferiores, mal pagos e superlotados.[71] A organização do processo de produção capitalista desmantela toda a resistência que poderia lhe opor o trabalhador. Em seu pleno desenvolvimento, "a produção contínua de uma superpopulação relativa mantém a lei da oferta e da procura de trabalho e, portanto, o salário em harmonia com as necessidades de expansão do capital, e a coação surda das relações econômicas consolida o domínio do capitalista sobre o trabalhador".[72]

A "sobra" de homens, mas, ao mesmo tempo, sua imprescindibilidade, é um aspecto contraditório da produção capitalista (que só encontra sua determinação específica na indústria moderna, com a massa concentrada do capital fixo, as máquinas e a extração de mais-valia relativa) completamente condizente com o fato de que o que está em jogo no processo de produção capitalista é mais sua finalidade abstrata do lucro que seu conteúdo humano, sendo o homem apenas o meio com que se extrai o trabalho excedente (e nos casos em que for mais vantajosa a ausência de seu fator específico – a máquina – será esta a forma que predominará). Esse aumento de homens supérfluos é criado pelo simples processo que, com métodos para diminuir o número de empregados em relação à produção aumentada, libera continuamente os trabalhadores.[73] A sobra de homens é pressuposto para a acumulação: "se uma população trabalhadora excedente é produto necessário da acumulação ou do desenvolvimento da riqueza no sistema capitalista, ela se torna por sua vez a alavanca da acumulação capitalista, e mesmo condição de existência do modo de produção capitalista. Ela constitui um exército industrial de reserva disponível, que pertence ao capital de maneira tão absoluta como se fosse criado e mantido por ele".[74] É uma população relativamente supérflua para a produção, mas à disposição do capital.[75]

Ressaltamos a título conclusivo deste tópico que a relação capitalista funda-se na relação entre o trabalhador e o capitalista, na qual a sujeição do trabalhador é a tônica.

---

71 Marx desmonta, dessa forma, a balela da "teoria da compensação", sustentada por James Mill, MacCulloch, Torrens, Senior, John Stuart Mill etc., que diz que o capital necessariamente emprega os trabalhadores desempregados pela máquina.

72 *K*, p. 854.

73 Cf. *K*, p. 735.

74 *K*, p. 733.

75 Cf. *K*, p. 732.

Na subsunção formal do trabalho ao capital, existe apenas uma transformação de forma na relação de superioridade e subordinação, que torna-se *puramente econômica*. Nesse sentido, a burguesia possui um papel revolucionário na história que se inicia com a "expropriação primitiva", processo que dissocia o trabalhador dos meios de produção. A divisão do trabalho na manufatura é já forma específica do modo de produção capitalista: nela o trabalhador individual não produz nenhuma mercadoria, apenas o trabalhador coletivo, conjunto de trabalhadores sem qualquer habilidade especial. Apenas o comando do capitalista dos meios de produção concentrados já indica a perda de autonomia do indivíduo produtor sobre o processo de produção. É neste primeiro período do capitalismo que a jornada de trabalho se estende a limites aviltantes, mecanismo que corresponde à extração de mais-valia que Marx denominou de absoluta.

Associadas à mais-valia relativa por causa da intensificação do trabalho, na subsunção real temos o aparecimento das máquinas, as quais não surgem como instrumento de desenvolvimento do indivíduo, pois, ao contrário, aprofundam a subsunção do trabalhador a uma função parcial, *desarticulando* ainda mais o homem, já que este é simplesmente o complemento vivo de um mecanismo morto que existe independentemente. Não é mais necessário, a partir de então, fixar um trabalhador a uma função, o trabalhador serve à máquina. Todos os vestígios de autonomia do trabalhador no processo de trabalho desaparecem na fábrica, o trabalho torna-se um fardo para o trabalhador, passando a ocupar todo seu tempo e também a se estender para toda sua família, com consequências humanas lastimáveis.

PROCESSO DE TRABALHO E PROCESSO DE VALORIZAÇÃO

No processo de produção capitalista, os mesmos fatores que colocam em movimento o processo de trabalho em geral são os que efetuam o processo de valorização do capital, em razão do qual a produção torna-se propriamente capitalista. De um lado, os meios de produção, a matéria sobre a qual e através da qual se objetivará o trabalho, e de outro, a força de trabalho que consumará o processo na atividade de criação do produto. Essas duas partes elementares do processo de trabalho apresentam-se, no processo de valorização, como capital constante (meios de produção produzidos pelo trabalho) e capital variável (o elemento vivo, a força de trabalho).[76] O resultado final do processo de valorização é a criação de mais valores do que aqueles inicialmente investidos na produção de mercadorias – a forma universal dos produtos da produção capitalista.

Para que a produção e a circulação de mercadorias transformem efetivamente dinheiro em capital é necessário, antes, que tenha sido consumada "a separação entre

76 Cf. *Cap VI*. "As mesmas partes do capital, que do ponto de vista do processo de trabalho, se distinguem em elementos objetivos e subjetivos, em meios de produção e força de trabalho, do ponto de vista do processo de produzir mais-valia, se distingue em capital constante e capital variável." (*K*, p. 235)

o produto do trabalho e o próprio trabalho, entre as condições objetivas do trabalho e a força subjetiva do trabalho". Este é, portanto, "o fundamento efetivo, o ponto de partida do processo de produção capitalista".[77] É somente a partir de uma ruptura dos fatores do processo de trabalho que se opõem, de um lado, o possuidor de valor ou dinheiro, junto aos meios de subsistência, e de outro "a substância criadora de valor", a força de trabalho. Marx afirma que "a única condição para o capitalista apropriar-se do trabalho vivo não pago em escala crescente é a propriedade sobre trabalho passado não pago. Quanto mais o capitalista tiver acumulado, mais poderá acumular".[78]

Assim, o processo de trabalho apresenta dois fenômenos característicos quando ocorre como *consumo da força de trabalho pelo capitalista*: o trabalhador trabalha sob o controle do capitalista; e o produto é propriedade do capitalista.[79] O trabalhador, quanto mais riqueza gera, mais pobre fica. O estranhamento do objeto do trabalho apenas resume, diz Marx, "o estranhamento, a alienação na própria atividade do trabalhador",[80] uma externação que é alienada e assim refletida na dupla natureza do resultado obtido no mesmo trabalho, a mercadoria enquanto portadora de valores de uso e de troca.

O processo de trabalho subsumido mesmo que formalmente ao capital sempre se distinguiu pela escala em que se efetuou;[81] a alta produtividade está presente na produção de toda espécie de mercadorias e, primeiramente, na produção da força de trabalho assalariada como mercadoria. A utilização de muitos trabalhadores no mesmo processo de trabalho é um pressuposto para transformá-lo num processo social e "um ponto de partida que marca o próprio capital".[82]

Marx identifica dois momentos principais do processo de produção capitalista: um em que a subsunção do trabalho ao capital é ainda formal, isto é, a extração do trabalho excedente realiza-se prioritariamente através da extensão da jornada de trabalho (momento inicial do capitalismo, com as manufaturas); e outro momento em que a *figura real do modo de produção*, inclusive tecnologicamente, altera-se completamente, a produção da *mais-valia relativa* sobrepõe-se à produção da mais-valia absoluta, originando o *modo de produção especificamente capitalista* e, portanto, a *subsunção real do trabalho ao capital* – período inaugurado pela indústria moderna. Dessa forma, "a produção da mais-valia absoluta se realiza com o prolongamento da jornada de trabalho além do ponto em que o trabalhador produz apenas um equivalente ao valor

77 *K*, p. 664.

78 *K*, p. 678.

79 Cf. *K*, p. 209.

80 *M44*, p. 238.16-20.

81 Cf. *CapVI*, p. 28.

82 *K*, p. 384.

de sua força de trabalho e com a apropriação pelo capital desse trabalho excedente. Ela constitui o fundamento do sistema capitalista e o ponto de partida da produção da mais-valia relativa. Esta pressupõe que a jornada de trabalho já esteja dividida em duas partes: trabalho necessário e trabalho excedente. Para prolongar o trabalho excedente encurta-se o trabalho necessário com métodos que permitem produzir em menos tempo o equivalente ao salário. A produção da mais-valia absoluta gira exclusivamente em torno da duração da jornada de trabalho; a produção da mais--valia relativa revoluciona totalmente os processos técnicos de trabalho e as combinações sociais". Com a mais-valia relativa não apenas a duração temporal do trabalho é estendida ao máximo, mas a quantidade total de trabalho utilizada na produção é qualitativamente diversa.

A extração da mais-valia relativa apoia-se na circunstância de que o valor é igual ao tempo necessário que se objetivou no produto, de modo que o capitalista cria mais--valia para si "quando o valor *individual* de seu produto está *abaixo* de seu valor social, e que, portanto, o mesmo pode ser vendido *acima* de seu valor individual".[83] Para extrair o maior valor possível, o capital estende o dia de trabalho, que por si só não tem limites constantes: "é tendência do capital estendê-lo até à sua máxima duração fisicamente possível, porque será acrescido, no mesmo grau, o sobretrabalho". E isso ainda que aumente a força produtiva do trabalho empregue: "toda a história da indústria moderna mostra que o capital, se não for refreado, trabalhará sem descanso e sem compaixão para reduzir toda a classe operária ao estado extremo da degradação",[84] extrapolando todas as anteriores dimensões racionais do dia de trabalho.

Com a tendência a aumentar a quantidade de produção para um mesmo tempo de trabalho, conserva-se e preserva-se no produto mais valor antigo (quanto maior o tempo de trabalho aplicado à mesma quantidade de meios de produção, maior o valor novo que se acrescenta a eles – perde, portanto, valor antigo ou constante).[85] Permanecendo invariáveis condições tecnológicas (produção) e valor de troca (mercado), o valor que o trabalho conserva é maior quanto maior o valor que acrescenta. Ainda que o trabalhador produza apenas o suficiente para a reprodução de sua força de trabalho, ele criou novo valor (diferente do que recebeu dos meios de produção).

---

83 *Cap VI*, p. 35.

84 *SPL*, p. 70.

85 A variação na quantidade de valor transferida pelo trabalho aos meios de produção em determinado tempo pode depender tanto da produtividade (uma nova tecnologia que permita utilizar os meios de produção no mesmo tempo de trabalho, caso em que, para o trabalhador "como atividade produtiva, útil, seu trabalho teve a força aumentada" *K*, p. 226), quanto das variações do valor de troca dos meios de produção. Em ambos os casos o trabalho presta o mesmo serviço no processo de trabalho.

O trabalhador transforma os meios de produção (matéria-prima, instrumentos) em elementos constituintes de um produto com *novo valor de uso*.[86]

O tempo de trabalho necessário à reprodução da força de trabalho e o *trabalho necessário* despendido nesse tempo não dependem da forma social que o trabalho se apresenta. E assim, esses mesmos elementos são também necessários ao capital, pois no segundo período do processo de trabalho (que se apresenta concomitante ao primeiro), quando o trabalhador ultrapassa a fronteira do trabalho necessário, ele produz mais-valia. Nesse processo, modificam-se a intensidade e a duração do processo real de trabalho, e os meios de produção devem estar presentes em quantidade suficiente para que o trabalho excedente seja absorvido, já que o trabalho cria produtos através do consumo do valor de uso dos meios de produção.[87]

A mais-valia, ou trabalho excedente, constitui, por sua vez, o valor excedente do produto "em relação ao valor dos componentes do produto consumido, a saber, os meios de produção e a força de trabalho".[88] Enquanto os meios de produção colocam em funcionamento no processo de trabalho suas propriedades determinadas correspondentes a seus valores de uso, a parte variável do capital só é realmente variável quando é trocada por capacidade de trabalho.[89] É premissa do processo que o valor dos meios de produção (do capital constante) entre como tal no processo de valorização, mas que o valor do capital variável não, sendo "substituído pela atividade criadora de valor, a atividade – existente como processo de valorização – do fator vivo".[90] Com isso, modifica-se a *figura real* (como valor de uso) do capital no processo produtivo.

Como o principal objetivo do processo de valorização do capital é ir além dos valores postos no início do processo, procedendo desta forma à *criação de valores*,

86 "/.../ preserva os valores dos meios de produção consumidos e transfere-os ao produto como parte componente do seu valor." (*K*, p. 225)

87 Desta forma, "um meio de produção não transfere ao produto mais valor que o que perde no processo de trabalho com a destruição do próprio valor de uso" (*K*, p. 229). Os meios de produção "oferecidos" pela natureza, observa Marx, não têm valor a perder, por não serem produto do trabalho humano, e portanto, não transferem valor ao produto. "Na indústria extrativa, na mineração, por exemplo, as matérias-primas não constituem parte componente do capital adiantado. O objeto de trabalho, nesse caso, não é produto de trabalho anterior, mas um presente gratuito da natureza, minérios, minerais, carvão, pedras etc. Aí o capital constante se constitui quase exclusivamente de instrumental de trabalho, capaz de suportar uma quantidade muito ampliada de trabalho, com turmas noturnas e diurnas de trabalhadores". (*K*, p. 701)

88 *K*, p. 234.

89 "Como se vê, um valor de uso pode ser considerado matéria prima, meio de trabalho ou produto, dependendo inteiramente da sua função no processo de trabalho, da posição que nele ocupa, variando com essa posição a natureza do valor de uso." (*K*, p. 207)

90 *CapVI*, p. 18.

o capital constante (trabalho objetivado nos meios de produção)[91] deve conservar o máximo possível seu valor, e a quantidade de capital variável a ser empregada deve ser a menor possível: ambos devem conter apenas o mínimo socialmente necessário à confecção do produto.[92] Para que os elementos materiais do processo de trabalho funcionem "realmente como capital, a classe capitalista precisa apenas de um acréscimo de trabalho".[93]

O trabalhador acrescenta tempo de trabalho (consequentemente, valor) sob a forma de um trabalho útil particular (posto que o valor só existe num valor de uso, numa coisa), e, quaisquer que sejam as condições, transfere ou conserva em mais tempo de trabalho mais valor do que transferiria ou conservaria em menos tempo de trabalho.[94] Quando o trabalhador aplica sua força de trabalho aos meios de trabalho para criar o produto (um valor de uso), cria simultaneamente mais *valor*. É por ser um trabalho específico, útil, concreto, que o trabalhador transfere os valores dos meios de produção ao produto, preservando-os nele. Mas é apenas por ser trabalho abstrato, social (e não um trabalho específico individual) que o trabalho acrescenta valor.

O trabalho abstrato se mede pela sua duração no tempo, e não por seu conteúdo particular: o processo de produzir valor "dura até o ponto em que o valor da força de trabalho pago pelo capital é substituído por um equivalente", ultrapassado este ponto, inicia-se a produção da mais-valia; assim, "o segundo só difere do primeiro por se prolongar além de certo ponto".[95] Isso faz do valor "simples solidificação do tempo de trabalho, apenas trabalho objetivado", da mesma forma que a mais valia é "simples solidificação do tempo de trabalho excedente, trabalho excedente objetivado".[96] O capital concentra em si todas essas diferenças qualitativas dos diversos trabalhos numa massa informe, indiferente a qualquer conteúdo criado pela atividade individual, a qual importa apenas como acréscimo de valor em geral. O valor de uso específico do trabalho que produz para o capital (o trabalho produtivo)[97] não é, desta forma, o caráter útil

91 O valor dos meios de produção gastos repõe capital, não forma rendimento.

92 Para que o produto não contenha uma parte de trabalho objetivado maior do que o socialmente necessário, o valor dos meios de produção que entram no processo não deve ser maior do que o necessário, para tanto, deve ser consumido produtivamente, não deve ser desperdiçado. (Cf. *Cap. VI*, p. 17)

93 *K*, p. 676.

94 *K*, p. 228.

95 *K*, p. 220.

96 *K*, p. 242. Apenas a forma de extrair o trabalho excedente é que muda nas diversas formações econômico-sociais.

97 "Trabalho produtivo não é senão expressão sucinta que designa a relação integral e o modo pelo qual se apresentam a força de trabalho e o trabalho no processo capitalista de produção. Por conseguinte, se falamos de trabalho produtivo, falamos, pois, de trabalho socialmente determinado, de trabalho que implica relação nitidamente determinada entre o comprador e o vendedor de trabalho." (*Cap VI*, p. 75)

determinado ou a utilidade do produto no qual o trabalho se objetiva, mas seu "caráter de elemento criador de valor de troca (mais-valia)".[98] Da mesma forma que ao capital é indiferente a figura material que reveste no processo de trabalho, é também igualmente indiferente para o operário o conteúdo particular de seu trabalho.[99]

Do ponto de vista do processo de valorização, a relação existente no processo de trabalho entre o trabalhador e os meios de produção apresenta-se como se os segundos utilizassem o primeiro de acordo com suas finalidades (não mais o trabalho que lhe imprime a finalidade),[100] não "o trabalho vivo que se realiza no trabalho objetivo como em seu órgão objetivo", mas "é o trabalho objetivo que se conserva e aumenta pela absorção do trabalho vivo, graças ao qual se converte em um *valor que se valoriza*, em *capital*, e como tal funciona".[101] O trabalho vivo apresenta-se, nesse sentido, meramente como meio de valorização de valores existentes (meio, por conseguinte, de sua capitalização). Ao trabalhador cabe uma ínfima parte dos valores criados, o mínimo suficiente para manter sua força de trabalho. Do que Marx conclui: "o valor da força de trabalho e o valor que ela cria no processo de trabalho são portanto duas magnitudes distintas",[102] sendo que o valor da força de trabalho pelo trabalho despendido necessariamente não passa dos meios de subsistência mínimos de sua capacidade de trabalho sob a forma de salário.

"Mas, que é valor? Forma objetiva do trabalho social despendido para produzir uma mercadoria".[103] Os valores de uso dos meios e do produto como mercadoria são apenas mediadores da realização do valor de troca no mercado. E através de que meios a mercadoria torna-se a forma geral do produto social, como é possível que a produção tenha como finalidade exclusiva a valorização, e a realize? "É propriedade natural do trabalho vivo conservar o valor antigo, acrescentando-lhe ao mesmo tempo valor novo".[104] Quando o processo de produção é simplesmente a "unidade do processo de trabalho e do processo de produzir valor, é processo de produção de mercadorias", mas quando é "unidade do processo de trabalho e do processo de produzir mais-valia, é processo capitalista de produção, forma capitalista da produção de mercadorias".[105] Assim, não necessariamente processo de produção de mercadorias é processo de produzir mais-valia. No sistema capitalista, como todo processo de trabalho, o trabalhador

98 *Cap VI*, p. 75.

99 Cf. *Cap VI*, p. 44-45.

100 Apenas no sentido de criar valor de uso, como vimos, o trabalho mantém sua natureza de transformar os meios de produção na forma de um produto adequado a um fim.

101 *Cap VI*, p. 19.

102 *K*, p. 218.

103 *K*, p. 617.

104 *K*, p. 704.

105 *K*, p. 222.

cria um valor de uso que requer um trabalho específico, mas ao produzir mercadorias o trabalhador acrescenta, com o mesmo trabalho, valor. A produção de mercadorias é um pressuposto para que possa se desenvolver a produção capitalista fundamentada na produção de mais valores, isto é, na exploração do trabalho excedente ou *mais-valia*. Mas "o produto da produção capitalista não é somente *mais-valia*, é *capital*. O capital é, como vimos, D-M-D', *valor* que se *valoriza* a si mesmo, valor que gera valor".[106] A conversão da mais-valia em capital é a acumulação de capital.[107] A conversão do dinheiro em meios de produção e força de trabalho, na esfera da circulação, "é o primeiro passo dado por uma quantidade de valor que vai exercer a função de capital", /.../ "o segundo passo, o processo de produção, consiste em transformar os meios de produção em mercadoria cujo valor ultrapassa o dos seus elementos componentes, contendo, portanto, o capital que foi desembolsado acrescido de uma mais-valia. A seguir, estas mercadorias têm, por sua vez, de ser lançadas na esfera da circulação. Importa vendê-las, realizar seu valor em dinheiro, e converter de novo esse dinheiro em capital, repetindo continuamente as mesmas operações. Esse movimento circular que se realiza sempre através das mesmas fases sucessivas constitui a circulação do capital".[108]

A esfera da circulação, além de um pressuposto (histórico e atual) da produção capitalista, torna-se uma esfera da produção do capital, precisamente a que lhe confere o movimento necessário para que retorne à produção como valor autovalorizado, e faz a mediação da relação que se torna efetiva apenas na produção, a relação entre o capitalista e o trabalhador assalariado. "A relação originária – na qual o aspirante a capitalista compra o trabalho /.../ – constitui a introdução e condição necessárias (contidas em si mesmas) da relação agora desenvolvida no processo real de produção, na qual o possuidor de mercadorias se converte em capitalista, em capital personificado".[109] Desta forma, em geral "os papéis econômicos desempenhados pelas pessoas constituem apenas personificação das relações econômicas que elas representam, ao se confrontarem".[110] Capitalistas e trabalhadores surgem, portanto, como personificações do capital e do trabalho, respectivamente, geradas no processo de produção capitalista – processo de valorização – e intercambiadas na esfera da circulação, como dinheiro ou mercadoria.

O capital, no transcurso do processo produtivo e sua realização no mercado, "transformou-se pela primeira vez em capital real, em valor que se valoriza a si mesmo. O produto total é agora a forma sob a qual existe como capital realizado, e como tal,

---

106 *Cap VI*, p. 89.

107 Cf. *K*, p. 674.

108 *K*, p. 657.

109 *Cap VI*, p. 21.

110 *K*, p. 95.

enquanto propriedade do capitalista; enquanto poder autônomo e criado pelo próprio trabalho, novamente se contrapõe a este. O processo de produção, por conseguinte, não foi apenas seu processo de reprodução, mas seu processo de produção como capital".[111] A força de trabalho, porém, não se modifica no processo, permanece como "simples força de trabalho subjetiva", que terá de percorrer continuamente o mesmo processo se quiser se conservar. Encarada em seu conjunto, diz Marx, como processo de reprodução, a produção capitalista "produz não só mercadorias, não só mais-valia; produz a relação capitalista: de um lado, o capitalista e de outro, o assalariado".[112]

Assim, "de um lado, o processo de produção transforma continuamente a riqueza material em capital, em meio de expandir valor e em objetos de fruição do capitalista. Por outro lado, o trabalhador sai sempre do processo como nele entrou, fonte pessoal da riqueza, mas desprovido de todos os meios para realizá-la em seu proveito. /.../ O próprio trabalhador produz, por isso, constantemente, riqueza objetiva, mas sob a forma de capital, uma força que lhe é estranha, o domina e o explora, e o capitalista produz constantemente a força de trabalho, mas sob a forma de uma fonte subjetiva de valor, separada dos objetos sem os quais não se pode realizar, abstrata, existente apenas na individualidade do trabalhador; em suma, o capitalista produz o trabalhador sob a forma de trabalhador assalariado".[113]

Vê-se, portanto, que analisar os diferentes fatores do processo de trabalho e seus diversos papéis na formação do produto é na realidade caracterizar as funções dos diversos componentes do capital no processo de produzir mais-valia: "Os meios de produção, de um lado, e a força de trabalho, do outro, são apenas diferentes formas de existência assumidas pelo valor do capital original ao despir-se da forma dinheiro e transformar-se nos fatores do processo de trabalho".[114] No processo de trabalho como processo de valorização, a atividade do trabalhador é conservadora, criadora e multiplicadora de valor que lhe é estranho; mas não está no valor a determinação do estranhamento, mas na produção: "o estranhamento não se mostra apenas no resultado, mas no *ato da produção*, na própria *atividade produtiva*".[115] É "justamente como *criador de valor*, implicado no processo de sua *objetivação*", que o trabalho, ao ingressar no processo de produção, torna-se "um *modo de existência* do valor do capital, a este incorporado. Essa

111 *CapVI*, p. 91. Todo processo social de produção, encarado no seu fluxo contínuo de consumir e produzir, é ao mesmo tempo processo de reprodução: "nenhuma sociedade pode produzir continuamente, isto é, reproduzir, sem reconverter, de maneira constante, parte de seus produtos em meios de produção ou elementos da produção nova" (*K*, p. 659), denominada por Marx de reprodução simples.

112 *K*, p. 673.

113 *K*, p. 664.

114 *K*, p. 234.

115 *M44*, p. 238.11-13.

força *conservadora do valor* e criadora de *novo valor* é, em consequência, a força do capital, e tal processo se apresenta como processo de *autovalorização* do capital, e muito mais, da pauperização do operário, o qual, criando um valor, cria-o ao mesmo tempo como um *valor que lhe é alheio*".[116] Nas relações sociais de produção capitalistas, "no trabalhador existe, pois, subjetivamente, que o capital é o homem totalmente perdido de si, assim como existe, no capital, objetivamente, que o trabalho é o homem totalmente perdido de si".[117] O trabalho está separado do trabalhador, opondo-se a ele como capital.

À medida que o capital se apodera do processo de trabalho, ele passa a ser visto como algo eterno e condicionado pela natureza do trabalho humano, como se o processo de trabalho fosse processo de trabalho do capital, já que "em nada altera a *natureza geral* do processo de trabalho"[118] o fato do operário trabalhar para o capitalista ou para si mesmo – e assim o capital é apreendido como *coisa* e não como relação social. Surge, desta forma, "a mistificação inerente à *relação capitalista*": "A faculdade que o trabalho tem de conservar valor apresenta-se como faculdade de autoconservação do capital; a faculdade de o trabalho gerar valor, como faculdade de autovalorização do capital, e em conjunto e por definição, o trabalho *objetivado* aparece como utilizando o trabalho vivo".[119] O capital se autovaloriza ou o trabalho reproduz o capital, que o trabalhador não controla, como se as *coisas* se relacionassem com os indivíduos, e nessa medida estes (capitalistas e trabalhadores) se reduzem a representantes personificados das coisas. Isso é a própria coisificação das relações sociais, afinal "o capital não é nenhuma *coisa*, do mesmo modo que o dinheiro não o é. No capital, como no dinheiro, determinadas *relações sociais de produção entre pessoas* se apresentam como *relações de coisas* para com pessoas".[120] Essa forma das relações sociais de produção "apresenta-se como coerção que os capitalistas exercem entre si e sobre os operários; na realidade, portanto, como lei do capital contra ambos".[121]

MERCADORIA

Mercadoria, valor e circulação no processo capitalista de produção

Marx inicia a análise do capital com a mercadoria porque ela "é o elemento mais simples da produção capitalista", é a forma elementar da riqueza nas sociedades de produção capitalista. A mercadoria é a *forma especificamente social do produto*, base e

---

116 *Cap VI*, p. 19. Dessa forma, se "o produto do trabalho é a alienação, então a produção mesma tem de ser a alienação ativa, a alienação da atividade, a atividade da alienação". (*M44*, p. 82)

117 *M44*, p. 91.

118 *Cap VI*, p. 27.

119 *Cap VI*, p. 52.

120 *Cap VI*, p. 36.

121 *Cap VI*, p. 88.

premissa do modo capitalista de produção. Dado que "o capital só produz *mais-valia* e não se reproduz senão como *produtor de mercadorias*",[122] a mercadoria é produto imediato do capital, mas, com relação a sua determinação formal econômica, um resultado incompleto do processo de produção capitalista.

A produção só se torna realmente produção capitalista de mercadorias quando a *força de trabalho* transforma-se em mercadoria para o próprio trabalhador: "Só quando a população trabalhadora cessou de fazer parte das condições de trabalho *objetivas*, ou de aparecer no mercado como produtores de mercadorias; só quando vende, em lugar do produto de seu trabalho, o próprio trabalho, ou, com maior exatidão, sua força de trabalho, só então converte-se em *produção de mercadorias*".[123] Na produção do homem como mercadoria, a mercadoria como "*mercadoria humana*, o homem na determinação da *mercadoria*", a produção produz o homem como "um ser *desumanizado* tanto *espiritual* quanto corporalmente – imoralidade, deformação, embrutecimento de trabalhadores e capitalistas. Seu produto é a *mercadoria consciente-de-si* e *auto-ativa* /.../ a mercadoria *humana*".[124] É precisamente a desumanização do homem e a humanização da mercadoria que faz com que a relação capitalista seja qualificada por Marx de fetichista, mistificada, coisificada.[125]

Que o produto sofra a metamorfose da mercadoria, como diria Marx, é uma necessidade não *apenas* para a subsistência do produtor "que produz como capitalista", donos dos meios de produção e compradores da força de trabalho, mas o é para a própria "renovação e continuidade" do processo de produção. É da natureza da mercadoria que ninguém produza "diretamente os produtos para suas necessidades vitais", mas que todos produzam "determinado produto como mercadoria, com cuja venda cada qual adquire os produtos de outros".[126] E assim, da mesma forma que o processo de produção de mercadorias é a unidade imediata dos processos de trabalho e valorização, a mercadoria é a unidade imediata dos valores de uso e de troca. Nesse processo, a relação direta do produto como valor de uso "para satisfação das necessidades do produtor" aparece como "algo inteiramente fortuito, indiferente e não essencial":[127] sua finalidade é realizar-se como valor de troca.

A produção de *mercadorias* supõe, portanto, um mercado, um âmbito de circulação – criado pela própria esfera produtiva – que é o meio pelo qual se realiza o valor da produção. Desse modo, a circulação de mercadorias e a circulação monetária são

122 *Cap VI*, p. 96; *K*, p. 41.

123 *Cap VI*, p. 98.

124 *M44*, p. 93.

125 Marx lembra que Ricardo, Mill etc. progrediram muito em relação a Smith e Say, declarando a existência do homem como indiferente e a até perniciosa. (Cf. *M44*, p. 93)

126 *Cap VI*, p. 46.

127 *Cap VI*, p. 101.

"*premissa* e *ponto de partida* da *formação de capital* e do modo de produção capitalista";[128] num segundo momento, porém, a circulação de mercadorias deve ser considerada como *processo de circulação do capital*.[129] Mas vejamos mais detalhadamente as propriedades gerais da mercadoria e das relações sociais que a enquadram para entendermos sua função nas relações capitalistas. É mister observar que não se trata aqui da mercadoria individual considerada em situação de troca no mercado, mas sim de uma *massa de mercadorias*, que é efetivamente o resultado do processo de produção. A produção em grande escala de mercadorias revela a unilateralidade do produto social e lhe impõe, também por sua disseminação e imenso volume, "um caráter social estritamente ligado às inter-relações sociais". A divisão do trabalho social deve, por isso, estar plenamente desenvolvida: "O *mínimo de capital* é tanto maior em um ramo da indústria quanto mais se explora de maneira capitalista, quanto mais desenvolvida está nele a produtividade social do trabalho. Na mesma proporção, deve o capital aumentar em grandeza de valor, e adotar dimensões sociais, isto é, despojar-se de todo caráter *individual*".[130]

Na mercadoria, "a igualdade dos trabalhos humanos fica disfarçada sob a forma da igualdade dos produtos do trabalho como valores; a medida, por meio da duração, do dispêndio da força humana de trabalho toma a forma de quantidade de valor dos produtos do trabalho; finalmente, as relações entre os produtores, nas quais se afirma o caráter social dos seus trabalhos, assumem a forma de relação social entre os produtos do trabalho".[131] As características sociais dos trabalhos são apresentadas, pela mercadoria, como características materiais e propriedades sociais inerentes aos produtos do trabalho, ocultando, assim, "a relação social entre os trabalhos individuais dos produtores e o trabalho total, ao refleti-la como relação social à margem deles, entre os produtos do seu próprio trabalho".[132] Uma dissimulação, pois "uma relação social definida, estabelecida entre homens, assume a forma fantasmagórica de uma relação entre coisas. Para encontrar um símile, temos de recorrer à região nebulosa da crença. Aí, os produtos do cérebro humano parecem dotados de vida própria, figuras autônomas que mantêm relações entre si e com os seres humanos. É o que ocorre com os produtos da mão humana, no mundo das mercadorias. Chamo a isto de fetichismo, que está sempre grudado aos produtos do trabalho, quando são gerados como mercadorias. É inseparável da produção de mercadorias".[133]

---

128 *Cap VI*, p. 96.

129 Assunto ao qual Marx se dedicará no Livro II de *O Capital*.

130 *Cap VI*, p. 67.

131 *K*, p. 83.

132 *K*, p. 81.

133 *K*, p. 81.

As relações sociais de produção que se corporificam na mercadoria demonstram que "os homens procedem de maneira atomística no processo de produção social e suas relações de produção assumem uma configuração material que não depende de seu controle nem de sua ação consciente individual".[134] Uma vez que as mercadorias são coisas e, portanto, não se relacionam por si mesmas, são as pessoas que as levam ao mercado. Para que as pessoas se apresentem voluntariamente, "comportando-se como pessoas cuja vontade reside nessas coisas", é necessário que elas reconheçam umas nas outras a "qualidade de proprietário privado". A esse respeito, comenta Marx: "As coisas são extrínsecas ao homem e, assim, por ele alienáveis. Para a alienação ser recíproca, é mister que os homens se confrontem, reconhecendo, tacitamente, a respectiva posição de proprietários particulares dessas coisas alienáveis e, em conseqüência, a de pessoas independentes entre si".[135] A partir daí as mercadorias parecem animadas autonomamente, isto é, vivas, pois para que estas se relacionem "umas com as outras, como mercadorias, têm seus responsáveis de comportar-se, reciprocamente, como pessoas cuja vontade reside nessas coisas, de modo que um só se aposse das mercadorias do outro alienando a sua".[136]

Na troca direta, o objeto útil se torna valor de troca quando já não corresponde às necessidades diretas do seu possuidor. O comprador das mercadorias produzidas não é seu consumidor direto, as mercadorias são intercambiadas através do comércio, monetariamente, esfera na qual o comerciante metamorfoseia o produto em mercadoria, fazendo disso "seu próprio negócio". (A independência recíproca é uma condição inexistente na comunidade primitiva; quando a troca passa a ser uma atividade regular e uma parte da produção é destinada a ela – uma vez que a necessidade de produtos vindos de fora vai tornando-se com o tempo arraigada – o valor de uso separa-se do valor de troca, e a repetição constante da troca faz da mesma um processo social regular.) Nessa relação, que tem a forma de contrato – uma relação de direito ainda que legalmente não desenvolvida –, afirma-se uma relação de vontade na qual é refletida a relação econômica: "as pessoas, aqui, só existem, reciprocamente, na função de representantes de mercadorias e, portanto, de donos de mercadorias". A mercadoria que o proprietário leva ao mercado não tem nenhum valor de uso direto para ele (a não ser como portadora do valor de troca), mas sim para as outras pessoas; dessa forma, para que a mercadoria se realize como valor de uso ela tem de se realizar antes como valor: somente através da troca "se pode provar que o trabalho é útil aos outros, que seu produto satisfaz necessidades alheias".[137]

---

134 *K*, p. 103.

135 *K*, p. 98.

136 *K*, p. 94.

137 *K*, p. 96.

Na medida em que o proprietário de uma mercadoria só irá dá-la por outra mercadoria que tenha um valor de uso que lhe satisfaça uma necessidade, "a troca é, para ele, processo puramente individual". Mas o proprietário quer ainda realizar sua mercadoria como valor, "possua ou não sua mercadoria valor de uso para o proprietário da outra", aqui a troca passa a ser para ele processo social. Entretanto, "não há possibilidade de o mesmo processo ser simplesmente individual e ao mesmo tempo simplesmente social e geral, para todos os proprietários de mercadorias".[138] Considerando a mercadoria alheia equivalente particular da sua mercadoria, o possuidor de mercadorias considera sua mercadoria o equivalente geral de todas as mercadorias, mas, se todos os possuidores pensam do mesmo modo, o equivalente geral simplesmente não existe! Os "instintos dos possuidores" acabam por seguir as leis da natureza da mercadoria: a única forma de estabelecer relações entre suas mercadorias como valores (como mercadorias) é atribuírem a uma mercadoria qualquer a "patente" de equivalente geral, para que possam comparar suas mercadorias.

O valor de uma mercadoria é determinado a princípio por uma proporção em que ela é trocada com outras mercadorias: se o valor permanece o mesmo sendo expresso em uma e outra mercadoria, ele *tem de ser* algo distinto destas diferentes taxas de troca; se podemos equivaler um valor ao outro ao trocá-los em determinadas proporções, os valores são iguais, pois, a uma terceira coisa, que independe de um e de outro, e essa redutibilidade de ambos é sua medida comum, apenas se diferenciam pela proporção em que contêm essa medida idêntica.[139] Os valores de troca das mercadorias são apenas *funções sociais* dessas coisas, nada tendo a ver com suas qualidades naturais, e a *substância social* comum de todas as mercadorias é o trabalho, e não o trabalho individual, mas o trabalho social,[140] no interior da divisão do trabalho.

Os produtos do trabalho tornam-se mercadorias apenas por serem produtos de trabalhos privados, independentes, que em seu conjunto formam a totalidade do trabalho social. Os contatos sociais entre os trabalhos particulares são feitos mediante a troca de seus produtos, apenas "dentro desse intercâmbio se patenteiam as características especificamente sociais de seus trabalhos privados".[141] E por isso, para os produtores, "as relações sociais entre seus trabalhos privados aparecem de acordo com o que realmente

138 *K*, p. 96.

139 *SPL*, p. 48-49.

140 "/.../ são muitos os aspectos envolvidos nesta qualificação de 'Social'. Ao dizer que o valor de uma mercadoria é determinado pela quantidade de trabalho aplicado ou cristalizado nela, significamos a quantidade de trabalho necessário para sua produção num dado estado da sociedade, em certas condições sociais médias de produção, com uma dada intensidade social média e habilidade média de trabalho empregue". (*SPL*, p. 51-52)

141 *K*, p. 81.

são, como relações materiais entre pessoas e relações sociais entre coisas, e não como relações sociais diretas entre indivíduos em seus trabalhos".[142] Com a troca os produtos do trabalho assumem, como valores, uma "realidade socialmente homogênea, distinta da sua heterogeneidade de objetos úteis, perceptíveis aos sentidos".[143] É uma relação entre pessoas oculta sob um invólucro material e, por isso, os homens estabelecem relações entre os produtos do seu trabalho como valores (na troca) sem saber, ou considerar, que com isso igualam seus trabalhos de acordo com sua qualidade comum de trabalho humano. Ao equivaler todas as mercadorias a um mesmo equivalente, o valor de uma mercadoria adquire expressão geral, isto é, os produtos do trabalho tornam-se "massa de trabalho humano sem diferenciações". É isso que faz com que o valor das mercadorias só possa ser expresso através da totalidade de suas relações sociais, realidade que "nada mais é que a 'existência social' delas, tendo a forma do valor, portanto, de possuir validade social reconhecida".[144] E assim, as mercadorias expressam os produtos do trabalho como qualitativamente iguais – como valores – e quantitativamente comparáveis, como magnitudes de valor.

Enquanto a forma relativa do valor indica que ela oculta uma relação social, pois uma mercadoria expressa seu valor por meio de outra totalmente diversa; a forma equivalente do valor faz o oposto escondendo essa relação (que por sua vez já ocultava uma relação social) entre mercadorias diversas, já que faz com que a mercadoria expresse valor no seu estado concreto, possuindo de forma natural, portanto, a forma de valor. "Ora, as propriedades de uma coisa não se originam de suas relações com outras, mas antes se patenteiam nessas relações; por isso, parece que o tabaco tem, por natureza, a forma de equivalente, do mesmo modo que possui a propriedade de ter peso ou de conservar calor".[145] Outra propriedade da forma equivalente do valor é tornar o trabalho concreto forma de manifestação de seu contrário, trabalho humano abstrato; e por fim, sua terceira propriedade é que o trabalho privado torna-se o seu contrário, trabalho diretamente social.

A mercadoria equivalente da forma simples do valor é o germe da forma dinheiro. O dinheiro é um cristal, diz Marx, gerado necessariamente pelo processo social de troca. A forma dinheiro da mercadoria tem lugar "à medida que a troca de mercadorias rompe os laços locais, e que se cristaliza cada vez mais trabalho humano em geral no valor das mercadorias".[146] O dinheiro localiza-se inicialmente nas mercadorias que, por sua natureza, recebem a função social de equivalente universal (por exemplo, o ouro).

---

142 *K*, p. 82.

143 *K*, p. 82.

144 *K*, p. 75.

145 *K*, p. 67.

146 *K*, p. 100.

Esse desenvolvimento histórico da troca "desdobra a oposição latente na natureza das mercadorias, entre valor de uso e valor", oposição que exige forma independente para o valor da mercadoria e "é satisfeita com a duplicação da mercadoria em mercadoria e dinheiro".[147] O dinheiro é um meio que serve, de fato, para equiparar os diferentes produtos do trabalho e, portanto, para convertê-los em mercadorias. E assim, "o enigma do fetiche dinheiro" nada mais é que o "enigma do fetiche mercadoria em forma patente e deslumbrante".[148]

A medida para estimar a quantidade de trabalho presente na mercadoria é sua duração temporal, porém, a massa de mercadorias produzidas em determinado tempo de trabalho, ou produzidas por uma dada quantidade de trabalho, depende da força produtiva do trabalho usada, não de sua extensão ou comprimento. Desse modo, para calcular o valor de troca de uma mercadoria, basta somar a quantidade de trabalho empregue em *último lugar* à quantidade de trabalho que foi *previamente* empregue na matéria-prima e nos instrumentos e meios de produção (o quanto foi investido em capital variável mais o montante original de capital constante). Assim, uma diferença entre os preços de uma mesma mercadoria resultaria não do tempo, mas das forças produtivas utilizadas, de modo que é possível enunciar a seguinte lei: "*os valores das mercadorias são diretamente proporcionais aos tempos de trabalho empregue na sua produção e são inversamente proporcionais* às *forças do trabalho empregue*".[149] Quanto maior o tempo de trabalho, maior o valor gerado. Quanto maior a força produtiva, menor o valor individual da mercadoria. Por isso, aplicando o mínimo de trabalho vivo à imensa massa de trabalho objetivado, a produção tende a aumentar o capital constante (trabalho previamente objetivado, produto do desenvolvimento das forças produtivas) e diminuir o capital variável. Assim, os valores das mercadorias são menores à medida que diminui o capital variável e aumenta o capital constante.

O lucro (ou a mais-valia do capitalista industrial) é obtido vendendo a mercadoria pelo seu valor (e não acima dele): o valor, como vimos, é determinado pela quantidade total de trabalho contida na mercadoria. Enquanto uma parte da quantidade de trabalho é realizada num valor para o qual se pagou um equivalente na forma de salário, outra parte se realiza num valor pelo qual não se pagou nenhum equivalente. E assim, quando o capitalista vende a mercadoria, ele necessariamente tem de vender com um lucro, pois vende o que lhe custou um equivalente e o que não lhe custou nada. Renda, juro e lucro, "são apenas *diferentes nomes para diferentes partes* da *mais-valia* da mercadoria ou do *trabalho não pago encerrado nela* e *derivam igualmente desta fonte e*

147 *K*, p. 97. "Os produtos do trabalho se convertem em mercadorias no mesmo ritmo em que determinada mercadoria se transforma em dinheiro."

148 *K*, p. 104.

149 *SPL*, p. 53.

apenas desta".[150] Portanto, não se trata da adição de valores independentes, mas de um valor único que é dividido. Não é o capitalista, tampouco, que acrescenta um valor arbitrário para seu lucro. Há dois modos de calcular a taxa de lucro: na relação da mais-valia gerada levando-se em conta o capital total adiantado ou considerando apenas o capital adiantado em salários – apenas esta última forma é *capaz* de mostrar o real grau de exploração do trabalho.

O produto desenvolve seu caráter de mercadoria – e, portanto, de valor de troca – ao *multiplicar-se incessantemente* com a produção capitalista, a diversidade das esferas da produção e de trocas do produto.[151] Por isso, o comércio é uma das condições de surgimento do capital e fundamental na renovação constante das premissas do processo, isto é, dos elementos separados do processo de produção confrontando-se como mercadorias.

Uma vez que vendeu sua força de trabalho, o operário converte-se em comprador de mercadorias, e os capitalistas, de compradores de força de trabalho, tornam-se apenas vendedores de mercadorias, de modo que "na esfera da circulação todos desempenham, sucessivamente, os mesmos papéis",[152] fazendo com que a distinção entre os possuidores de mercadorias desapareça continuamente, todos são compradores e vendedores. Observando melhor, porém, percebemos que o dinheiro do operário, na forma de salário, compra os meios de subsistência produzidos pelo seu próprio trabalho e que estão sob o domínio do capital. "A relação entre simples vendedores de mercadorias implica em que estes troquem *seus* próprios *trabalhos*, encarnados em diversos valores de uso. A compra e venda da força de trabalho como resultado incessante do processo capitalista de produção implica que o operário deve *readquirir*, constantemente, uma parte de seu próprio produto em troca de seu trabalho vivo"[153] e, com isso, a *aparência* de simples relação entre *possuidores de mercadorias* é desfeita. A mercadoria produzida pelo próprio operário confrontando-o como capital constante (compradora de sua força de trabalho) é, de acordo com a expressão de Marx, a *forma mediadora* de submissão do trabalho ao capital.

O capital como comprador da força de trabalho e o operário como vendedor da mesma constitui uma determinação mediadora imanente a esse modo de produção (posto que existem outras formas mais diretas de submissão do trabalho e da propriedade pelos possuidores das condições de produção). E isso não se deve a uma relação que surge simplesmente da natureza da própria mercadoria, mas da divisão entre os

---

150 *SPL*, p. 63.

151 *Cap VI*, p. 101.

152 *Cap VI*, p. 46.

153 *Cap VI*, p. 94.

elementos que correspondem ao processo de produção, elementos que passam por uma progressiva *autonomização* até que o *dinheiro*, como forma geral do *trabalho objetivado*, se converte em *comprador* da capacidade de trabalho, esta que é "a fonte viva do *valor de troca*". Autonomizados, estes elementos chegam até a personificação recíproca: "A riqueza *real* – *dinheiro*, se considerada do ponto de vista do valor de troca e *meios de subsistência e de produção*, se considerada do ponto de vista do valor de uso – se defronta, como uma pessoa, à *possibilidade* da riqueza, isto é, à capacidade de trabalho, como a uma outra pessoa",[154] consumando-se a troca de menos trabalho objetivado por mais trabalho vivo.

Logo, o momento da troca é fundamental para o processo de valorização. Como é apenas com a transformação do capital variável em trabalho que a soma de valores adiantada na forma de dinheiro ou mercadorias se valoriza, transformando-se em capital no interior do processo de produção, a *compra e venda da capacidade de trabalho* constitui "o *fundamento absoluto* do processo capitalista de produção".[155] É na troca de trabalho objetivado por trabalho vivo que todo o processo de produção de mercadorias tem seu ponto de partida e seu ponto de chegada – por isso, diz Marx, a progressão em círculos da análise corresponde não apenas ao desenvolvimento histórico do capital, mas também seu desenvolvimento presente atual, já que este se utiliza da forma da troca para se valorizar dentro do processo produtivo, absorvendo a maior parte de trabalho excedente – a mais-valia – que lhe seja autorizado segundo as leis do valor e do capital.

As esferas da troca e da produção estão, portanto, relacionadas e são interdependentes. A troca, contudo, em todos os seus momentos é determinada pela produção (como se pode deduzir pelo até aqui exposto): "a troca de atividades e capacidades se efetua na própria produção, pertence diretamente a esta e a constitui essencialmente"; a produção prevalece também em relação à troca de produtos, "na medida em que é o meio que serve para criar o produto acabado, destinado ao consumo imediato"; e por fim, mesmo a troca entre negociantes (ou seja, entre não produtores) é "tão completamente determinada pela produção que é uma atividade produtiva".

Somente na última etapa, na qual o produto é trocado imediatamente para o consumo, é que "a troca aparece como independente junto à produção e indiferente em relação a ela". Porém, ainda assim, não existe troca sem a divisão do trabalho, "quer natural, quer como resultado histórico", "a troca privada supõe a produção privada", e, por fim, a intensidade da troca, como ela é feita e sua extensão, depende do desenvolvimento e da articulação da produção (como a troca entre a cidade e o campo, a troca no campo, na cidade etc.).[156] Tal determinação da produção sobre a troca nos evidencia,

154 *Cap VI*, p. 46-47.

155 *Cap VI*, p. 36.

156 *In57*, p. 115.

por conseguinte, que a troca não regula a magnitude do valor da mercadoria, mas é a magnitude do valor da mercadoria que regula as relações de troca.[157]

DINHEIRO E CAPITAL

Vejamos mais detalhadamente como o dinheiro se transforma em capital e as características especiais de ambos quando relacionados ao indivíduo. Em busca das formas econômicas geradas no processo de circulação, deixando de lado, portanto, o conteúdo material da circulação, isto é, a troca dos diferentes valores de uso, chegamos ao dinheiro como o produto final da circulação de mercadorias.[158]

O dinheiro é uma forma modificada da mercadoria – mercadoria e dinheiro, por sua vez, são premissas elementares do capital,[159] mas não se desenvolvem em capital sob quaisquer condições. O dinheiro só se transforma em capital quando a força de trabalho se transforma em mercadoria para o próprio trabalhador, e desta forma o dinheiro representa, para ele, trabalhador, simplesmente os meios de subsistência que existem no mercado.

A forma que o capital assume para se valorizar é o dinheiro, o equivalente universal que torna tudo comprável, tudo conversível em dinheiro; tudo, desde que tenha sido alienado pelo seu proprietário: "apenas é convertido em dinheiro o que se alienou, aquilo que seu possuidor dele se alienou. *Everything is therefore alienable*, ou indiferente para o indivíduo, exterior a ele. As pretensas posses eternas, inalienáveis, e as relações de propriedade fixas, imutáveis, que lhes correspondem, se esfumam diante do dinheiro".[160] Isto ocorre porque apenas a condição de propriedade das condições de trabalho faz com que o intercâmbio monetário se realize de modo a possibilitar que o comprador enrede o vendedor sob sua dependência econômica. Para que um vendedor de mercadorias não tenha que vender sua própria força de trabalho como mercadoria, é mister que ele possua meios de produção (matérias-primas, instrumentos etc.), e para que o dinheiro seja transformado em capital, "tem o possuidor de dinheiro de encontrar o trabalhador livre no mercado de mercadorias, livre nos dois sentidos, o de dispor como pessoa livre de sua força de trabalho como sua mercadoria, e o de estar livre, inteiramente despojado de todas as coisas necessárias à materialização de sua força de trabalho, não tendo além desta outra mercadoria para vender".[161] Para quem possui

157 *K*, p. 72.

158 *K*, p. 165.

159 Cf. *Cap VI*, p. 160.

160 *M57-58*, p. 331-332.

161 *K*, p. 189.

o dinheiro, pouco importa saber o motivo de o trabalhador livre se defrontar com ele no mercado de trabalho.

O capital tem seu ponto de partida com a circulação de mercadorias.[162] No século XVIII, que foi chamado o século do comércio, desenvolve-se o sistema monetário ("comércio de dinheiro, dos bancos, das dívidas de Estado, do papel-moeda, das especulações com ações, da agiotagem em todos os artigos"), o que faz com que o capital perca "grande parte do caráter natural a que ainda estava preso",[163] a liberdade de movimento é condição decisiva para seu desenvolvimento. Marx observa que as relações de propriedade originárias da cidade e do campo se baseavam predominantemente na propriedade imóvel, com o capital fixado (ou ainda não separado) na propriedade de terra. Por isso, o aparecimento de comerciantes, cujo capital sempre foi móvel, constituiu uma pré-condição decisiva para o desenvolvimento do capital moderno. A subsequente mobilização da manufatura numa massa de capital imóvel surgido naturalmente aumenta a massa do capital móvel, pois a manufatura produzia e vendia para o comércio.[164] A grande indústria, através da concorrência universal, estabeleceu, a partir de então, "os meios de comunicação e o mercado mundial moderno, submeteu a si o comércio, transformou todo o capital em capital industrial e engendrou, com isso, a rápida circulação (o desenvolvimento do sistema monetário) e a centralização dos capitais".[165]

Marx demonstra que na transformação do dinheiro em capital, o valor "passa continuamente de uma forma para outra, sem perder-se nesse movimento, transformando-se numa entidade que opera automaticamente", dinheiro e mercadoria passam a funcionar como modos de existência diversos do valor: "sendo o dinheiro seu modo de existência geral, e a mercadoria seu modo de existência particular ou dissimulado".[166] É na diferença na forma de circulação que é possível distinguir o dinheiro que é apenas dinheiro do dinheiro que é capital.

Na forma simples de circulação de mercadorias, a mercadoria é vendida para, com o dinheiro obtido, transformar-se novamente em mercadoria através da compra (processo M-D-M). Na circulação que transforma dinheiro em capital, diferentemente, compra-se para vender, isto é, o dinheiro converte-se em mercadoria e reconverte-se de mercadoria em dinheiro, e assim vira capital. O movimento conjunto das fases da troca, o dinheiro comprando mercadoria (D-M) e a mercadoria comprando dinheiro (M-D), mantém a unidade da circulação (D-M-D) e, portanto, temos como resultado

162 Cf. *K*, p. 165.

163 *IA-I*, p. 93.

164 Cf. *IA-I*, p. 87.

165 *IA-I*, p. 94.

166 *K*, p. 173.

final do processo a troca de dinheiro por dinheiro (D-D). Aqui, o capitalista, com a compra, "lança dinheiro em circulação, para retirá-lo dela depois com a venda da mesma mercadoria. Solta o dinheiro com a segunda intenção de apoderar-se dele de novo";[167] assim, apenas adianta dinheiro.

O dinheiro muda de lugar definitivamente na troca simples de mercadorias, na transformação do dinheiro em capital, o dinheiro volta ao seu ponto de partida, e portanto, "é o próprio valor-de-troca o motivo que o impulsiona, o objetivo que o determina",[168] e não as necessidades satisfeitas no consumo, o valor de uso. O dinheiro retorna ao seu ponto de partida, entretanto, modificado *quantitativamente* (uma vez que, no dinheiro, toda diferença qualitativa está extinta): há um acréscimo de valor, uma mais-valia, de modo que o processo é, na realidade: D-M-D'.

O dinheiro é a forma autônoma de que precisa o valor para expandir-se; posto que o valor assume alternadamente a forma dinheiro e a forma mercadoria, conservando-se e dilatando-se nessas alterações. A inversão de dinheiro em mais dinheiro só ocorre para o capitalista: "no papel de capitalista compro mercadoria de A e vendo-a a B, e na de simples possuidor de mercadoria vendo a mercadoria a B e, depois, compro mercadoria de A".[169] Os participantes A e B não notam diferença entre os dois processos, o capitalista, por sua vez, aparentemente não exerce, nesta esfera, função de capital, não é algo além de dinheiro ou mercadoria nesta transação. É apenas para o capitalista que existe essa conexão entre as operações. Não está na circulação de mercadorias, por conseguinte, a fonte do valor excedente – na troca de equivalentes, em sua forma pura, não há nenhum meio de acrescentar valor.[170] Ao supor a troca de não-equivalentes tampouco podemos verificar o aumento do valor.

Assim, chegamos ao seguinte resultado: o capital "nem pode originar-se na circulação nem fora da circulação. Deve, ao mesmo tempo, ter e não ter nela sua origem".[171] Esse enigma só pode ser desvendado no primeiro ato do processo, na compra de mercadoria com dinheiro (D-M): é na propriedade especial contida no valor de uso de certa mercadoria que necessariamente está encerrado o mistério do processo de transformação de dinheiro em capital, na circulação D-M-D'.[172] Em outras palavras, é no consumo da *mercadoria força de trabalho* – que possui a propriedade peculiar de ser fonte de valor – no interior do *processo de produção* que se opera o aumento de valor. A

167 *K*, p. 168.

168 *K*, p. 168-169.

169 *K*, p. 175.

170 Cf. *K*, p. 178.

171 *K*, p. 186.

172 Cf. *K*, 187.

relação de dependência é gerada no interior do processo de produção, e a relação de compra e venda é a forma intermediária de que se utiliza o capital para que se perpetue a dependência do trabalhador sob a "*aparência* falaz de uma transação", um contrato entre pessoas de iguais direitos e que se contrapõem livremente.

A transformação de dinheiro em capital divide-se em dois processos autônomos, aponta Marx, e estes "pertencem a esferas completamente diferentes e existem separadamente um do outro". O primeiro processo se efetua no mercado, na esfera da *circulação de mercadorias*, quando ocorre a compra e a venda da capacidade de trabalho; o outro processo é o consumo da capacidade de trabalho adquirida, ocorre portanto no próprio processo de produção. "No segundo processo, o operário apresenta-se transitoriamente (*pro tempore*) como componente vivo do próprio capital, e a categoria de troca está aqui totalmente excluída, já que o capitalista se apropria – pela compra – de todos os fatores do processo de produção – tanto materiais como pessoais, antes do início do processo".[173]

Como relação social gerada na base do processo capitalista de produção, o (dinheiro transformado em) capital existe sob a forma de *meios de produção*, "essa *função indissolúvel dos valores de uso*"; advém daí a determinação desses meios de produção (que são coisas, daí o fetichismo dos economistas) como capital, ou seja, o capital é considerado coisa "exatamente do mesmo modo que, no seio desse modo de produção, os nele implicados consideram o *produto* em si mesmo como *mercadoria*".[174] O fato do dinheiro se converter em fatores do processo de trabalho não faz, por si só, com que o material e os meios de trabalho sejam por natureza capital: "a natureza não produz, de um lado, possuidores de dinheiro ou de mercadorias, e, de outro, meros possuidores das próprias forças de trabalho";[175] não é uma relação natural nem é comum a todos os períodos históricos, ao contrário, engendra-se como produto de muitas revoluções econômicas.

Nessa movimentação, o capital precisa ser tão *fluido* quanto o exigido para adquirir determinado tipo de capacidade de trabalho ou de um gênero de trabalho específico. O capital é, por isso, indiferente em relação à particularidade de cada esfera de produção, apenas a facilidade ou a dificuldade em vender as mercadorias determinará em que ramo produtivo o capital será investido, de que forma será o investimento e se a distribuição entre os diversos ramos da produção será mudada. Igualmente, o capital é indiferente quanto ao "caráter peculiar do processo de trabalho de que se apropria", se lhe correspondem a "mesma fluidez ou *versatilidade* no trabalho" e, consequentemente, é indiferente "quanto à aptidão do operário no emprego de sua capacidade de

173 *Cap VI*, p. 32-33.

174 *Cap VI*, p. 14.

175 *K*, p. 189.

trabalho".[176] O trabalhador, por sua vez, manifesta a mesma indiferença em relação a sua atividade. Dessa forma, como só existem um para o outro como possuidores de valores equivalentes, equivalência que se prova na troca, "são, ao mesmo tempo, substituíveis e indiferentes uns aos outros; suas diferenças individuais aqui nada são; são totalmente indiferentes às demais características individuais";[177] estando a indiferença e a equivalência na base do processo de troca, a *diversidade* natural entre as mercadorias é *continuamente apagada pela circulação,*[178] cada um se apresenta ao outro como o dinheiro em si mesmo.

Portanto, é no processo de produção que o capital gera a si mesmo como capital e ao mesmo tempo realiza-se como capital: "Que o processo de produção gera *capital*, é, pois, outra maneira de dizer que gerou *mais-valia*. Mas, com isso, a questão não está encerrada. A *mais-valia* reconverte-se em capital adicional; apresenta-se como formadora de novo capital ou de capital acumulado. Dessa maneira, o *capital* gerou *capital*, e não apenas se realizou como capital. O próprio *processo de acumulação* não é mais do que um momento imanente do processo capitalista de produção. Implica em nova *criação de assalariados* /.../ a única matéria por meio da qual pode funcionar como capital adicional".[179] O trabalhador, por sua vez, adianta ao capitalista o valor de uso da força de trabalho, ou seja, permite que o comprador a consuma antes de pagá-la, concedendo, assim, crédito ao capitalista.[180]

Pela circulação simples – antes que o dinheiro ou a mercadoria se tenham transformado realmente em capital – percebemos que "o *caráter de capital* não é nem sua natureza de dinheiro nem sua natureza de mercadoria, nem o valor de uso material dessas mercadorias, consistente em servir como meios de subsistência e de produção, mas o fato de que o dinheiro e a mercadoria, os meios de produção e meios de subsistência se defrontam com a *capacidade de trabalho* – destituída de toda riqueza objetiva – como *poderes autônomos* personificados em seus possuidores",[181] configurando, neste sentido, dada relação social.

Fruto de um modo de produção determinado, que surge com a individualização do valor de troca, o dinheiro é um meio especial de intercâmbio e, portanto, tal como o capital, "o dinheiro não é um objeto: é uma relação social".[182] Nessa relação o indivíduo

---

176 *Cap VI*, p. 44-45.

177 *M57-58*, p. 182.

178 Cf. *Grundrisse*, p. 186.

179 *Cap VI*, p. 90-91.

180 "Que esse crédito não é nenhuma fantasia vã prova a perda eventual do salário por falência do capitalista, além de outras consequências mais duráveis." (*K*, p. 194-195)

181 *Cap VI*, p. 34.

182 *MF*, p. 77.

existe somente como produtor de valor de troca, o "que implica a negação total de sua existência natural", por conseguinte, implica que ele seja "totalmente determinado pela sociedade", pressupondo que o indivíduo está submetido, além da divisão do trabalho etc., "a outras relações além daquelas de simples cambistas".[183] Marx observa que "o que torna particularmente difícil a compreensão em sua determinidade enquanto dinheiro – dificuldades as quais a economia política respondeu buscando escapar delas, esquecendo-se de uma e outra de suas determinações, e indicando uma quando se tratava de outra – é o fato de que aqui uma relação social, uma determinada relação dos indivíduos entre si, aparece como um metal, uma pedra, uma coisa corpórea que se encontra tal qual na natureza e na qual não subsiste mais nenhuma determinação formal que se possa distinguir de sua existência natural".[184]

O pressuposto elementar da sociedade burguesa é que o trabalho produza imediatamente valor de troca, portanto, dinheiro; depois, que o dinheiro compre também imediatamente trabalho, e portanto, o trabalhador, mas somente na medida em que ele mesmo venda sua atividade em troca. A partir disso, a mercadoria ou o trabalho são determinados como valor de troca, "os indivíduos, os sujeitos através dos quais acontece este processo são determinados como simples cambistas",[185] pois o nexo pelo qual as diferentes mercadorias se relacionam umas às outras é a equiparação na troca recíproca de valores.

O dinheiro é "também imediatamente por sua vez o ser real da comunidade, na medida em que é a substância universal da existência para todos e ao mesmo tempo o produto coletivo de todos". Desse modo, é um meio de satisfação do indivíduo isolado no qual a comunidade é "abstração, pura exterioridade e contingência para o indivíduo singular".[186] O poder do dinheiro, isto é, "o fato de este meio de troca universal adquirir uma existência autônoma, escapando tanto ao controle da sociedade como ao ato dos indivíduos, é algo que, num plano mais geral, faz surgir com particular nitidez a transformação das próprias condições de produção e de trocas em fator autônomo,

---

183 *M57-58* p. 187-188.

184 *M57-58*, p. 179. "Não existe absolutamente nenhuma diferença entre eles, contanto que se tome a determinação formal, e esta ausência de diferença é sua determinação econômica, a determinação na qual se acham uns aos outros em uma relação de comércio; é o indicador de sua função social ou da ligação social que há entre eles. Cada um dos sujeitos é um cambista; isto é, cada um tem a mesma ligação com os demais. Enquanto sujeitos da troca sua ligação é por conseguinte aquela da igualdade. É impossível discernir entre eles qualquer diferença, ou oposição, que seja, nem mesmo a mínima diversidade." (*M57-58*, p. 181)

185 *M57-58*, p. 181. Criticando a filosofia especulativa, Marx explica que "por este simples processo, por esta metamorfose do atributo em sujeito, pode-se criticamente transformar todas as determinações essenciais do homem em monstros e alienações do ser". (*SF*, p. 31)

186 *M57-58*, p. 164.

que escapa ao controle dos homens".[187] A pressuposição do valor de troca como fundamento objetivo do conjunto do sistema de produção implica, para o indivíduo, esta coação, isto é, seu produto não é produto para ele, "mas torna-se tal somente no processo social", e ele necessita tomá-lo sob a forma de dinheiro que é ao mesmo tempo universal e exterior.

Há uma separação e uma contraposição entre as necessidades humanas e as efetivas finalidades que o dinheiro porta, "os indivíduos estão dominados por abstrações, embora dependam uns dos outros" –[188] o dinheiro passa a ser, sob o capital, a expressão da onipotência ilusória dos indivíduos (que o possuem) e por isso não poderia ter conteúdos menos mesquinhos e humanos: "todas as paixões e toda atividade têm, portanto, de naufragar na *cobiça*. Ao trabalhador só é permitido ter tanto para que queira viver, e só é permitido querer viver para ter".[189] Marx explica que, como resultado do processo de separação entre a atividade do trabalhador e suas condições de objetivação, "a diferença da demanda efetiva, baseada no dinheiro, e da carente de efeito, baseada na minha carência, minha paixão, meu desejo etc., é a diferença entre *ser* e *pensar*, entre a pura representação *existindo* em mim e a representação tal como ela é para mim enquanto *objeto efetivo* fora de mim".[190]

Antes de ser substituída pelo valor de troca, toda forma de riqueza supunha uma relação essencial do indivíduo para com o objeto: "o indivíduo se objetiva por um lado na coisa e, ao mesmo tempo, sua possessão, por outro lado, aparece como um desenvolvimento determinado de sua individualidade; a riqueza em carneiros como desenvolvimento do indivíduo enquanto pastor, a riqueza em grãos como seu desenvolvimento enquanto agricultor etc. Ao contrário, o dinheiro, enquanto indivíduo da riqueza universal, enquanto provindo ele mesmo da circulação e representando apenas o universal, enquanto resultado tão somente social, não pressupõe absolutamente nenhuma relação individual com seu possuidor; sua possessão não é o desenvolvimento de aspectos essenciais de sua individualidade, mas, ao contrário, possessão daquilo que é sem individualidade, sendo que esta [relação] social existe ao mesmo tempo como coisa sensível e concreta, exterior, do qual pode apoderar-se e mecanicamente também perdê-lo".[191] O dinheiro não pertence a determinada individualidade por eventuais características especiais, todos os indivíduos são iguais perante o dinheiro, coisa por excelência sem individualidade e que transfere sua abstração ao seu possuidor. Com a

187 *IA-II*, p. 238.

188 *Gr*, p. 101.

189 *M44*, p. 142.

190 *M44*, p. 160.

191 *Gr*, p. 160.

produção capitalista instaura-se uma inversão no comportamento humano corporificada no dinheiro, que "é, portanto, a inversão universal das individualidades, que ele converte no seu contrário e que acrescenta aos seus atributos atributos contraditórios. Enquanto tal poder inversor, o dinheiro se apresenta também contra o indivíduo e contra os vínculos sociais etc., que pretendem ser, para si, essência". É o dinheiro que se apresenta como a verdadeira potência, não o homem, este só é poderoso na medida em que possui dinheiro – inversão fundamental que revela o dinheiro como a materialização e o mediador das relações capitalistas, cuja finalidade está em si mesmo, em sua valorização como capital. Por isso, "como o dinheiro, enquanto conceito existente e atuante do valor, confunde e troca todas as coisas, ele é então a confusão e a troca universal de todas as coisas, portanto, o mundo invertido, a confusão e a troca de todas as qualidades naturais e humanas".[192]

A oposição existente entre capital e homem expressa-se no conteúdo humano que é retirado do homem e colocado no dinheiro, que com isso se torna, no desenvolvimento das forças produtivas humanas, a verdadeira e efetiva potência. Na medida em que "transforma meus desejos de seres da representação, os traduz da sua existência pensada, representada, querida, em sua existência *sensível*, *efetiva*, da representação para a vida, do ser representado para o ser real", e assim, "enquanto tal mediação, o dinheiro é a força *verdadeiramente criadora*".[193]

Como o indivíduo pode existir somente mediante a compra e a venda os produtos da atividade humana, a riqueza e o dinheiro configuram-se, por consequência, em oposição à vida individual: "tudo aquilo que tu não podes, pode o teu dinheiro: ele pode comer, beber, ir ao baile, ao teatro, sabe de arte, de erudição, de raridades históricas, de poder político, pode viajar, *pode* apropriar-se disso tudo para ti; pode comprar tudo isso; ele é a verdadeira *capacidade*. /.../ E tu tens de poupar não somente teus sentidos imediatos, como comer etc., tu tens de poupar também na colaboração com interesses universais, na compaixão, na confiança, se tu queres ser econômico, se não queres te arruinar com ilusões. Tu tens de fazer *venal*, ou seja, útil, tudo o que é teu".[194] Assim, o homem ativo, o trabalhador, não apenas deixa de fruir os produtos de sua atividade combinada com a de outros indivíduos, é ainda obrigado a poupar os sentidos parcamente desenvolvidos, para que também estes possam, até seu limite, serem venais.

O dinheiro é expressão da incapacidade social de organização da atividade humana, desde o processo de trabalho até seus produtos, social e individualmente considerada. O dinheiro é uma espécie de artifício para se coordenar atividade produtiva

---

192 *M44*, p. 160.

193 *M44*, p.160.

194 *M44*, p. 142.

e organização social, ambas historicamente voltadas primordialmente às necessidades humanas, ainda limitadas. No capitalismo, o artifício torna-se o principal objetivo.

Em outra passagem que considera o dinheiro desse mesmo ângulo, isto é, da perda do valor absoluto das coisas e a redução do mesmo ao gozo individual egoísta da posse, diz Marx, mesmo o dinheiro sendo apenas dinheiro na circulação (e não capital), ele troca-se novamente por objetos do gozo etc., troca-se "por valores que, todos, no fim das contas, podem reduzir-se a gozos puramente individuais, coisa alguma tem valor senão na medida que seja para o indivíduo. O valor autônomo das coisas, exceto o caso onde consista em puro ser-para-outro, em sua relatividade e trocabilidade, o valor absoluto, portanto de todas as coisas e relações se encontra dissolvido. Tudo é sacrificável ao gozo egoísta. Porque, da mesma maneira que tudo é alienável por dinheiro, tudo pode ser adquirido por dinheiro. Pode ter-se tudo com 'dinheiro contado' o qual, tendo ele mesmo uma existência exterior, pode *is to catch* pelo indivíduo *by fraud, violence*, etc. Tudo é apropriável por todos, e não é o caso quem decide qual indivíduo pode ou não se apropriar, pois tudo depende do dinheiro que se possui. Assim, o indivíduo em si está posto como senhor de tudo. Nada há de inegociável, pois tudo é negociável por dinheiro. Nada há de 'mais elevado', sagrado, etc., pois tudo é apropriável pelo dinheiro. As '*res sacræ*' e '*religiosæ*' /.../ são excluídas do '*commercio hominum*', não existem diante do dinheiro – assim como diante de Deus todos são iguais".[195] O uso do dinheiro resulta da medida social que calcula agora o que antes era o valor inalienável das coisas e relações. Tal medida toma como pressuposto o indivíduo que é livre e que determina as condições de sua realidade – ilusão gerada pelas relações monetárias.

O TRABALHADOR

O "fator essencial do processo de trabalho é o próprio trabalhador".[196] A utilização da força de trabalho é a força de trabalho em ação, o próprio trabalho,[197] "o conjunto das faculdades físicas e mentais, existentes no corpo e na personalidade viva de um ser humano, as quais ele põe em ação toda vez que produz valores de uso de qualquer espécie".[198] O dispêndio da força vital e a realização das capacidades produtivas é um movimento do trabalhador, não do capitalista: "considerado como função pessoal, em sua efetividade, o trabalho é função do operário".[199] Contudo, a separação do trabalho em relação ao objeto de trabalho, aos meios de trabalho e, por fim, aos produtos do

---

195 *M57-58*, p. 331-332.

196 *Cap VI*, p. 28.

197 Cf. *K*, p. 201.

198 *K*, p. 187.

199 *Cap VI*, p. 10.

trabalho explicita uma determinação fundamental do processo capitalista de produção: objetos, meios e produtos do trabalho não pertencem ao trabalhador. A quem pertence, pergunta Marx, o produto do trabalho e a própria atividade? O poder estranho sobre o homem é o próprio homem, mas não o trabalhador.[200]

É a relação do trabalhador com o trabalho que "engendra a relação do capitalista (ou como se queira nomear o senhor do trabalho) com o trabalho".[201] Afinal, "como poderia o produto de seu trabalho opor-se de modo alheio ao trabalhador se no ato da produção ele não se estranhasse-se a si mesmo?"[202] Vejamos como Marx demonstra que o operário torna-se o que é no processo de trabalho, momento em que, do ponto de vista da troca, o capitalista recebe sua "mercadoria".

Um homem que produz um artigo para seu próprio uso imediato, para seu próprio consumo, cria um produto, mas não uma mercadoria – isto é, o produtor que se sustenta a si próprio nada tem a ver com a sociedade. A sociedade capitalista toma como expressão do caráter social da produção a forma-mercadoria. Portanto, quando o produtor produz socialmente, ele produz uma *mercadoria*, isto é, "não tem apenas de produzir um artigo que satisfaça alguma necessidade social, o seu próprio trabalho tem de ser parte integrante da soma total de trabalho gasta pela sociedade. Tem de estar subordinado à *divisão do trabalho no interior da sociedade*. Não é nada sem as outras divisões do trabalho e, pela sua parte, é requerido para as *integrar*".[203] Essa dependência "se apresenta, antes de mais nada, na realidade, como a dependência recíproca entre os indivíduos entre os quais o trabalho está dividido",[204] dependência socialmente necessária, mas controversa às aspirações individuais. "Originariamente, o trabalhador vendia sua força de trabalho ao capital por lhe faltarem os meios materiais para produzir uma mercadoria. Agora, sua força individual de trabalho não funciona se não estiver vendida ao capital".[205]

A *capacidade de trabalho* do operário encontra-se, tanto na manufatura quanto na indústria, entre as mercadorias que operam no processo de produção capitalista. Como sabemos, de modo geral, os elementos que compõem o processo de produção cindem-se e opõem-se: de um lado, os meios de produção objetivos, de outro, a capacidade operária de trabalho, "a força de trabalho que se manifesta orientada para determinado

200 Cf. *M44*, p. 82.

201 *M44*, p. 87.

202 *M44*, p. 238.13-15.

203 *SPL*, p. 49.

204 *M44*, p. 83. A "crítica crítica" ensina aos operários, "pelo contrário, que deixarão de ser na realidade os assalariados se, no pensamento, abolirem a idéia do trabalho assalariado, e deixarem, em pensamento, de se considerarem como assalariados e, portanto, não se fizerem pagar individualmente". (*SF*, p. 48)

205 *K*, p. 412-413.

fim, a condição *subjetiva* da produção".[206] Dessa forma, para que estas mercadorias que fazem parte dos objetos de trabalho e dos instrumentos de produção sejam utilizadas produtivamente, seu *valor de uso* é importante ao capital (e isto é uma determinação que está na natureza do processo de trabalho), diferente do que ocorre com a determinação conceitual da mercadoria, cujo conteúdo particular no que concerne ao seu valor de uso imediato não importa. O valor de uso, em relação aos meios de produção, recebe uma nova determinação formal (e isto também acontece em virtude da própria natureza do processo de trabalho), fato que é especialmente importante para o desenvolvimento da "*relação econômica*, da *categoria econômica*".

A força produtiva do trabalhador social pertence à produtividade do capital. Ao cooperarem, isto é, ao "serem membros de um organismo que trabalha", os trabalhadores geram forças produtivas que somente representam uma "forma especial de existência do capital". Essa força combinada desenvolve-se gratuitamente para o capital, assim como antes ocorria para os "reis asiáticos e egípcios",[207] e, sob esse ângulo, houve apenas uma transferência de poder sobre o trabalho, nas palavras de Marx. A utilização do princípio da cooperação simples pelo capital significa inicialmente que o capitalista paga a força de trabalho individual e não combinada, posto que o trabalhador pode vender somente o que possui e é proprietário apenas de sua *força de trabalho pessoal*, na medida em que a mercadeja. "Sendo pessoas independentes, os trabalhadores são indivíduos isolados que entram em relação com o capital, mas não entre si",[208] relação que se trava inicialmente no mercado, entre homens igualmente livres que trocam suas mercadorias. Neste sentido, conclui Marx: "O trabalho assalariado repousa exclusivamente na concorrência entre os operários".[209] Logo, a existência do trabalhador depende da procura dos capitalistas; o homem foi reduzido à condição de mercadoria, o que se constata visto que está, como qualquer mercadoria, submetido à lei da oferta e da procura – da procura por trabalhadores dependerá a produção de homens.[210] Sua existência está, assim, completamente subsumida aos interesses do capital.

A cooperação simples originalmente ligada ao processo de trabalho humano fundamenta-se na propriedade comunal dos meios de produção e no vínculo indissociável entre o indivíduo e a comunidade. O princípio da cooperação é que o trabalhador, ao cooperar com os outros de acordo com um plano, desfaz-se do limite de sua

---

206 *CapVI*, p. 11.

207 *SPL*, p. 49.

208 *K*, p. 383.

209 *MPC-I*.

210 Cf. *M44*, p. 24.

individualidade e desenvolve a capacidade de sua espécie.[211] Não se trata da elevação da força produtiva individual através da cooperação, mas da criação de uma força produtiva nova – ainda que o simples contato social provoque emulação entre os participantes, aumentando a capacidade de cada um.[212] Marx aponta duas diferenças essenciais desta forma de cooperação para a cooperação capitalista: (1) o pressuposto de relações de trabalho livres; (2) nas quais o trabalhador vende sua força de trabalho ao capital. "O conceito de compra implica já que o operário se comporte para com o seu produto como para com um objeto que lhe escapou, que se alienou".[213] Isso só se torna possível porque o indivíduo é separado da comunidade e dos meios de produção, só podendo dispor do próprio trabalho na medida em que o intercambia monetariamente – relação de exploração do trabalho visivelmente distinta da verificada nas formações pré-capitalistas e inclusive nas colônias modernas, em que o uso esporádico da cooperação em larga escala baseava-se em relações *diretas* de domínio e servidão. Agora o trabalhador é livre das condições de trabalho, é livre para vender sua força de trabalho: não é mais parte direta dos meios de produção (como os escravos e servos), e nem é dono dos meios de produção, como o camponês autônomo.

A unidade *coletiva* na cooperação, a divisão do trabalho, a utilização das forças naturais e das ciências e dos produtos do trabalho como maquinaria e tecnologia estão contrapostos aos operários individuais autonomamente como "algo *alheio*, *objetivo*, *preexistente* a eles".[214] A simples reunião de muitos trabalhadores no mesmo processo de trabalho sob o comando do capitalista já indica que o trabalho está estranhado do trabalhador. O capital é visto como uma *coisa* que desempenha um papel no processo produtivo. Essa percepção é reforçada pelo fato de que as mercadorias compradas pelo capitalista para que sejam consumidas como *meios de produção* no processo produtivo (processo de trabalho) são propriedade do capital, alheias ao trabalhador. Esses *meios de trabalho* dominam os trabalhadores e se tornam independentes deles na medida em que são forças *objetivas*; e todo o controle, "inteligência e vontade da oficina coletiva" são *encarnados* no capitalista ou em seus representantes. Essa relação do trabalhador com o trabalho engendra as personificações das funções do capital no capitalista e as do próprio trabalho subsumido, no trabalhador. Para Marx, esta *alienação* ocorre porque as formas sociais do trabalho do operário, "subjetiva e objetivamente – ou a forma de seu próprio trabalho social –, constituem relações que se formaram independentemente dos operários individualmente considerados; estes, quando subsumidos ao capital, convertem-

---

211 *K*, p. 378.

212 *K*, p. 375.

213 *SF*, p. 77.

214 *Cap VI*, p. 85.

-se em elementos dessas formações sociais que, entretanto, não lhes pertencem". São formações sociais que se contrapõem aos operários como formas *figurativas* do próprio capital, distintamente de sua capacidade de trabalho *isolada*: todos os produtos gerais do trabalho humano "pertencem ao capital, dele surgem e a ele se incorporam".[215]

Esse fenômeno *reveste formas mais reais* quando se considera que a própria força de trabalho do operário individual é modificada por essas formas a ponto de se tornar *impotente* em sua autonomia (à *margem* do contexto capitalista): "sua capacidade produtiva se quebra". O desenvolvimento da maquinaria acentuou esta contradição, pois "as condições de trabalho também surgem como dominando o trabalho do ponto de vista tecnológico e, ao mesmo tempo, o substituem, oprimem-no, tornam-no supérfluo em suas formas autônomas".[216] São exatamente as "características *sociais* do trabalho", portanto, que se contrapõem aos operários. Tanto as forças naturais quanto a ciência abstrata se opõem aos operários como *potências* do capital,[217] pois "de fato, separam-se da habilidade e do saber do operário individual e, ainda que observadas em sua origem sejam, por sua vez, produto do trabalho, surgem em toda ocasião em que engessam no processo de trabalho como *incorporadas* ao capital".[218] Portanto, até mesmo as forças naturais, que não valorizam o capital pois não são fruto do trabalho humano, surgem como potências do capital, porque é também um dos meios de que ele pode se utilizar para extrair trabalho vivo.

No processo de trabalho enquanto processo de valorização do capital é necessário considerar, portanto, "que não é o operário individual, mas uma crescente *capacidade de trabalho socialmente combinada*",[219] o agente real que coloca o processo total em movimento ao criar produtos. O pressuposto capitalista de utilizar muitos trabalhadores simultaneamente no mesmo processo de trabalho aparece como "necessidade histórica de transformar o processo de trabalho em processo social" e revela-se, ao mesmo tempo, como um meio "empregado pelo capital /.../ para daí tirar mais lucro".[220] O método de trabalho inicialmente não muda, mas as condições materiais do processo de trabalho, sim: parte dos meios de produção é utilizada em comum. Os trabalhadores nem precisam se ajudar mutuamente, apenas trabalhar no mesmo local. O controle

---

215 *Cap VI*, p. 85-86.

216 *Cap VI*, p. 85-86.

217 Até mesmo para o capitalista estes produtos são do desenvolvimento do capital e não das forças sociais do trabalho: "O capitalista que utiliza uma máquina não precisa compreendê-la" (*Cap VI*, p. 86), porém esta não se opõe ao capitalista da mesma maneira que o faz com o operário (uma vez que o capitalista é a personificação do capital).

218 *Cap VI*, p. 85-86.

219 *Cap VI*, p. 71.

220 *K*, p. 384.

capitalista sobre o trabalho social torna-se condição necessária para efetivar os trabalhos individuais. Ao mesmo tempo, a diferença entre o trabalhador individual e o trabalhador médio anula-se quando tomado certo número de trabalhadores – sob o comando de um capitalista. Por conseguinte, a *economia das condições de trabalho aparece ao trabalhador distinta dos métodos que elevam sua produtividade pessoal.*[221] É bastante característico, por isso, que a ciência, "como produto intelectual em geral do desenvolvimento social", apresente-se como diretamente incorporada ao capital, isto é, "sua aplicação como ciência, separada do saber e da potencialidade dos operários considerados individualmente, no processo material de produção", e que o desenvolvimento geral da sociedade apresente-se como desenvolvimento do *capital*, posto que, "para a grande maioria, esse desenvolvimento corre paralelo com o *esvaziamento da força de trabalho*".[222] Conclui-se que o modo de produção capitalista desenvolve a força produtiva social do trabalho e a riqueza acumulada em oposição ao operário individual em sua realidade efetiva imediata e, consequentemente, em oposição à classe operária. O crescimento do capital como um mundo de riqueza alheio e dominador corresponde à "pobreza, indigência e sujeição subjetivas" do operário, "seu *esvaziamento* e essa *abundância* se correspondem a andam a par".[223]

Com a evolução do capitalismo, cada vez mais *funções da capacidade de trabalho* são absorvidas e se incluem no conceito imediato de trabalho produtivo (que valoriza o capital) e, consequentemente, englobam "seus agentes no conceito de *trabalhadores produtivos*, diretamente explorados pelo capital e *subordinados* em geral a seu processo de valorização e de produção". As diversas capacidades de trabalho que cooperam entre si e formam "a máquina produtiva total" têm participações muito diferentes no processo imediato da formação de produtos: "este trabalha mais com as mãos, aquele trabalha mais com a cabeça, um como diretor, engenheiro, técnico, etc., outro, como simples ajudante". Apesar disso, "é absolutamente indiferente que a função de tal ou qual trabalhador – simples elo desse trabalhador coletivo – esteja mais próxima ou mais distante do trabalho manual direto".[224] De forma que mesmo a função puramente intelectual

---

221 Cf. *Cap VI*, p. 71.

222 *Cap VI*, p. 85. "/.../ esse desenvolvimento da força produtiva do trabalho objetivado, por oposição ao trabalho mais ou menos isolado dos indivíduos dispersos etc., e com ele a aplicação da ciência – esse produto geral do desenvolvimento social – ao processo imediato de produção; tudo isso se apresenta como força produtiva do capital, não como força produtiva do trabalho; ou como força produtiva do trabalho apenas na medida em que este é idêntico ao capital, e em todo caso nunca como força produtiva quer do operário individual, quer dos operários associados no processo de produção". (*Cap VI*, p. 55)

223 *Cap VI*, p. 85-86.

224 *Cap VI*, p. 71. Sobre os serviços, Marx comenta: "Todo trabalhador produtivo é assalariado, mas nem todo assalariado é trabalhador produtivo. Quando se compra o trabalho para consumi-lo como valor

também está submetida, enquanto elo da cadeia do processo produtivo total, ao trabalho produtivo de capital.

O proletário[225] não vende diretamente o seu trabalho, mas a sua força de trabalho: "a força de trabalho de um homem existe apenas na sua individualidade viva", e para que permaneça ativa, "uma certa massa de meios de subsistência tem de ser consumida por um homem para crescer e manter a vida".[226] Ao vendê-la, transfere para o capitalista a disposição *temporária* dela.[227] Como parte dos *fatores vivos* do processo de valorização que estão contidos no capital variável é imprescindível, portanto, que o valor que acrescenta o trabalhador seja conservado através de sua reintegração e reprodução. Isto é, que seja adicionado aos meios de produção (capital constante) uma *quantidade de trabalho* igual ao próprio valor do capital variável ou do salário, que corresponde ao mínimo necessário de meios de subsistência para a manutenção da força de trabalho. A segunda condição a cumprir pela capacidade de trabalho é "gerar um *aumento* de seu valor, uma mais-valia, de modo a objetivar no produto uma quantidade excedente de trabalho acima da existente no salário, uma *quantidade adicional de trabalho*",[228] medida no tempo.

Quando o capitalista compra a força de trabalho do operário por seu valor diário ou semanal, ele adquire o direito de consumo sobre sua mercadoria e dispõe, portanto,

---

de uso, como serviço, – e não para colocá-lo como fator vivo em lugar do valor do capital variável e incorporá-lo ao processo capitalista de produção –, o trabalho não é trabalho produtivo e o trabalhador assalariado não é trabalhador produtivo. Seu trabalho é consumido por causa de seu valor de uso, não como trabalho que gera valores de troca; consome-se-o improdutiva, não produtivamente. O capitalista, pois, não se defronta com o trabalho como capitalista, como representante do capital; troca seu dinheiro por esse trabalho na condição de renda, não como capital" (*Cap VI*, p.71-72). "Em suma: os trabalhos que só se desfrutam como serviços não se transformam em produtos separáveis dos trabalhadores – e, portanto, existentes independentemente deles como mercadorias autônomas – ainda que se os possa explorar de maneira diretamente capitalista, constituem magnitudes insignificantes se comparados com o volume da produção capitalista. Por isso, se deve fazer caso omisso desses trabalhos e tratá-los somente a propósito do trabalho assalariado, sob a categoria de trabalho assalariado que não é ao mesmo tempo trabalho produtivo" (p. 76); ainda que o contingente de trabalhadores possa ser alto no "setor" de serviços. "Serviço não é, em geral, senão uma expressão para o valor de uso particular do trabalho, na medida em que este não é útil como coisa, mas como atividade." (p. 78)

225 Como na definição de trabalhador produtivo, "por 'proletário' deve entender-se economicamente o assalariado que produz e expande o capital e é lançado à rua logo que se torna supérfluo às necessidades de expansão do 'monsieur capital', como o chama Pecqueur". (*K*, p. 714)

226 *SPL*, p. 57.

227 "É tanto assim o caso que não sei se de acordo com as leis inglesas mas certamente de acordo com algumas leis continentais, está fixado o tempo máximo pelo qual um homem está autorizado a vender sua força de trabalho. Se autorizado a fazê-lo por qualquer período indefinido, a escravatura seria imediatamente restaurada. Uma tal venda, se compreendesse, por exemplo, a duração da sua vida, fá-lo-ia imediatamente escravo do seu patrão por toda a vida". (*SPL*, p. 56)

228 *Cap VI*, p. 17.

de seu valor de uso específico através da utilização dessa força de trabalho integralmente durante todo o dia, toda a semana, ou todo o mês. Marx chama atenção para o fato de que embora o valor da força de trabalho seja determinado pela quantidade mínima de trabalho para mantê-la ou reproduzi-la, "o *uso* dessa força de trabalho está apenas limitado pelas energias ativas e pela força física do trabalhador", de forma que "a quantidade de trabalho, pela qual o *valor* da força de trabalho do operário é limitado, de modo algum constitui um limite para a quantidade de trabalho que a sua força de trabalho está apta a fornecer".[229]

O trabalhador "só é pago depois de ter empregado sua força de trabalho e depois de se terem materializado nas mercadorias o valor dessa força e a mais-valia. Assim, produziu ele a mais-valia, provisoriamente considerada o fundo de consumo do capitalista, além de produzir o fundo para seu próprio pagamento, o capital variável, antes de este chegar às suas mãos sob a forma de salário".[230] Esse fato é fundamental na reprodução do estranhamento, "uma vez que o operário recebe o seu salário *depois* que o trabalho está realizado e que sabe, além disso, que o que efetivamente dá ao capitalista é o seu trabalho, o valor ou preço da sua força de trabalho aparece-lhe necessariamente como o *preço* ou *valor do seu próprio trabalho*".[231] O valor ou preço da força de trabalho – que é, portanto, como qualquer outra mercadoria, determinado pela quantidade de trabalho necessário para produzi-lo – *toma o semblante* do preço ou valor do próprio trabalho (que como vimos não existe, pois o trabalho cria valor, não é criado por ele). Parece que o trabalho total foi pago, esta *falsa aparência* "distingue o *trabalho assalariado* de outras formas *históricas* de trabalho".[232]

Durante o processo produtivo total, incluindo a compra e venda de mercadorias, "o operário vendeu a disponibilidade sobre sua força de trabalho para conseguir os meios necessários de subsistência por um valor dado, determinado pelo valor de sua força de trabalho. Qual é, pois, no que a ele se refere, o resultado? Simples e puramente a reprodução de sua força de trabalho. Que cedeu em troca disso? A atividade conservadora de valor, criadora e multiplicadora de valor: seu trabalho. Em consequência, e deixando à parte o desgaste de sua força de trabalho, sai do processo tal qual

---

229 *SPL*, p. 59.

230 *K*, p. 661.

231 *SPL*, p. 60. Após estas explicações, Marx ressalta que, aqui, utilizará a expressão valor do trabalho, por ser popularmente assim conhecido o valor da força de trabalho. (Cf. *SPL*, p. 61)

232 *SPL*, p. 61. "Com o escravo, pelo contrário, até aquela parte do seu trabalho que é paga parece não ser paga. Claro que, para trabalhar, o escravo tem de viver e uma parte do seu dia de trabalho vai para repor o valor do seu próprio sustento. Mas, como não há qualquer contrato firmado entre ele e o seu amo e não decorrem quaisquer atos de compra e venda entre as duas partes, todo o seu trabalho parece ser dado de graça." (*SPL*, p. 61)

como entrou, como simples força de trabalho subjetiva que, para conservar-se, terá que percorrer renovadamente o mesmo processo".[233] Já o capital, no transcurso do processo "transformou-se pela primeira vez em capital real, em valor que se valoriza a si mesmo". Ambos os processos são, assim, consentâneos, o que é esvaziado em um é preenchido em outro, como diz Marx.

Na medida em que, na produção, o operário reproduz seus produtos *como capital*, o capitalista reproduz o operário como *assalariado*. Por conseguinte, na esfera da circulação encontramos novamente o operário como vendedor de seu trabalho. "A relação entre simples vendedores de mercadorias implica em que estes troquem *seus* próprios *trabalhos*, encarnados em diversos valores de uso".[234] Essa transação é apenas forma mediadora da submissão ao capital do trabalho vivo, ou seja, é simples meio para conservação e aumento do trabalho que se lhe defronta como *objetivado*, como autônomo, "o trabalhador, longe de poder comprar tudo, tem de vender a si próprio e a sua humanidade".[235] A forma do capital de subsumir o trabalho e a propriedade por parte dos possuidores das condições de produção oculta e renova na simples relação monetária a *dependência perpétua* entre o capital e o trabalho fruto deste modo de produção. Esconde um trabalho que "não é, portanto, voluntário, mas forçado, *trabalho obrigatório*", isto é, o trabalho "não é a satisfação de uma necessidade, mas somente um *meio* para satisfazer necessidades fora dele".[236]

É evidente, então, que a retribuição do trabalho (salário) é uma coisa, enquanto a quantidade de trabalho (objetivado nas mercadorias) é outra totalmente diversa. Embora o valor das mercadorias seja medido pela quantidade de trabalho empregado na produção das mesmas, o salário não tem nenhuma determinação sobre a natureza do valor; mas sim o contrário.[237] É o trabalho simples que deve compor o volume de trabalho, e o volume do salário deve determinar-se pelo valor da força de trabalho simples. Na realidade imediata do operário individual o salário pode ainda estar acima ou abaixo do mínimo para a reprodução de sua força de trabalho, que tem uma média

233 *Cap VI*, p. 91.

234 *Cap VI*, p. 94.

235 *M44*, p, 28.

236 *M44*, p. 238.29-31.

237 "Suponhamos, então, que um quarter de trigo e uma onça de ouro são valores iguais ou equivalentes, porque são cristalizações de montantes iguais de trabalho médio, de tantos dias ou tantas semanas de trabalho respectivamente fixado neles. Ao determinarmos, deste modo, os valores relativos do ouro e do cereal, /.../ deixamos completamente indeterminado como é que seu dia ou semana de trabalho foram pagos ou mesmo se foi empregue trabalho assalariado. Desse modo, os "salários estarão limitados pelos valores dos produtos, mas os valores dos seus produtos não estarão limitados pelos salários. E, acima de tudo, os valores relativos do cereal e do ouro, por exemplo, terão sido estabelecidos sem se ter em nenhuma conta o valor do trabalho, isto é, o salário." (*SPL*, p. 50-51)

mais ou menos constante para a classe ("como o valor de todas as mercadorias"), a qual é simplesmente o mínimo necessário para reproduzi-la enquanto tal.

Quando vende sua força de trabalho – situação forçada pelas condições objetivas de trabalho que não lhe pertencem – o trabalhador tem em vista um objetivo imediato, que é obter dinheiro para comprar as mercadorias de que necessita como meios de subsistência: "a parte do capital consumida em salário aparece formalmente como parte que *já não* pertence ao capitalista, mas ao *trabalhador*, logo que passa a adotar a figura real dos meios de subsistência que entram no consumo do operário".[238] Sendo que "os meios de produção de subsistência aparecem como capital, mas, na verdade, tanto sob a forma de meios de produção quanto sob a forma de meios de subsistência, o produto, ao fim do processo de produção, existe como capital, oposto à capacidade viva de trabalho".[239] Esses meios de subsistência entram no processo de produção, por conseguinte, como "força de trabalho que se manifesta ativamente", e essa é a diferença, portanto, entre a parte do capital que representa o salário, os meios de subsistência, e a outra, os meios de produção.

Marx explica que para os capitalistas, "se os trabalhadores pudessem viver do ar, não se poderia comprá-los por nenhum preço. Seu custo nulo é, portanto, um limite no sentido matemático, sempre inatingível, embora seja possível uma aproximação dele cada vez maior. É tendência constante do capital levar o custo do trabalho a aproximar-se dessa posição niilista".[240] E por isso é crucial que a questão do aumento da retribuição do trabalho como forma de ajuste das desigualdades jamais deva ser desatrelada do problema em sua raiz: a separação entre o capital e o trabalho, o domínio do trabalho morto sobre o trabalho vivo, "o trabalho é *externo* ao trabalhador, isto é, não pertence ao seu ser", de modo que "ele não se afirma, portanto, em seu trabalho, mas nega-se nele".[241] O seu próprio trabalho, social e individual, opõe-se-lhe na forma de capital. O aumento de salário (que muitas vezes é mera correção de uma defasagem em relação ao valor da própria força de trabalho) é um dever que o trabalhador tem para consigo e sua classe – não implica a revolução de suas condições de existência, a revolução das condições e objetivos do capital, que atualmente o permite ou não (sobre)viver.[242]

---

238 *Cap VI*, p. 16.

239 *Cap VI*, p. 71-72.

240 *K*, p. 697.

241 *IA-II*, p. 46-47.

242 Portanto, a mera elevação do salário não faz com que o trabalhador "conquiste sua dignidade e determinação humanas" (*M44*, p. 88) – Marx polemiza contra o disparate de Proudhon a respeito deste tema também em *Miséria da Filosofia*.

Assim, além de ser mercadoria, o trabalhador "é uma mercadoria da mais miserável espécie", pois é uma mercadoria viva que, enquanto tal, "não tem apenas de lutar pelos seus meios de vida físicos, ele tem de lutar pela aquisição de trabalho, isto é, pela possibilidade, pelos meios de poder efetivar sua atividade".[243] É indiferente ao operário (tanto quanto o é para o capital) o *conteúdo particular* de seu trabalho. Uma vez que seu trabalho pertence ao capital, ele nada mais é do que "o valor de uso da mercadoria que o operário vendeu unicamente para obter dinheiro e, com este, obter meios de subsistência". O dinheiro, por ser apenas *quantum* determinado de valor de troca no qual toda particularidade do valor de uso está dissolvida, acaba por reforçar essa indiferença do trabalhador em relação ao conteúdo de seu trabalho, uma vez que o único objetivo do trabalho é o salário.[244] Apesar do conteúdo do trabalho individual ser indiferente ao trabalhador e também ao capital, Marx constata que "*os preços de trabalho das diferentes espécies de trabalhos são muito mais diversos do que os ganhos dos diferentes ramos nos quais o capital se aplica.* No trabalho, toda diversidade natural, espiritual e social da atividade individual sobressai e é paga diferentemente, enquanto o capital morto caminha sempre no mesmo passo e é indiferente perante a atividade individual *efetiva*".[245]

O conteúdo da atividade particular é indiferente ao trabalhador e ao capital ainda que a mercadoria tenha de portar um valor de uso específico que, por sua vez, exige um trabalho específico; e ainda que seja reconhecida a particularidade concreta do trabalho por um preço maior ou menor. A diferença de preços das diversas espécies de trabalho, mesmo que medidos em sua qualidade de trabalho humano geral, homogêneo e abstrato, alude de modo muito indireto (em sua expressão monetária, portanto, estranhada) à diversidade das forças produtivas humanas desenvolvidas. Em todo caso, para o trabalhador não importa o tipo de trabalho que o fará obter salário (aliás, só importa na medida em que tem de possuir uma habilidade específica para encaixar-se na divisão do trabalho), e para o capital importa tampouco que espécie de produtos irá produzir, desde que lhe seja assegurado cumprir suas metas de lucro que só têm o próprio capital como finalidade.

Desse modo, uma troca de tipo de trabalho apenas interessa ao trabalhador na medida em que apoia-se na circunstância de que todo tipo particular de trabalho exige um desenvolvimento diferente da capacidade de trabalho. Se ele não for capaz de adaptar-se, sua força de trabalho será substituída, e uma nova geração de trabalhadores será lançada a um ou outro ramo da produção, de acordo com as exigências do mercado. E, assim, inevitavelmente, "quanto mais desenvolvida a produção capitalista em um

243 Cf. *M44*, p. 25.

244 *CapVI*, p. 65.

245 *M44*, p. 25.

país, maior é a procura de *versatilidade* na força de trabalho, tanto mais indiferente é o operário com relação ao *conteúdo particular* de seu trabalho, e tanto mais fluido o movimento do capital, que passa de uma esfera produtiva a outra".[246] A abstração do trabalho em geral, afirma Marx, "não é apenas o resultado intelectual de uma totalidade concreta de trabalhos", ela indica que "a indiferença em relação ao trabalho determinado corresponde a uma forma de sociedade na qual os indivíduos podem passar com facilidade de um trabalho a outro e na qual o gênero determinado de trabalho é fortuito, e, portanto, é-lhes indiferente. Neste caso o trabalho se converteu não só como categoria, mas na efetividade em um meio de produzir riqueza em geral, deixando, como determinação, de se confundir com o indivíduo em sua particularidade".[247] Dessa forma, "o trabalhador só é, enquanto trabalhador, assim que é *para si* como capital, e só é, como capital, assim que um *capital* é *para ele*. A existência do capital é *sua existência*, sua *vida*, tal como determina o conteúdo da sua vida de um modo indiferente a ele".[248] "O *estranhamento* do trabalhador em seu produto tem o significado não apenas de que seu trabalho tornou-se objeto, tornou-se uma existência *externa*, mas sim que existe *fora dele* de modo independente, estranho ele, e tornou-se um poder autônomo contraposto a ele, que a vida que ele conferiu ao objeto se lhe defronta de modo estranho e hostil."[249] Ao *receber* trabalho e meios de subsistência, o trabalhador torna-se servo do seu objeto, que o subjuga tanto para que ele exista como trabalhador quanto, em segundo lugar, como sujeito físico. Assim, "o auge desta escravidão é que somente como *trabalhador* ele [pode] se manter como *sujeito físico* e apenas como sujeito físico ele é trabalhador".[250] O homem que trabalha foi reduzido *apenas* à existência de trabalhador que, para tanto, só precisa manter-se como sujeito físico.

Além disso, levando em conta as condições de existência do trabalhador e a quantidade de dinheiro ganho por ele, o trabalhador torna-se obrigado "a utilizar esse dinheiro em um círculo muito restrito de meios de subsistência. Ainda assim, é possível alguma variação, tal como, por exemplo, os jornais, que se contam entre os meios de subsistência necessários para o trabalhador urbano inglês. O operário pode poupar algo, entesourar, etc. Assim agindo, entretanto, age como homem livre que deve responsabilizar-se por seus atos; ele mesmo é responsável pela maneira por que gasta seu salário".[251] Dessa maneira, o

---

246 *Cap VI*, p. 44-45.

247 *In57*, p. 119. Nos EUA, diz Marx, é que este fenômeno acontece pela primeira vez *praticamente*.

248 *M44*, p. 91-92.

249 *M44*, p. 236.31.36.

250 *M44*, p. 82.

251 "O escravo recebe em espécie os meios de subsistência necessários para sua manutenção, e essa forma natural está fixada, tanto por seu gênero, como por seu volume, em valores de uso. O trabalhador livre recebe-os sob a forma de dinheiro, de valor de troca, sob a forma social abstrata da riqueza. Embora o

trabalhador *aprende a autonomizar-se.* Essa sua particularidade o difere do escravo e, neste aspecto, a relação capitalista se apresenta como uma ascensão na escala social; mas ocorre o contrário quando o camponês ou artesão independentes se transformam em assalariados. De todo modo, no campo restrito do salário se localiza "um campo de ação para a diversidade individual, por um lado; e por outro, um incentivo ao desenvolvimento da capacidade própria de trabalho". Através da complexificação do trabalho, "a tais ou quais indivíduos é possível sempre, graças a sua particular energia, talento etc., ascender a esferas de trabalho mais elevadas – assim como permanece aberta a possibilidade abstrata de que este ou aquele operário se transforme em capitalista e explorador do trabalho alheio".[252] Em geral, a atividade do trabalhador livre torna-se "mais intensa, contínua, móvel e competente", capacitando-o para uma ação histórica completamente diversa. Da "liberdade de movimentos dentro de estreitos limites para a *individualidade* do operário" resultam as diferenças de salários, reforçando a impressão das possibilidades abertas pelo capital ao crescimento pessoal que, portanto, é em última instância responsabilidade do indivíduo – reproduzindo continuamente seu isolamento na missão de manter sua vida. As diferenças individuais se expressam, segundo Marx, "em parte entre *diversos ramos de trabalho*, em parte dentro do mesmo *ramo* de trabalho, segundo a diligência, habilidade, vigor, etc., do operário; e, sem dúvida, essas diferenças são determinadas, até certo ponto, pela medida de seu rendimento pessoal. Dessa maneira, a quantia do salário varia como resultado de seu próprio trabalho e da qualidade individual desse último. Isso acontece, particularmente, onde o trabalho se paga por *empreitada*".[253]

A relação geral entre o capital e o trabalho, entre o trabalho excedente e o trabalho necessário, "se manifesta de maneira diferente para o operário individual e, mais precisamente, segundo o grau de rendimento pessoal".[254] O operário individual é um trabalhador livre e "proprietário exclusivo de *sua força de trabalho*", e deve, certamente, "vender-se ao capital, mas não a determinado capitalista, de modo que dentro de certos limites pode escolher a quem quer vender-se ou mudar de senhor"[255] (o escravo, por exemplo, pertence a um senhor determinado). Além disso, o valor superior de sua

---

salário não seja, de fato, outra coisa do que a forma argentea ou áurea ou cúprica ou forma-papel adotada pelos meios de subsistência necessários, na qual, incessantemente, têm de dissolver-se – e o dinheiro opera aqui unicamente como forma evanescente do valor de troca, como simples meio de circulação –, na imaginação [do operário], o objetivo e o resultado de seu trabalho continuam sendo a riqueza abstrata, o valor de troca, e não um valor de uso determinado, tradicional e localmente limitado". (*Cap VI*, p. 64)

252 *Cap VI*, p. 64.

253 *Cap VI*, p. 64. Em relação ao salário por peça, "é naturalmente interesse pessoal do trabalhador empregar sua força de trabalho o mais intensivamente possível, o que facilita ao capitalista elevar o grau normal de intensidade do trabalho". (*K*, p. 640)

254 *Cap VI*, p. 64.

255 *Cap VI*, p. 64.

capacidade de trabalho lhe beneficia com um salário mais alto, expressão do valor de uma força de trabalho mais desenvolvida e que demanda maiores custos de produção. Marx afirma que "a maior margem de ação proporcionada pelo salário por peça influi no sentido de desenvolver, de um lado, a individualidade dos trabalhadores e com ela o sentimento de liberdade, a independência e ao auto controle, e, de outro, a concorrência e a emulação entre eles".[256] (E por isso "o salário por peça é a forma de salário mais adequada ao modo capitalista de produção").[257]

Sendo o salário o objetivo exclusivo do trabalho, sua elevação desperta no trabalhador (principalmente no caso do enriquecimento progressivo da sociedade) "a obsessão do enriquecimento [típica] do capitalista que, contudo, ele apenas pode satisfazer mediante o sacrifício de seu espírito e do seu corpo". Pois é mister considerar que "a elevação do salário pressupõe o acúmulo de capital e conduz a ele", e torna, portanto, "o produto do trabalho cada vez mais estranho ao trabalhador", ao mesmo tempo em que "a divisão do trabalho torna-o cada vez mais unilateral e dependente, assim como acarreta a concorrência não só dos homens, mas também entre máquinas".[258] O aumento de salário ocorre apenas quando prospera o capital, o que significa que sua acumulação aumenta, a divisão do trabalho se expande, a concorrência se acirra. E "a condição essencial para a existência e para a dominação da classe burguesa é a acumulação da riqueza nas mãos de proprietários privados, a formação e multiplicação do capital; a condição do capital é o trabalho assalariado"...[259] Enfim, "a divisão do trabalho não unilateralizou totalmente a força de trabalho; *em princípio*, o trabalhador livre está predisposto e sujeito a qualquer variação de sua capacidade e atividade de trabalho que lhe prometa salário melhor".[260] O salário expressa, portanto, as diferenças individuais que interagem concorrendo entre si e, por extensão, desenvolvendo as forças produtivas sociais (Marx se expressa de maneira análoga a respeito do *desenvolvimento material* da sociedade como sendo uma *consequência indireta* da relação entre os homens e a natureza na satisfação de suas necessidades). Ainda que, por outro lado, ao desenvolver as habilidades específicas requeridas pela divisão do trabalho, e eventualmente conseguir um

256 *K*, p. 641.

257 *K*, p. 643. Embora o salário por peça "não seja uma forma nova, pois figurava oficialmente, ao lado do salário por tempo, nos estatutos do trabalho ingleses e franceses do século XIV, sua aplicação só adquire maior amplitude no período manufatureiro propriamente dito. Na fase juvenil da grande indústria, notadamente de 1797 a 1815, serve de meio para prolongar a jornada de trabalho e para rebaixar o salário". (*K*, p. 643)

258 *M44*, p. 27.

259 *MPC-I*.

260 *CapVI*, p. 64.

salário melhor, o operário na fábrica seja ao mesmo tempo submetido a um trabalho que limita toda a "atividade livre do trabalhador, física e espiritual".[261]

Marx esclarece que a intensidade do trabalho mantém uma proporção com a extensão do dia de trabalho, assim sendo, se a intensidade cresce e há uma queda proporcional justa na extensão da jornada, "o operário ainda será o vencedor. Se este limite é ultrapassado, ele perde de uma forma o que havia ganho de outra". Em outras palavras, Marx afirma que "ao refrear esta tendência do capital, lutando por uma subida dos salários correspondente à intensidade crescente do trabalho, o operário apenas resiste à depreciação do seu trabalho e à deterioração da sua raça".[262] As tentativas dos trabalhadores em reduzir o dia de trabalho a dimensões racionais ou refrear o excesso de trabalho com uma subida de salários, tentando "uma subida não apenas na proporção do tempo extra extorquido, mas numa proporção maior", são ações dos trabalhadores que somente "cumprem um dever para consigo e para com sua raça, apenas põem limites às usurpações tirânicas do capital" sobre o tempo de sua vida. É no tempo que se encerra a vida humana: "O tempo é o espaço do desenvolvimento humano. Um homem que não tem tempo livre de que disponha, cuja vida inteira – afora as interrupções meramente físicas pelo sono, refeições, etc. – esteja absorvida pelo seu trabalho para o capitalista, é menos do que uma besta de carga. É uma mera máquina de produzir riqueza alheia, derreada no corpo e embrutecida no espírito".[263]

Constata-se uma antítese na produção: as condições objetivas de trabalho se defrontam, no mesmo processo de trabalho, como capital (modo de existência do capitalista) frente às condições subjetivas de trabalho, o *trabalhador*. O meio de produção, "seja do ponto de vista do operário, seja do ponto de vista do capitalista", é um modo de existência do capital que se contrapõe ao trabalho, "ao outro elemento no qual o capital adiantado se transforma, e, por conseguinte, aparece fora do processo de produção, potencialmente, como modo de existência específico do capital".[264] Dessa forma, o *trabalho* do operário é um *modo de existência do valor do capital* não apenas em seu resultado, o produto material e intelectual do trabalho, mas o é tão logo ingressa no processo de produção, exatamente porque a criação de valor está implicada no processo de sua objetivação como trabalho.

Enquanto de um lado vemos que o sistema capitalista "é uma produção que não está ligada a limitações predeterminadas e predeterminantes das necessidades", buscando sempre superar as barreiras que se impõem à produção, graças ao seu caráter

261 *K*, p. 483.

262 *SPL*, p. 71.

263 *SPL*, 70.

264 *CapVI*, p. 10.

antagônico; "temos, por outro lado, o aspecto negativo, o caráter contraditório: *produção* contraposta aos *produtores*, e que faz destes caso omisso. O produtor real como simples meio de produção; a riqueza material como fim em si mesmo. E, portanto, o desenvolvimento dessa riqueza material em contradição com o indivíduo humano e às expensas deste".[265]

Esse estranhamento revela-se "tanto no fato de *meu* meio de vida ser de um *outro*, no fato de aquilo que é *meu* desejo ser a posse inacessível de um *outro*, quanto no fato de que cada coisa mesma é um *outro* enquanto si mesma, quanto [também] no fato de que minha atividade é um *outro*".[266] O autoestranhamento do homem somente pode aparecer pela relação prático-efetiva com outros homens, na relação que "ele outorga a si e à natureza para com os outros homens diferenciados de si mesmos. /.../ O meio através do qual o estranhamento procede é ele mesmo um [meio] *prático*". É, portanto, através do trabalho estranhado que o homem engendra, "enquanto homens que lhe são estranhos e inimigos", sua relação com o objeto e o ato de produção, "a relação na qual outros homens estão para a sua produção e o seu produto, e a relação na qual ele está para com estes outros homens".[267]

O CAPITALISTA

Para Marx, "ser capitalista significa ocupar na produção uma posição não só puramente pessoal, mas social. O capital é um produto comunitário e pode apenas ser posto em movimento por uma atividade comum de muitos membros, em última instância apenas pela atividade comum de todos os membros da sociedade. O capital não é, portanto, um poder pessoal, é um poder social".[268] Embora mostre-se como um poder pessoal do capitalista.

O capitalista exerce as funções do capital (do valor que se valoriza sugando trabalho vivo) e este possui, por seu intermédio, "*consciência e vontade*". Não é o indivíduo que, segundo suas finalidades, exerce as funções de capitalista, é o capital que utiliza o capitalista: "o capitalista só funciona na condição de capital *personificado*: é o capital enquanto pessoa".[269] E, nesse sentido, Marx indaga sobre a motivação individual do capitalista: "Mas por que difere a vontade do capitalista americano da vontade do capitalista inglês? /.../ A vontade do capitalista é certamente de ficar com o mais

265 *Cap VI*, p. 69.

266 *M44*, p. 147.

267 *M44*, p. 87.

268 *MPC-II*.

269 *Cap VI*, p. 20.

possível".[270] Em geral, diz Marx, "o poder *não humano* domina".[271] O domínio que o capitalista exerce sobre o trabalhador é da mesma natureza do domínio do capital sobre o próprio capitalista, portanto, é o domínio da coisa sobre o homem, da coisa produzida pelo homem (coisa portadora de trabalho morto) sobre o homem produtor das coisas. As mercadorias, enquanto produto do processo de produção, convertem-se em meios de dominação do capital.

A função de todo capitalista é enriquecer. Ao dividir sua mais-valia em renda (consumo individual do capitalista), capital (parte reinvestida) ou acumulação (esta última é dita economizada pelo capitalista, porque não a consome), ele realiza um ato de vontade.[272] Entretanto, "o que temos de fazer não é falar acerca de sua *vontade*, mas de inquirir do seu *poder*, dos *limites desse poder* e do *caráter desses limites*".[273] O poder do capitalista é o domínio desta relação social fundamental, a produção, ele é dono do capital, o poder do capital é transferido ao capitalista. Este fica habilitado a exercer seu poder de governo sobre o trabalho apenas na medida em que é personificação do capital, e assim, existe um poder de governo do capital sobre o próprio capitalista.[274] Independentemente de caracteres individuais e pessoais, o capitalista possui o poder sobre o trabalho porque tem a propriedade do capital (como indica a definição smithiana de capital); capital que governa o trabalho e todos os indivíduos abstraindo quaisquer qualidades humanas singulares.

Marx observa de modo bastante severo que "o capitalista só possui um valor perante a história e o direito histórico à existência, enquanto funciona personificando o capital. Sua própria necessidade transitória, nessas condições, está ligada à necessidade transitória do modo capitalista de produção. Ao personificar o capital, o que o impele não são os valores de uso de sua fruição e sim o valor de troca e sua ampliação. Fanático da expansão do valor, compele impiedosamente a humanidade a produzir por produzir, a desenvolver as *forças produtivas sociais* e a criar as *condições materiais de produção* – que são os *únicos fatores* capazes de constituir a base real de uma *forma social superior que tem por princípio fundamental o desenvolvimento livre e integral de cada indivíduo*. O capitalista é respeitável apenas quando personifica o capital. Nessa função, partilha com o entesourador a paixão da riqueza pela riqueza. Mas, o que neste é mania individual, é naquele uma resultante do mecanismo social. O capitalista é apenas uma das rodas motoras desse mecanismo. Além disso, com o desenvolvimento da produção capitalista torna-se

---

270 *SPL*, p. 31.

271 *M44*, p. 147.

272 Cf. *K*, p. 688.

273 *SPL*, p. 31.

274 Cf. *M44*, p. 40.

necessária a elevação contínua do capital empregado num empreendimento industrial, e a concorrência impõe a cada capitalista as leis imanentes do modo capitalista de produção como leis coercitivas externas. Compele-o a expandir continuamente seu capital, para conservá-lo, e só pode expandi-lo por meio da acumulação progressiva".[275]

À medida que o capital cresce, pelas acumulações sucessivas por que passa, "tanto mais aumenta o valor global que se reparte em fundo de consumo e fundo de acumulação. O capitalista pode viver então mais alegremente e, ao mesmo tempo, 'renunciar' mais".[276] O capitalista deve, na sua própria vida individual e privada, atuar como capital, contrapondo-o a si mesmo: "enquanto for consciência e vontade do capital em suas ações e omissões, verá no seu próprio consumo privado o equivalente a um roubo contra acumulação".[277] E é nesse sentido, portanto, que "nunca se deve considerar o valor de uso objetivo imediato do capitalista. Tampouco o lucro isolado, mas o interminável processo de obter lucros",[278] posto que está sempre voltado para a ampliação futura do lucro.

O capitalista não tem como objetivo simplesmente fruir, de uma posição privilegiada, dos produtos da produção. A transformação de toda propriedade privada em capital *industrial* é "o completo triunfo da propriedade privada sobre a *aparência* de todas as qualidades ainda humanas da mesma e a completa sujeição do proprietário privado pela essência da propriedade privada – o *trabalho*. Sem dúvida, o capitalista industrial também frui. De modo nenhum ele regressa à simplicidade não natural da carência, mas a sua fruição é apenas coisa sem importância, descanso, subordinada à produção, por isso fruição *calculada*, portanto propriamente *econômica*, pois ele junta sua fruição aos custos do capital, e sua fruição deve, por isso, custar a ele apenas tanto quanto aquilo por ele esbanjado for novamente substituído pela reprodução do capital com lucro. A fruição está, portanto, subsumida ao capital, o indivíduo que frui subsume sob o que capitaliza, enquanto anteriormente acontecia o contrário".[279] Na riqueza que se abandona somente à fruição, explica Marx, "o desfrutador, sem dúvida, se *ativa*, por um lado, como um indivíduo apenas *efêmero*, que ilusoriamente se desgasta, e ao mesmo tempo sabe o trabalho escravo alheio"; essa riqueza sabe a si própria como "mero meio e coisa digna de aniquilação", na fruição. Aquele que desfruta dessa riqueza sabe que sua ambição se realiza por meio do "*suor* humano", do próprio homem, e assim de si próprio, "de *sangue*", "como um ser sacrificado inútil, pelo qual o desprezo humano

---

275 *K*, p. 688.

276 *K*, p. 707.

277 *K*, p. 689.

278 *K*, p. 172.

279 *M44*, p. 148.

aparece na condição de arrogância, como o desdenhar daquilo que pode prolongar cem vidas humanas". Essa determinação inativa aparece, em parte, "na condição de ilusão infame de que o seu esbanjamento desenfreado e o consumo inconsistente e improdutivo das *forças essenciais* humanas é somente a efetivação de seu não ser, seu capricho e idéias arbitrariamente bizarros". Essa riqueza aparece brilhante, fascinando pela ilusão da aparência sensível, o capitalista ainda não "experimentou ainda a *riqueza* enquanto uma *potência* totalmente *estranha* sobre si própria; vê nela, antes, apenas sua própria potência".[280]

A burguesia usufrui da condição de proprietária do trabalho, "os prazeres da *bourgeoisie* modelaram-se sobre a base material que esta classe produzira nas diferentes etapas do seu desenvolvimento e, tanto devido aos próprios indivíduos como devido à subordinação persistente do prazer ao interesse, tomaram o caráter aborrecido que mantêm ainda hoje. /.../ De um modo geral, os prazeres de todas as castas e classes que existiram até hoje só podiam ser pueris, esgotantes ou brutais, pois estavam sempre cortados do conjunto da atividade, do conteúdo verdadeiro da vida dos indivíduos, reduzindo-se mais ou menos a dar uma aparência de conteúdo a uma atividade que estava desprovida dele".[281] A nobreza tinha antes a vocação exclusiva do usufruto, mas ainda o trabalho não estava separado do conjunto da atividade; só na época moderna que o conteúdo da atividade está desvinculado do trabalho (tanto para quem usufrui quanto para quem trabalha). O luxo é a "forma econômica oficial" que estes prazeres assumiram nos burgueses.

Marx afirma que este tipo de fruição na qual "dominam o impulso para enriquecer-se e a avareza como paixões absolutas", ocorreu nos primórdios históricos do modo capitalista de produção "e todo capitalista novo rico percorre esse estágio" numa sociedade capitalista. "Mas, o progresso da produção capitalista não cria apenas um mundo de fruições. Com a especulação e com o crédito, abre milhares de fontes de enriquecimento rápido. A certo nível de desenvolvimento, certa dose convencional de prodigalidade se torna necessária para o negócio do 'infeliz' capitalista, a qual serve para exibir riqueza, sendo por isso meio de obter crédito. O luxo entra nos custos de representação do capital. Além disso, o capitalista enriquece não como o entesourador, na proporção do seu trabalho pessoal e do que deixa de gastar consigo mesmo, mas na medida em que suga força de trabalho alheia e impõe ao trabalhador a renúncia à fruição da vida".[282] Assim é que o "industrial *austero, prosaico/econômico*" – esclarecido sobre

280 *M44*, p. 147.

281 *IA-II*, p. 272.

282 *K*, p. 690.

a essência da riqueza, contrapõe-se à riqueza inativa e esbanjadora, cuja finalidade está na fruição, como por exemplo na antiga aristocracia rural ou nas cortes.

A lógica dos capitalistas é a do capital: "conquistaram o campo para a agricultura capitalista, incorporaram as terras ao capital e proporcionaram à indústria das cidades a oferta necessária de proletários sem direitos".[283] Sobre tal momento da história do nascimento do capital, é digna de nota "a serenidade estóica com que o economista político" (e quando Marx se refere a este está a referir-se também ao capitalista individual, o homem de negócios) "presencia as violações mais cínicas do 'sagrado direito de propriedade' e as violências mais contundentes contra as pessoas, desde que necessárias para estabelecer as bases do modo capitalista de produção",[284] posicionamento compartilhado pela maioria dos capitalistas (entre os quais Marx cita um conservador e filantropo).

Ao investigar o vestígio mais antigo do arrendatário capitalista inglês, Marx depara-se com o *bailiff*, ainda um servo, que posteriormente (no século XIV) foi substituído pelo colono, que se diferencia do camponês apenas por explorar mais trabalho assalariado, para cultivar as sementes, gado etc., fornecidos pelo senhor de terra. A origem do arrendatário foi lenta, desenrolando-se durante os séculos. Do colono origina-se o parceiro, mais próximo do arrendatário capitalista: este oferece uma parte do capital e o senhor de terras, outra, depois dividem o produto total. Essa forma não dura muito tempo na Inglaterra (como em outros lugares), dando lugar ao arrendatário propriamente dito, que procura expandir seu próprio capital empregando trabalhadores assalariados e entrega ao *landlord* uma parte do produto excedente, em dinheiro ou em produtos, como renda da terra.

Um fator decisivo levou o arrendatário a enriquecer às custas do senhor de terras e do assalariado: com a depreciação contínua dos metais preciosos e do dinheiro, os salários são rebaixados – aumentando o lucro dos arrendatários. A elevação dos preços dos produtos agrícolas "dilatou o capital monetário do arrendatário sem qualquer intervenção de sua parte",[285] enquanto a renda que deveria pagar ao dono da terra estava fixada no valor antigo (já que os contratos de arrendamento à época eram muito longos), de modo que a terra havia saído barata e vendiam caro tudo o que nela produziam.

A expropriação da população rural pelos senhores de terra é levada a cabo durante todo o processo de geração e desenvolvimento do processo capitalista e cria imediatamente grandes proprietários de terras, ao mesmo tempo em que uma enorme leva

283 *K*, p. 850.

284 *K*, p. 844.

285 *K*, p. 861.

de trabalhadores "livres", processo que ocorre em benefício do capitalista industrial e, além disso, cria o mercado interno.[286] Com a queda da Igreja na Inglaterra inicia-se o roubo aberto dos seus bens pelos proprietários fundiários; as propriedades católicas constituíam, junto às da própria Coroa, parte significativa da totalidade do território inglês. Os domínios do estado também sofreram "alienação fraudulenta", assim como instalou-se desenfreadamente "a ladroeira das terras comuns e a transformação da propriedade feudal e do clã em propriedade privada moderna, levada a cabo com terrorismo implacável".[287] São estes os métodos, põe a descoberto Marx, que figuram na acumulação primitiva do capital.

A gênese dos capitalistas industriais, "os chefes de exércitos industriais inteiros",[288] os burgueses modernos, processou-se de modo mais rápido que a do arrendatário. Para se instalarem, os capitalistas industriais tiveram de remover mestres de corporações e senhores feudais, que possuíam o domínio sobre as riquezas.[289] "Sob esse aspecto, representa-se sua ascensão como uma luta vitoriosa contra o poder feudal e seus privilégios revoltantes, contra as corporações e os embaraços que elas criavam ao livre desenvolvimento da produção e à livre exploração do homem pelo homem".[290]

O possuidor de mercadorias transforma-se em capitalista de acordo com as mesmas condições que fazem com que mercadorias e dinheiro transformem-se em capital. "Na realidade, o domínio do capitalista sobre os operários é apenas o domínio das *condições de trabalho* /.../.

Essa relação não se realiza senão no *processo real de produção*".[291] Não obstante, a economia política supõe, de diversas maneiras, a unidade entre trabalho e capital como a unidade entre capitalista e trabalhador: este é o estado paradisíaco originário (não reconhecem a expropriação primitiva). "Os agentes práticos da produção capitalista e seus ideólogos palradores são incapazes de imaginar separados os meios de produção e sua máscara social antagônica. São como o dono de escravos que não separa o trabalhador de sua condição de escravo".[292] A forma como "duas pessoas se chocam", para

---

286 Cf. *K*, p. 865.

287 *K*, p. 850.

288 *MPC-I*.

289 Nas cidades, "o capitalista é, ele próprio, ainda um mestre artesão. /.../ O trabalho ainda pertence ao homem; um certo desenvolvimento auto-suficiente de capacidades especializadas" (*Form*, p. 92). "Dos servos da Idade Média saíram os *Pfahlbürger* das primeiras cidades; desta *Pfahlbürgerschaft* desenvolveram-se os primeiros elementos da burguesia [*Bourgeoisie*]". (*MPC-I*)

290 *K*, p. 830.

291 *Cap VI*, p. 20.

292 *K*, p. 707.

o economista, não passa de "um acontecimento *acidental* e, por isso, esclarecido apenas externamente".[293]

Primeiramente, as mercadorias que o capitalista compra para serem consumidas no processo de produção, isto é, como meios de produção, são sua propriedade, ele pode utilizá-las, portanto, como bem entender e melhor lhe convier. O trabalhador, ou melhor, a mercadoria força de trabalho, faz parte desses meios de produção comprados no mercado, e é ela que está pessoalmente envolvida no processo de trabalho. Como sabemos, o capitalista não está implicado da mesma forma no processo produtivo que o trabalhador, não é o capitalista que efetivamente tem o trabalho por função. Mas uma vez comprado, o trabalho é uma propriedade do capitalista, a qual ele deve observar atentamente em todo o desenrolar do processo de produção, fazendo disso sua função específica, para que sejam atingidos da maneira mais eficiente os objetivos da produção do capital. A função efetiva do capitalista na produção, de supervisor e dirigente, faz com que sua atividade assuma "de fato um conteúdo específico, múltiplo",[294] o que está certamente ligado à constante revolução dos meios de produção e ao desenvolvimento de novos produtos (e novas necessidades), que são consequências fundamentais do processo capitalista de produção.

O capital é definido por Marx como um autômato que "possui, na pessoa do capitalista, consciência e vontade, e está dominado pela paixão de reduzir ao mínimo a resistência que lhe opõe essa barreira natural, elástica, o homem".[295] E para tanto, não basta que o capitalista apenas supervisione: ele tem de forçar o trabalhador a prolongar o processo de trabalho a ponto de superar o tempo necessário para a reposição do salário, pois o trabalho sempre cria mais valores em mais tempo de trabalho, assim, se o capitalista conseguir elevar a intensidade a um nível superior irá aumentar a quantidade de trabalho não pago contida na mercadoria produzida. Por conseguinte, dos diferentes proprietários da mais-valia (renda, lucro – industrial – e juro), é o capitalista industrial, o capitalista empregador, que está em relação direta de oposição ao trabalho.[296]

Assim, o salário tende sempre a cair, tal como, "se aprouver ao capitalista alimentar-nos de batatas em vez de carne e de aveia em vez de trigo, temos de aceitar a sua vontade como uma lei da economia política e de nos submeter a ela".[297] O salário nunca se desvia do montante necessário, e isso depende do capital e não do capitalista, se dependesse de sua vontade seria arbitrário, não necessário. "A concorrência que se

---

293 *M44*, p. 144.

294 *Cap VI*, p. 21.

295 *K*, p. 460.

296 Cf. *SPL*, p. 30.

297 *SPL*, p. 31.

cria, assim, entre os trabalhadores capacita o capitalista a reduzir o preço do trabalho, ao mesmo tempo que o preço reduzido do trabalho, reciprocamente, capacita-o a distender ainda mais o tempo de trabalho. /.../ Esse é o primeiro passo a que leva a concorrência. O segundo passo, a que ela força o capitalista, é o de reduzir também o preço de venda da mercadoria, pelo menos, parte da mais-valia anormal produzida pelo prolongamento da jornada".[298]

Mas, apesar de ser os olhos do capital, ou precisamente por isso, "só as aparências das relações de produção se espelham no cérebro do capitalista. O capitalista não sabe que o preço normal do trabalho também envolve uma quantidade determinada de trabalho não pago e que justamente esse trabalho não pago é a fonte normal de seu lucro. Não existe para ele a categoria do tempo de trabalho excedente, pois este está incluído na jornada normal que ele acredita pagar com o salário diário".[299] A posição do capitalista é somente a de querer a maior quantidade de trabalho possível pelo mínimo possível de dinheiro, com isso, supõe sempre que a origem de seu lucro advém do simples truque de comprar as mercadorias abaixo e vender acima do valor.[300]

Para explicar a fundo "porque é que o capitalista, sendo também um homem individual e ainda por cima um homem *pago* pelo lucro e pelos interesses, pode comprar não só o produto do trabalho mas até mais do que esse produto", é obrigatório "explicar a relação entre o capital e o trabalho, quer dizer, a fazer intervir a essência do capital".[301] A *feição econômica de capitalista* só é assumida pelo capitalista "quando seu dinheiro funciona continuamente como capital".[302] Na circulação que transforma dinheiro em capital (D-M-D'), o representante consciente desse movimento e o possuidor do dinheiro é o capitalista. "Sua pessoa, ou melhor, seu bolso é donde sai e para onde volta o dinheiro. O conteúdo objetivo da circulação em causa – a expansão do valor – é sua finalidade subjetiva. Enquanto a apropriação crescente da riqueza abstrata for o único motivo que determina suas operações, funcionará ele como capitalista, ou como capital personificado".[303]

O impulso do capitalista nada mais demonstra do que a naturalidade do desenvolvimento das relações capitalistas, que atinge seu ápice na indústria moderna, na qual "independentemente da vontade de tais ou quais capitalistas", impera a *lei* do modo de produção capitalista, a saber: que cada produto contenha o máximo possível

---

298 *K*, p. 633-634.

299 *K*, p. 635.

300 *K*, p. 624. Por isso, o capitalista "nunca chega a ver que, se existisse realmente valor do trabalho e se ele pagasse realmente esse valor, não existiria nenhum capital e seu dinheiro não se transformaria em capital".

301 *SF*, p. 77.

302 *K*, p. 660.

303 *K*, p. 172.

de trabalho não pago, objetivo que se alcança com a produção pela própria produção. Assim, esse modo de produção apresenta-se como a aplicação adequada da lei do valor, por um lado e, por outro, "como impulso do capitalista individual, que para violar essa lei ou para *utilizá-la astutamente* em seu benefício procura reduzir o *valor individual* de sua mercadoria *abaixo* de seu valor socialmente determinado".[304] Na realidade, o benefício que o capitalista encara como *seu* é o ganho *do capital*, estando assim claramente invertidas as finalidades humanas em finalidade do capital, e por isso o capitalista sofre de uma típica "obsessão pelo enriquecimento".[305]

Apesar de tudo isso, o capitalista não se vê submetido ao capital. Por comandar o processo produtivo, ele não se posiciona como separado dos meios de produção e dos instrumentos (que é propriedade do capital mediante sua pessoa), mas simplesmente como separado da capacidade de trabalho que todo processo de trabalho exige para se realizar. Não percebe, portanto, que seu alheamento e alienação são mais profundos. Uma das razões disso é que o capitalista, quando perde, não sofre em sua existência, na sua vida, como o trabalhador, mas apenas no seu capital ou no seu lucro, que advém do trabalho alienado.[306] Para o burguês, ou seja, para aquele que detém o controle do dinheiro, "existe uma única relação com interesse em si mesma, a relação em si mesma, a relação de exploração; todas as outras relações só lhe suscitam interesse na medida em que as pode reduzir àquela; e mesmo quando se encontra em presença de relações que não se deixam catalogar diretamente na relação de exploração, ele classifica-as aí, quanto mais não seja no plano da ilusão. A expressão material deste proveito tirado das coisas é o dinheiro, o representante do valor de todas as coisas, pessoas e relações sociais".[307] E nesse mundo o capitalista está satisfeito.

O capitalista "deitou raízes no processo de alienação, e nele encontra satisfação absoluta", por isso, diz Marx, está num plano inferior ao do operário, que rebela-se em sua situação. A autovalorização do capital é a "finalidade determinante, predominante e avassaladora do capitalista, impulso e conteúdo absoluto de suas ações; e nada mais, em realidade, senão o impulso e a finalidade racionalizados do entesourador. Trata-se de um conteúdo absolutamente mesquinho e abstrato que de certo ângulo revela o capitalista submetido exatamente à mesma servidão em relação ao capital, embora de outra maneira que o operário, no pólo oposto".[308] Nesse sentido, "primeiramente, deve-se notar que tudo aquilo que no trabalhador aparece como *atividade da alienação, do*

---

304 *Cap VI*, p. 69.

305 Cf. *M44*, p. 27.

306 Cf. *M44*, p. 25.

307 *IA-II*, p. 260.

308 *Cap VI*, p. 21.

estranhamento, aparece no não-trabalhador como *estado da alienação, do estranhamento*. Em segundo lugar, que o *comportamento real*, prático do trabalhador na produção e para com o produto (com o estado espiritual) aparece, no não-trabalhador, a ele oposto, como comportamento *teórico*. *Em terceiro*, o não trabalhador faz contra o trabalhador tudo aquilo que o trabalhador faz contra si mesmo, mas não faz contra si mesmo o que faz contra o trabalhador".[309] Portanto, o capitalista (e suas necessidades humanas "ricas") é "o homem carente de uma totalidade da manifestação humana de vida. O homem, no qual a sua efetivação própria existe como necessidade interior, como falta".[310]

ECONOMIA POLÍTICA

O desenvolvimento da economia e do capitalismo são concomitantes e, neste sentido, "falamos em geral sempre dos homens de negócio *empíricos* quando nos dirigimos aos economistas nacionais – seu testemunho *científico* e existência".[311]

A economia política enquanto ciência está, portanto, estritamente vinculada às condições objetivas da sociedade civil, sobre as quais se debruça teoricamente, e à parte que os indivíduos tomam nestas mesmas condições. Mais especificamente, as fases da economia política correspondem às fases de desenvolvimento da propriedade privada moderna, e somente "pode assumir caráter científico enquanto a luta de classes permaneça latente ou se revele apenas em manifestações esporádicas".[312] O desenvolvimento da economia política inicia-se com o mercantilismo fetichista (entre os séculos XV e XVIII), que identificava a origem da riqueza presa às coisas; em seguida vem a fisiocracia (cujo principal representante é Quesnay, na segunda metade do século XVIII), para a qual o valor provinha da terra, sendo levada assim a reconhecer um tipo particular de trabalho, o trabalho na terra – mas o aspecto subjetivo da atividade ainda estava preso a uma determinação natural.[313]

---

309 *M44*, p. 246.35-247.4

310 Cf. *M44*, p. 113

311 *M44*, p. 141

312 *K*, p. 10, posfácio da 2ª edição.

313 "A doutrina fisiocrática do Dr. Quesnay constitui a transição do sistema mercantilista para Adam Smith. A fisiocracia é, de modo imediato, a transformação nacional-econômica, a recomposição da mesma, agora com uma linguagem que se torna econômica, e não mais feudal. Toda a riqueza é resolvida na terra e no cultivo da terra (agricultura), a terra não é ainda capital, ela é ainda um modo particular de existência do mesmo, que deve valer em sua e pela sua particularidade natural; mas a terra é, contudo, um elemento universal-natural, ao passo que o sistema mercantilista somente conhece como existência da riqueza o metal nobre. O objeto da riqueza, sua matéria, recebeu logo, portanto, a mais alta universalidade no interior da fronteira natural – enquanto que como natureza é, imediatamente, riqueza objetiva. E a terra só é para o homem mediante o trabalho, a agricultura. Desta forma, a essência

Na economia política clássica ou ilustrada, "aquela que vê na ordem capitalista a configuração definitiva e última da produção social",[314] entre os séculos XVIII e inícios do XIX, Adam Smith é o primeiro a afirmar o trabalho pura e simplesmente como a fonte da riqueza, ou seja, a identificar que a riqueza tem uma origem subjetiva. David Ricardo, que representa o ápice da economia política, enfatiza a produção e o trabalho como a fonte do valor, o qual discute mais a fundo que Smith e, portanto, reconhece contundentemente a oposição direta entre capital e trabalho (que viu em sua forma mais madura), e, por conseguinte, a divisão da sociedade em duas classes. A partir de Ricardo, temos a decadência, a fase cínica da economia política na qual a oposição de classes já está consolidada e a burguesia não tem mais um papel revolucionário – é uma fase apologética.

Smith e Ricardo puderam avançar cientificamente em suas análises dos sistemas manufatureiro e industrial, respectivamente, ainda durante a formação da classe trabalhadora (e a classe trabalhadora inglesa foi a primeira a se desenvolver na Europa). Ainda quando, portanto, a oposição com a classe burguesa ainda não se mostrava nitidamente, e dessa forma os economistas podiam assumir um caráter "imparcial sem ultrapassar os limites burgueses". Ricardo já está no limiar, como último representante da economia política burguesa, pois "toma, por fim, conscientemente, como ponto de partida de suas pesquisas, a oposição entre os interesses de classe, entre o salário e o lucro, entre o lucro e a renda da terra, considerando ingenuamente essa ocorrência uma lei perene e natural da sociedade".[315] E, com isso, a ciência econômica burguesa atinge um limite que não pode ultrapassar.

Com a conquista do poder político pela burguesia na Inglaterra e na França, "a luta de classes adquiriu, prática e teoricamente, formas mais definidas e ameaçadoras. Soou o dobre de finados da ciência econômica burguesa. Não interessava saber se este ou aquele teorema era verdadeiro ou não; mas importava saber o que, para o capital, era útil ou prejudicial, conveniente ou inconveniente, o que contrariava ou não a ordenação policial. Os pesquisadores desinteressados foram substituídos por espadachins mercenários, a investigação científica imparcial cedeu lugar à consciência deformada e às intenções perversas da apologética".[316] Deixaremos de lado os cínicos[317] para nos concentrarmos sobre alguns aspectos teóricos da economia política clássica e em que medida o indivíduo está implicado em seus pontos de vista.

---

subjetiva da riqueza já é transferida para o trabalho. A agricultura é, porém, ao mesmo tempo, o trabalho unicamente produtivo". (*M44*, p. 101)

314 *K*, p. 10.

315 *K*, p. 10.

316 *K*, p. 11, posfácio da 2ª edição.

317 Cuja teoria do valor-utilidade foi primeiramente discutida por Marx em *Miséria da Filosofia*.

Apesar de muito antiga enquanto uma representação do trabalho em geral, a categoria trabalho também aparenta ser muito simples. No entanto, afirma Marx, apenas no século XVIII, com as manufaturas e o sistema monetário, é que a fonte exclusiva da riqueza foi situada, como dissemos, na atividade subjetiva, progresso teórico realizado por Smith. Para Smith tratava-se tão somente do "trabalho puro e simples", o trabalho em geral, todas as formas de trabalho, não somente a agricultura, como era para os fisiocratas. Aí, "com a generalidade abstrata da atividade criadora de riqueza, igualmente se manifesta então a generalidade do objeto determinador de riqueza, o produto em absoluto, ou ainda, o trabalho em geral, mas enquanto trabalho passado, objetivado".[318] Essa contradição faz com que a transição dos fisiocratas para Smith não seja fácil, fazendo com que ele, muitas vezes, caia no sistema fisiocrático.

A doutrina fisiocrática aparece para a economia política clássica como estreita, ainda visceralmente ligada às coisas, desta forma, a economia política logo "tem de, junto com o desenvolvimento mais avançado, deitar abaixo essa *hipocrisia*, distinguir-se no seu *pleno cinismo*, e ela o faz na medida em que – despreocupada com todas as contradições aparentes nas quais esta doutrina se enreda – desenvolve mais *unilateralmente*, portanto mais *aguda* e *consequentemente*, o *trabalho* enquanto a única *essência da riqueza*, prova que as consequências dessa doutrina em oposição àquela concepção originária são, antes, *inimigas do homem*, e por fim, desfere o golpe de morte à última existência individual, *natural*, da propriedade privada", a renda da terra.[319]

A economia política só aparece como ciência autônoma no período manufatureiro, com a intensa divisão do trabalho que, portanto, é observada exclusivamente do ponto de vista da divisão manufatureira do trabalho.[320] Quanto à divisão do trabalho, diz Marx, Smith não apresenta nenhuma proposição nova, apesar disso, "o que faz dele o economista político por excelência do período manufatureiro é a ênfase que dá à divisão do trabalho",[321] a ponto de relegar a um plano secundário as máquinas do começo da grande indústria. Smith conhecia perfeitamente as consequências da divisão do trabalho: "na introdução de sua obra [*Wealth of Nations*] louva *ex professo* a divisão do trabalho, limitando-se a informar de passagem que é fonte das desigualdades sociais"[322] – vê nela apenas o meio de produzir mais mercadorias com a mesma quantidade de trabalho, acelerando a acumulação do capital.

318 *In57*, p. 119.

319 *M44*, p. 100.

320 *K*, p. 418.

321 *K*, p. 400.

322 Cf. *K*, p. 415. As consequências da divisão do trabalho já tinham sido expostas pelo mestre de Smith, A. Ferguson.

Marx reconhece que "o grande mérito da economia clássica, pois, é o de haver apresentado o processo inteiro de produção como um processo entre o *trabalho objetivado* e o *trabalho vivo*, e, portanto, haver representado o capital, por oposição ao trabalho vivo, apenas como trabalho *objetivado*, ou seja, como *valor* que se *valoriza* a si mesmo mediante o trabalho vivo".[323] Entretanto, ainda que a economia política tenha revelado o conceito de trabalho alienado através do movimento da propriedade privada, ela foi *incapaz* de perceber que a propriedade privada é o fundamento do trabalho estranhado, relação que se torna uma ação recíproca – ela é o produto do trabalho e o meio através do qual ele se aliena.[324] Todos os seus desenvolvimentos supõem a *propriedade privada*, a economia política "considera esta hipótese de base como um fato inatacável: não a submete a qualquer exame e até, retomando a ingênua confissão de Say, só fala dela 'acidentalmente'".[325]

A economia política está em "contradição permanente com a sua hipótese de base: a propriedade privada",[326] uma vez que toma "as relações de propriedade privada por relações humanas e racionais".[327] Isso é necessário à construção de sua ciência, até mesmo "os próprios economistas sentem, de vez em quando, estas contradições, e é o seu desenvolvimento que constitui a base principal das suas querelas. Mas quando tomam consciência disso atacam *eles mesmos a propriedade privada* numa das suas formas parciais, dizendo que falseia o salário, racional em si, o comércio, racional em si. Vemos assim Adam Smith polemizando de vez em quando contra os capitalistas, Destutt de Tracy contra os cambistas, Sismondi contra o sistema industrial, Ricardo contra a propriedade fundiária, e quase todos os economistas modernos contra os capitalistas *não industriais*, que vêem a propriedade como simples consumidora".[328] A aparente contradição da economia política, basear-se no trabalho mas conceder tudo à propriedade privada, é a contradição do trabalho estranhado consigo mesmo.[329] Tal oposição não era explícita, pois "o século XVIII não reconhecia ainda, na mesma extensão que o XIX, a identidade entre riqueza nacional e pobreza do povo. Daí as polêmicas mais violentas na literatura econômica daquela época sobre o 'cercamento das terras comuns'".[330]

---

323 *Cap VI*, p. 40.

324 Cf. *M44*, p. 88.

325 *SF*, p. 47. Economista francês de fins do XVIII, Jean-Baptiste Say foi influenciado por Smith e enunciou a lei de que a oferta e a procura se equilibram, não sendo possível uma crise de superprodução.

326 Uma "contradição análoga à do teólogo que dá constantemente às idéias religiosas uma interpretação humana, pecando assim contra a sua hipótese de base: o caráter sobre humano da religião". (*SF*, p.48)

327 *SF*, p. 48.

328 *SF*, p. 48.

329 Cf. *M44*, p. 88.

330 *K*, p. 841. A afirmação de uma identidade necessária entre riqueza e miséria é uma das críticas fundamentais de Marx à economia política no *Manuscrito de 1844*; constitui um dos temas centrais do primeiro caderno ("Salário").

Delineando alguns dos principais aspectos da teoria de Ricardo, Marx menciona que o principal deles é o fato de ela mostrar "o movimento real da produção burguesa, movimento que constitui o valor".[331] A análise do sistema capitalista em torno da relação entre o capital e o trabalho, por Ricardo, estabelece, através de sua discussão sobre renda da terra, a divisão da sociedade em apenas duas classes, fundadas no trabalho e no capital – um avanço teórico da economia política mais recente, pois para Smith as classes da sociedade correspondiam ainda ao trabalho, ao lucro e à renda. Enquanto Smith debruçou-se sobre as manufaturas e a divisão do trabalho, Ricardo descreveu o verdadeiro capitalismo, o capitalismo industrial e sua maquinaria. Contudo, "Ricardo, depois de ter admitido a produção burguesa como condição necessária da existência da renda, aplica, entretanto, seu conceito da renda à propriedade territorial de todas as épocas e de todos os países. Essa é a obsessão de todos os economistas, que apresentam as relações da produção burguesa como categorias eternas".[332]

Ao aproximarmo-nos do método da economia política, é possível observar que ele desenvolve-se historicamente em dois momentos. Os economistas do século XVII tinham como ponto de partida uma totalidade complexa, por exemplo, a população, o que nos parece à primeira vista bastante razoável enquanto "pressuposição prévia e efetiva", já que a população é "a base e o sujeito do ato social de produção como um todo". Assim, iniciavam pelo todo vivo – nação, população, Estado – e terminavam desembocando em algumas determinantes relações gerais abstratas, como o valor, o dinheiro, a divisão do trabalho. Mas, diz Marx, partir da totalidade é falso: ela é apenas uma abstração se não considerarmos pressupostas as classes, a divisão do trabalho a troca etc., que por sua vez se definem pelo trabalho assalariado e o capital.

Partindo da população, temos de imediato uma "representação caótica do todo" que, para ser organizada em determinações mais precisas, requer uma análise que alcance conceitos cada vez mais simples. Com estes em mãos, é possível retornar ao todo, isto é, à população, agora como "uma rica totalidade de determinações e relações diversas".[333] Por meio do caminho de retorno, portanto, os economistas clássicos chegaram aos sistemas econômicos, síntese de elementos abstraídos, que vão do "simples, tal como trabalho, divisão do trabalho, necessidade, valor de troca, até o Estado, a troca entre as nações e o mercado mundial". Este é o método que é "manifestamente o método cientificamente exato. O concreto é concreto porque é a síntese de muitas determinações, isto é, unidade do diverso. Por isso o concreto aparece no pensamento como processo da síntese, como resultado, não como ponto de partida, ainda que seja o

---

331 *MF*, p. 47.

332 *MF*, p. 123.

333 *In57*, p. 116.

ponto de partida efetivo e, portanto, o ponto de partida também da intuição e da representação. No primeiro método, a representação plena volatiliza-se em determinações abstratas, no segundo, as determinações abstratas conduzem à reprodução do concreto por meio do pensamento".[334]

Mas, para que essas relações apareçam como eternas, o método analítico dos economistas consiste em, de um lado, citar "os elementos do processo de trabalho misturados com os *caracteres sociais específicos* que aqueles possuem em determinada fase do desenvolvimento *histórico*"; e, de outro lado, acrescentar "um elemento que pertence ao *processo de trabalho* independentemente de qualquer forma social determinada, como processo eterno entre o homem e a natureza em geral".[335] O processo de trabalho é-nos apresentado, em suma, como eterno processo de valorização, através dos elementos particulares e gerais do próprio processo de trabalho, examinados sob determinada forma social ao mesmo tempo em que sob uma forma social geral. A concepção marxiana é, portanto, "essencialmente diferente da sustentada pelos economistas burgueses, eles próprios presos às representações capitalistas, os quais vêem, sem dúvida, como se produz *dentro* da relação capitalista, mas não como se produz essa própria relação, nem como, ao mesmo tempo, nela se produzem as condições materiais de sua dissolução, com o que se suprime sua *justificação histórica* como *forma necessária* do desenvolvimento econômico, da produção da riqueza social".[336]

Tanto Smith quanto Ricardo partem do trabalhador (caçador ou pescador), tomado individual e isoladamente. Tal ponto de partida, que Marx denomina de robinsonadas do século XVIII, evidencia uma "antecipação da 'sociedade'" que se preparava desde o século XVI e que muito amadureceu no século XVIII, que tinha na concepção do indivíduo isolado uma "aparência puramente estética". O indivíduo da economia política é somente um ideal que teria existido no passado, num "estado original lendário", e não como resultado histórico, diz Marx, mas como um indivíduo conforme à natureza – "dentro da representação que tinham de natureza humana" –,[337] hipostasiado como tal pela natureza, e não originado historicamente (não pela ação dos homens).

A gênese histórica do trabalhador tomado individualmente está, portanto, no século XVIII, quando a sociedade da livre concorrência se consolida e, como consequência, "o indivíduo aparece desprendido dos laços naturais que, em épocas históricas remotas, fizeram dele um acessório de um conglomerado humano limitado e

334 *In57*, p. 116-117.

335 *CapVI*, p. 28.

336 *CapVI*, p. 95.

337 *In57*, p. 116.

determinado", este indivíduo livre para intercambiar é resultado do desenvolvimento histórico e não seu ponto de partida.[338] A existência dos indivíduos é determinada agora por relações que têm forma puramente econômica, despojadas do caráter natural e comunal (ligado às tradições patriarcais, políticas, pessoais, religiosas etc.), é uma relação de exploração direta que a concorrência universal instaura. A economia política "não conhece, por conseguinte, o trabalhador desocupado, o homem que trabalha, na medida em que ele se encontra fora da relação de trabalho. O homem que trabalha, o ladrão, o vigarista, o mendigo, o desempregado, o faminto, o miserável e o criminoso, são *figuras* que não existem *para ela*, mas só para outros olhos, para os do médico, do juiz, coveiro, do administrador da miséria, fantasmas situados fora de seu domínio".[339] Reduz o homem à "existência *abstrata*", como um "puro *homem que trabalha*".[340] E por isso é tão importante que os economistas valorizem tanto "a aparência de humanidade que vêem nas relações econômicas".[341] A divisão do trabalho é uma das categorias com a qual os economistas tentam conferir o status de "social" à sua ciência.

Essa existência abstrata vale tanto para o capitalista quanto para os trabalhadores, pois se, por um lado, "para a economia clássica, o operário é apenas máquina para produzir mais valia, o capitalista, para ela, não passa de máquina para transformar essa mais valia em capital excedente. Ela considera a função histórica do capitalista com uma seriedade amarga",[342] o capitalista é apenas o executor das funções do capital, ele funciona como capital – nessa medida, sua fruição, por exemplo, como renda ou fundo de consumo, tem de estar submetida, de uma parte, à acumulação do capital e, de outra, ao seu reinvestimento parcial no processo produtivo. Assim, se a economia política clássica inicia, por um lado, "sob a aparência do reconhecimento do homem, de sua independência, de sua auto-atividade, e do jeito que ela desloca a propriedade privada para a própria essência do homem, que já não pode mais ser condicionada pelas *determinações* locais, nacionais etc. da *propriedade privada* como uma *essência existente fora dela*, desenvolvendo, portanto, uma energia *cosmopolita*, universal, que derruba toda barreira, todo

338 *In57*, p. 103. Marx comenta ainda que "nem sequer seria necessário tocar neste ponto se essa banalidade que teve sentido e razão entre os homens do século XVIII não fosse seriamente reintroduzida na mais moderna economia por Bastiat, Carey, Proudhon, etc. Para Proudhon e alguns outros, parece, por certo, agradável deduzir a origem de uma relação econômica, cuja gênese histórica ignoram, de uma maneira histórico-filosófica, que lhes permite o recurso à mitologia, e dizer que as idéias surgiram de modo acabado na mente de Adão ou Prometeu, e postas em uso. Nada é mais aborrecedor e árido do que o locus communis disfarçado". (*In57*, p. 103)

339 *M44*, p. 91-92.

340 *M44*, p. 93.

341 *SF*, p. 48.

342 *K*, p. 692.

vínculo, para se colocar na posição de única política" –[343] por outro lado, personifica os indivíduos em funções econômicas.

O problema do valor consistia, até Smith, em que o valor do trabalho era usado para explicar o valor das mercadorias, mas, quando se tentava explicar a origem do valor do próprio trabalho, redundavam em explicar que ele provinha das mercadorias que produzia. Essa tautologia acusava, portanto, que não se conhecia absolutamente nada do valor. Ainda assim, essa teoria apoiava outra, a de que o valor da mercadoria era determinado pelo valor da *força de trabalho* (meios de subsistência mínimos), ou seja, que os salários determinam os preços, "uma falácia que Adam Smith e os seus predecessores franceses tinham repudiado nas partes realmente científicas das suas investigações, mas que reproduziram nos seus capítulos mais exotéricos e vulgarizadores".[344] Marx observa que a forma comum de valor das mercadorias é a forma dinheiro – mas a economia política jamais tentou elucidar a gênese da forma dinheiro.[345] O que denota um problema mais profundo e fundamental que não é devidamente elucidado: "a análise da mercadoria sobre a base do '*trabalho*' é, em todos os economistas anteriores, ambígua e incompleta".[346] E o entendimento dessa categoria é fundamental na determinação correta do valor.

Smith, quando determinou que o valor era criado pelo trabalho, não soube determinar qual era o valor do trabalho. E então seu erro foi tomar como medida de valor, na lei do valor de troca, ora o tempo necessário à produção de uma mercadoria, ora o valor do trabalho que produzia a mercadoria. Smith não compreende que o valor do trabalho está sempre no valor dos meios de subsistência necessários para reproduzi-lo.[347] Ricardo resolve a imprecisão mostrando que o valor de todas as mercadorias é sempre determinado pelo tempo de trabalho socialmente necessário à produção das mesmas. A teoria do trabalho como valor, pela qual o valor de um bem é determinado de acordo com o trabalho necessário a sua produção é, portanto, uma contribuição propriamente ricardiana. Assim, a lei do valor de troca é a determinação do valor pelo tempo de trabalho: "sendo o trabalho, ele mesmo, mercadoria, como tal se mede por tempo de trabalho necessário a produzir o trabalho-mercadoria".[348]

343 Cf. *M44*.

344 Cf. *SPL*, p. 47.

345 Cf. *K*, p. 55.

346 Cf. *CapVI*, p. 23.

347 Proudhon, por sua vez, aprofundará o que em Smith estava apenas justaposto. Proudhon aprofunda o erro na medida em que supõe um trabalho em geral, não um trabalho determinado, ficando impossibilitado de perceber que o valor do trabalho está ligado diretamente ao tipo de mercadoria que produz.

348 *MF*, p. 49.

Com Ricardo, a natureza do valor não estava ainda, porém, desvendada. A expressão "valor do trabalho" que, demonstra Marx, na realidade não existe, é todavia recorrente nos economistas precisamente por sua ambiguidade na questão. Embora seja um fato objetivo a determinação do valor pelo tempo de trabalho, ela permanece, como explicamos, uma tautologia, pois o *valor* da mercadoria serve de medida para dar *valor* ao trabalho. Smith e mesmo Ricardo estão continuamente às voltas com contradições e ambiguidades "por não desenvolverem claramente a análise das mercadorias, à base do trabalho, em sua dupla forma. Através do processo originário de troca entre o capitalista e o operário – como possuidores de mercadorias – se apresenta apenas o fator vivo, a capacidade de trabalho, como um momento da figura real do capital no processo de produção. Mas, somente no processo de produção o *trabalho objetivado* se transforma, mediante a absorção de trabalho vivo, em *capital*, e só assim *o trabalho se transforma em capital*".[349] O momento predominante não é a troca, mas a produção, que produz valores de troca para serem postos no mercado. No processo de produção total o capital não produz apenas mais-valia (o trabalho excedente), mas capital: valor que se valoriza a si mesmo através do trabalho vivo, que imprime valor de uso e de troca ao criar produtos, originando a mercadoria – resultado incompleto da produção, na mesma medida em que a esfera de circulação de mercadorias é parte compreendida na produção.

O fato do capital se apresentar imediatamente como imensa acumulação de mercadorias pode confundir a análise. A mercadoria é a relação social representada em coisas, uma relação que personifica nas coisas – mercadorias, dinheiro – as relações entre as pessoas. E assim a relação humana social se transforma em propriedade natural dessas coisas, a relação social (o capital) se coisifica, e "esse absurdo /.../ salta à vista logo que abrimos o primeiro manual de economia que nos venha às mãos, e vemos já na primeira página que os elementos do processo de produção, reduzidos a sua forma mais geral, são a terra, o *capital* e o trabalho".[350] O capital se cristaliza, como o dinheiro (forma equivalente geral da mercadoria), entre as condições objetivas de trabalho e o próprio trabalho. O trabalho, por sua vez, não é algo vago, geral e abstrato, critica Marx: é sempre um determinado tipo de trabalho que é comprado e vendido segundo as características dos produtos alimentícios (meios de subsistência aos quais equivale o salário) e a oferta e a procura de trabalho, dentre outros fatores. Assim, "não é só o trabalho que se define, qualitativamente, pelo objeto, e sim o objeto, por sua vez, que se determina pela qualidade específica do trabalho":[351] o trabalhador que só aperta parafusos ganhará um salário suficiente para comprar apenas batatas, e as batatas serão

349 *Cap VI*, p. 25.

350 *Cap VI*, p. 28.

351 *MF*, p. 56.

produzidas em cada vez maior quantidade quanto mais trabalhadores que apertem parafusos se multipliquem.

O "trabalho" se apresenta sob dupla forma: como *trabalho concreto*, no *valor de uso das mercadorias*; e como trabalho *socialmente necessário*, no *valor de troca*. No valor de uso particular, ressalta-se seu caráter específico, que imprime sua marca específica no valor de uso criado pelo trabalho e o converte em valor de uso concreto, diferente dos demais em determinado artigo. No valor de troca há uma abstração de sua utilidade particular, o trabalho é levado em conta como elemento formador de valor, e a mercadoria, como sua objetivação. Como trabalho indiferenciado, *socialmente necessário*, *geral*, indiferente de todo conteúdo particular, alcança, em sua expressão autônoma – no *dinheiro*, na mercadoria como *preço* – uma expressão comum a todas as mercadorias, que se diferencia apenas pela quantidade. Quando se troca trabalho no mercado não se trata de uma troca de equivalentes, pois a produção pela força de trabalho de mais valor que ela tem não é contabilizada na troca entre valores que acontece no mercado. A equivalência que transparece nesta relação, portanto, é aparente.[352] Assim, a falha de Smith e Ricardo, "a esse respeito, constitui tão-somente no seguinte: primeiro, foram incapazes de demonstrar como essa troca de mais trabalho vivo por menos trabalho objetivado corresponde à lei da *troca de mercadorias*, à determinação do valor das mercadorias pelo tempo de trabalho; e segundo, confundiram de imediato a troca de determinado *quantum* de *trabalho objetivado* pela capacidade de trabalho, troca que se efetua no *processo de circulação*, com a absorção, no processo de produção, do trabalho vivo pelo trabalho *objetivado* existente sob a figura de meios de produção. Confundiram o *processo de troca* entre capital variável e capacidade de trabalho com o processo de absorção do trabalho vivo pelo capital constante. Essa falta deriva também de sua parcialidade 'capitalista'".[353]

As esferas da circulação e da produção aparecem, assim, misturadas na determinação do valor pela economia clássica. Na contradição que faz a economia política confundir a circulação e a produção oculta-se o estranhamento na essência do trabalho. A economia política (a mesma que desvendou o trabalho como essência subjetiva da riqueza) "*não considera a relação* imediata *entre o* trabalhador (o trabalho) *e a produção*", sendo que esta "*relação imediata do trabalho com seus produtos* é *a relação do trabalhador com os objetos da sua produção*",[354] a relação essencial do trabalho. E isso é válido inclusive para Ricardo, considerado o teórico da produção por excelência.[355]

---

352 Entre os inúmeros equívocos de Proudhon – e dos economistas políticos em geral – encontra-se também o de não reconhecer esta falsa equivalência (ainda que ele mesmo considere ter avançado em relação a Ricardo).

353 *Cap VI*, p. 40.

354 *M44*, p. 82.

355 Cf. *SPL*.

Ao não esclarecerem a natureza econômica da troca, os economistas políticos se tornam, de modo geral, muito obscuros quanto à essência da divisão do trabalho. O pressuposto da troca, (que como vimos não é esclarecido pelos economistas) é a *propriedade privada* – apenas proprietários de mercadorias podem vendê-las no mercado – esta é a expressão objetiva do que "Smith, Say, Ricardo etc., dizem quando indicam o *egoísmo*, o *interesse privado* como fundamento da troca ou o *regateio* como a forma *essencial* e *acidental* da troca", imputando assim às contingências individuais a forma como ocorrerá a troca. localizando uma e outra nas motivações individuais e nos acasos das relações sociais. Para Say, por exemplo, para o qual a troca é acidental, "a divisão do trabalho é um meio *cômodo*, *útil*, uma aplicação hábil das forças humanas para a riqueza social", porém, e Marx indica que esta observação é um progresso de Say, "ele restringe a *capacidade de cada homem* tomado *individualmente*".[356]

Para a economia política, a produção cria objetos necessários, a distribuição reparte-os de acordo com as leis sociais, a troca reparte de novo segundo as necessidades individuais e, no consumo, o produto "desaparece no movimento social", convertendo-se diretamente em objeto da necessidade individual, no desfrute. Desse modo, a produção aparece como o ponto inicial (social), a distribuição e a troca como meio-termo dúplice (já que a primeira é social e a segunda individual), e o consumo como ponto final (individual). "Na produção a pessoa se objetiva; no consumo, a coisa se subjetiva"; enquanto a distribuição determina os produtos que cabem ao indivíduo, a troca determina os produtos que o indivíduo reclama a partir do que a distribuição lhe atribuiu. "Produção, distribuição, troca, consumo, formam assim, um silogismo correto: produção é a generalidade; distribuição e troca, a particularidade; consumo, a individualidade expressa pela conclusão".[357]

O encadeamento aqui expresso, diz Marx, é superficial, de um lado a produção é determinada por leis naturais gerais, de outro, o consumo, como finalidade do processo, se encontra situado fora da economia (a não ser quando dá início a um novo processo); com isso, a distribuição aparece como esfera autônoma e independente (determinada pela contingência social) que existe ao lado da produção.[358] Mesmo Ricardo, reconhecido e mesmo acusado por ter analisado exclusivamente a produção, considerou a distribuição como o objeto exclusivo da economia, pois via "instintivamente" nas formas de distribuição "a expressão mais definida em que se estabelecem os agentes de produ-

356 *M44*, p. 155

357 *In57*, p. 108.

358 "Precisamente porque nessa compra de serviços não se encontra nunca a relação específica entre o trabalho e o capital – ou se acha inteiramente apagada ou é de todo inexistente – é natural que seja a forma predileta de Say, Bastiat e consortes para exprimir a relação entre o capital e o trabalho". (*Cap VI*, p. 78-79)

ção numa dada sociedade". Assim, diz Marx, "Ricardo, a quem interessava conceber a produção moderna na sua articulação social determinada, e que é tomado como o economista da produção por excelência, afirma mesmo assim que *não* é a produção, mas sim a distribuição que constitui o tema propriamente dito da economia moderna. Aqui ressurge novamente o absurdo dos economistas que consideram a produção como uma verdade eterna, enquanto proscrevem a história ao domínio da distribuição".[359] No que diz respeito ao indivíduo isolado, "a distribuição aparece naturalmente como uma lei social, que condiciona sua posição no interior da produção, no quadro da qual ele produz e que precede portanto à produção". Assim, nas relações originárias da economia política o indivíduo não tem capital nem propriedade de terra, a distribuição social constrange-o "logo ao nascer ao trabalho assalariado".[360] Na verdade, reitera Marx, isso é um resultado da existência do capital e da propriedade fundiária como agentes de produção autônomos.

359 *In57*, p. 113.

360 *In57*, p. 113.

CAPÍTULO V

Emancipação humana

EMANCIPAÇÃO HUMANA: O COMUNISMO COMO DESENVOLVIMENTO DA INDIVIDUALIDADE LIVRE

A estrutura do processo da produção material é a estrutura do processo vital da sociedade. A base em que se desenvolveu este processo é de caráter natural (no sentido de que não é determinada pelo controle livre e consciente dos indivíduos) e apoia-se sobre a propriedade privada. Ao longo da história, a propriedade privada nunca chegou a prevalecer de forma tão geral como no capitalismo. Nesse sentido, a acumulação primitiva, o processo original de acumulação de capital, "não significa senão uma série de processos históricos, resultantes numa *decomposição da união original* existente entre o homem trabalhador e os seus instrumentos de trabalho. /.../ Uma vez estabelecida a *separação* /.../ semelhante estado de coisas manter-se-á e reproduzir-se-á numa escala constantemente crescente, até que uma nova e fundamental revolução no modo de produção o derrube de novo e restaure a união original numa forma histórica nova".[1]

O comunismo também não é, portanto, o reestabelecimento de uma forma histórica anterior ao capitalismo, e tampouco existe inexoravelmente um futuro comunista pronto e pré-determinado. Uma vez que o estranhamento baseia-se na separação entre o indivíduo e as forças produtivas sociais (é expressão do "homem que ainda não surge como *real* ser genérico")[2] do homem que tornou alheias suas próprias forças individuais como forças sociais estranhas, o comunismo é a restauração da união anteriormente existente entre o homem e seu trabalho. Porém isso ocorre em condições históricas completamente distintas, não mais baseadas na propriedade privada nem sobre o desenvolvimento

1 *SPL*, p. 57.

2 *QJ*, p. 52.

insuficiente das forças produtivas, posto que o comunismo conserva as forças produtivas desenvolvidas e significa, então, a abolição *positiva* da propriedade privada.

A especificidade do gênero humano – o atuar sobre o universo múltiplo de objetos e o autoengendramento dos indivíduos em sociedade – desenvolveu-se historicamente sobre a base da propriedade privada e da divisão do trabalho. Ao analisar criticamente, identifica-se como estranhas ao homem, as formas sociais que erigiram a história humana; formas que são, por sua vez, expressões necessárias historicamente e socialmente (mesmo que estranhadas) do desenvolvimento dos atributos genuinamente humanos. Marx colocará em xeque a necessidade destas formações – e suas derivadas – na continuidade do processo do devir humano do homem.

Historicamente, o desenvolvimento avançado das forças produtivas humanas é bastante recente: ocorreu somente na época da dominação de classe burguesa. Foi a burguesia "quem primeiro demonstrou o que a atividade dos homens pode conseguir. Realizou maravilhas completamente diferentes das pirâmides egípcias, dos aquedutos romanos e das catedrais góticas, levou a cabo expedições completamente diferentes das antigas migrações de povos e das cruzadas".[3] Marx ressalta o caráter revolucionário do trabalho social desenvolvido sob condução burguesa, cuja sociedade, em apenas "um escasso século, criou forças de produção mais massivas e mais colossais do que todas as gerações passadas juntas. Subjugação das forças da natureza, maquinaria, aplicação da química à indústria e à lavoura, navegação a vapor, estradas-de-ferro, telégrafos elétricos, arroteamento de continentes inteiros, navegabilidade dos rios, populações inteiras feitas saltar do chão – que século anterior teve ao menos um pressentimento de que estas forças de produção estavam adormecidas no seio do trabalho social?".[4]

Mas como se confundem as forças produtivas individuais com as forças da propriedade privada? Por que se tornam separadas as forças produtivas sociais que só se desenvolvem mediante o pressuposto da propriedade privada? Marx explica que, uma vez que "essas *forças produtivas sociais* do trabalho, ou *forças produtivas do trabalho social*" só se desenvolvem historicamente com o modo de produção especificamente capitalista, elas acabam por aparecer – "graças à amplitude e ao resultado das *condições de produção* do trabalho combinado *socialmente*" – "como algo imanente à relação do capital e dele inseparável". Desse modo, "pondo de lado a combinação do próprio trabalho, esse *caráter social das condições de trabalho* – inclusive, entre outras coisas, sua forma como maquinaria e capital fixo de qualquer gênero – apresenta-se como algo absolutamente autônomo, existente separadamente do operário, como *modo de existência do capital*, e, portanto, também como algo organizado pelos *capitalistas* independentemente dos operários. Assim

3 *MPC-I.*

4 *MPC-I.*

como o *caráter social* de seu próprio trabalho, o *caráter social* das condições de produção *coletivas* do trabalho combinado aparece mais ainda como *capitalista*, como caráter inerente a essas condições de produção enquanto tais, independentemente dos operários".[5] É precisamente o caráter social do trabalho realizado coletivamente que não aparece como pertencente aos trabalhadores, mas como propriedade alheia, capitalista.

A indústria moderna (ciência, maquinaria, tecnologia, formas de organização do trabalho etc.) corresponde ao moderno desenvolvimento da propriedade privada (à propriedade privada *pura*), ao capital liberto e à relação capitalista de produção, e se efetiva com a completa *subsunção* do trabalhador. O capitalismo apenas desenvolve as forças produtivas sociais às custas do subdesenvolvimento das faculdades e capacidades individuais. Sem dúvida, este não foi um acontecimento abrupto, ao contrário, deve-se a um processo histórico de sucessivas separações entre o trabalhador e suas condições de trabalho que culmina no sistema capitalista, no qual o trabalhador não mantém nenhuma relação de apropriação com sua atividade, os meios de efetivá-la e o produto de seu trabalho. Assim, ainda que o desenvolvimento das forças produtivas sociais seja engendrado pelas forças individuais em conjunto e, portanto, tal desenvolvimento seja simultaneamente o das forças dos próprios indivíduos, essas forças sociais são alienadas.

Na sociedade capitalista, as forças produtivas aparecem totalmente independentes, separadas dos indivíduos, "como um mundo próprio e ao lado destes, o que tem seu fundamento no fato de que os indivíduos, que são as forças daquele mundo, existirem fragmentados e em oposição mútua, ao passo que, por outro lado, essas forças só são forças reais no intercâmbio e na relação desses indivíduos". As forças produtivas sociais, que são as forças dos próprios indivíduos atuando em conjunto, adquiriram uma forma objetiva separada e hostil, e surgem para os próprios indivíduos como forças estranhas, não como se fossem suas próprias forças, mas sim forças da propriedade privada. Os indivíduos só possuem estas forças na qualidade de proprietários privados, isto implica que "enfrenta-se com estas forças produtivas a maioria dos indivíduos dos quais estas forças se destacaram e que, portanto, despojados de todo conteúdo real de vida, tornaram-se indivíduos abstratos; mas que, por isso mesmo, só então são colocados em condições de relacionar-se uns com os outros *enquanto* indivíduos."[6]

A "única relação que os indivíduos ainda mantêm com as forças produtivas e com sua própria existência",[7] o trabalho, perde todo o caráter de autoatividade, os indivíduos estão desprovidos de todas as condições objetivas de trabalho e por isso necessariamente degeneram simplesmente ao conservar sua vida, pois criam com seu

---

5 *CapIV*, p. 84.

6 *IA-I*, p. 104.

7 *IA-I*, p. 50.

trabalho riqueza alheia, que lhe é hostil e contraposta. Somente despojados de suas forças, de sua *autoatividade* e seus pressupostos, é que todos os indivíduos são colocados a se relacionar *enquanto indivíduos* uns com os outros. Em prol da expansão do capital que se explicita como desenvolvimento das forças produtivas sociais, suas relações passam a ser determinadas apenas pelo aspecto material, a despeito de qualquer outro condicionamento ou limitação política, religiosa etc., como acontecia anteriormente. Somente nestas condições de total alienação de seus meios de vida e de suas forças individuais é que os indivíduos libertam-se de todos os laços que anteriormente os uniam. Assim, no modo de produção capitalista os indivíduos se relacionam enquanto indivíduos, mas como indivíduos abstratos, pois as forças produtivas assumem para eles uma forma *indiferente* e independente dos indivíduos que a produziram, estes meramente correspondem de forma mecânica e estreita, na parte que lhes cabe do trabalho social, àquele desenvolvimento avançado.

Nesse sentido, também as relações casuais que derivam desse modo de produção são características de um intercâmbio mais desenvolvido entre os indivíduos. Ademais, a acidentalidade das condições de vida para os indivíduos acaba por naturalizar as relações alienadas que os submetem, isolando-os uns dos outros. Para os proletários, os trabalhadores do capital, isso significa que "a condição de sua existência, o trabalho, e com ela todas as condições de existência que governam a sociedade moderna, tornaram-se algo acidental, algo que eles, como indivíduos isolados, não controlam e sobre o qual nenhuma organização *social* pode dar-lhes o controle. A contradição entre /.../ a personalidade de cada proprietário isolado e a condição de vida a ele imposta, o trabalho, torna-se evidente para ele mesmo, pois ele é sacrificado desde a juventude e porque, no interior de sua própria classe, não tem chance de alcançar as condições que o coloquem na outra classe".[8]

Ao mesmo tempo, como Marx nos mostra, as linhas gerais do processo histórico correspondem a um progressivo desenvolvimento das forças produtivas sociais, o que significa, simultaneamente, o desenvolvimento das forças individuais: as próprias forças individuais desenvolvidas socialmente – "a forma anterior de intercâmbio, transformada num entrave, é substituída por outra nova que corresponde às forças produtivas mais desenvolvidas e, por isso mesmo, ao modo avançado da auto-atividade dos indivíduos /.../ em cada fase, essas condições correspondem ao desenvolvimento simultâneo das forças produtivas, sua história é ao mesmo tempo a história das forças produtivas em desenvolvimento e herdadas por cada nova geração, e também, portanto, é a história do desenvolvimento das forças dos próprios indivíduos".[9]

---

8 *IA-I*, p. 121.

9 *IA-I*, p. 112-113.

Essas forças apenas são as forças dos indivíduos na medida em que estes são proprietários privados, vê-se, desta forma, que sob a mediação da propriedade privada as forças produtivas tomam uma forma objetiva autônoma que controla os indivíduos. É a propriedade privada que desenvolve as forças produtivas e, simultaneamente, limita o livre desenvolvimento da individualidade, que só pode ocorrer quando as forças produtivas tornam-se as forças dos próprios indivíduos (como de fato só podem ser, de um modo ou de outro). Esse é o "véu nebuloso e místico" do qual só é possível desprender-se no dia em que a construção do mundo humano "for obra de homens livremente associados, submetida a seu controle consciente e planejado",[10] isto é, somente numa sociedade comunista. Em sua obra, Marx desvendou este processo: "descrevi a *indústria de grande escala* não apenas como a mãe do antagonismo, mas também como a produtora das condições materiais e espirituais para a solução desse antagonismo, embora seja verdade que a solução não possa processar-se ao longo de linhas agradáveis".[11]

O encaminhamento contraditório autodestrutivo da propriedade privada faz-se de modo que ela mesma não intervém: "é verdade que, no seu movimento econômico, a propriedade privada se encaminha por si mesma para a sua própria dissolução; mas fá-lo unicamente através de uma evolução independente dela, inconsciente, que se realiza contra a sua vontade e que a natureza das coisas condiciona: só o consegue engendrando o proletariado *enquanto* proletariado, a miséria consciente da sua miséria moral e física, consciente de sua desumanidade e, portanto, como desumanização que se supera a si mesma".[12] O mecanismo que anuncia esse embate último advém do funcionamento do próprio capital: a classe do proletariado revolucionário é o produto contraditório da propriedade privada desenvolvida e a arma central contra esse sistema. O movimento do capital permite vislumbrar que "à medida que diminui o número dos magnatas capitalistas que usurpam e monopolizam todas as vantagens desse processo de transformação, aumentam a miséria, a opressão, a escravização, a degradação, a exploração; mas, cresce também a revolta da classe trabalhadora, cada vez mais numerosa, disciplinada, unida e organizada pelo mecanismo do próprio processo capitalista de produção. O monopólio do capital passa a entravar o modo de produção que floresceu com ele e sob ele. A centralização dos meios de produção e a socialização do trabalho alcançam um ponto em que se tornam incompatíveis com o envoltório capitalista. O invólucro rompe-se. Soa a hora final da propriedade particular capitalista. Os expropriadores são expropriados. É a negação da negação".[13] Assim, a supressão

10 *K*, p. 188.

11 Cartas a Kugelman (p. 231).

12 *SF*, p. 54.

13 *IA-I*, p. 50.

da propriedade privada, o comunismo, só pode ser instaurada através da luta entre as classes gerada pelas contradições de um modo de produção que concentra os meios de produção e socializa ao máximo o trabalho, isto é, um sistema que cultiva antagonicamente riqueza colossal para a diminuta parte de não trabalhadores e miséria para a massa geradora de riqueza.

Essa alienação apenas pode se resolver mediante dois pressupostos *práticos*, que dependem do desenvolvimento universal das forças produtivas: a extrema pobreza, por um lado, e o intercâmbio universal, por outro. "Para que ela se torne um poder 'insuportável', isto é, um poder contra o qual se faz uma revolução, é necessário que tenha produzido a massa da humanidade como massa totalmente 'destituída de propriedade'; /.../ além disso, porque apenas com este desenvolvimento universal das forças produtivas dá-se um intercâmbio *universal* dos homens, em virtude do qual, de um lado, o fenômeno da massa 'destituída de propriedade' se produz simultaneamente em todos os povos (concorrência universal), fazendo com que cada um deles dependa das revoluções dos outros; e, finalmente, coloca indivíduos empiricamente universais, *histórico-mundiais*, no lugar de indivíduos locais".[14] A história torna-se mundial à medida que o intercâmbio dos indivíduos se amplia a ponto de envolver todas as nações, universalizando as relações de produção e comércio, implicando para o indivíduo singular a sua dependência de todos os outros indivíduos para a satisfação de suas necessidades.

Todas as revoluções, bem como os resultados que estas atingem, são determinados pelas condições de existência dos indivíduos, por suas necessidades.[15] Para os comunistas teóricos, "a realização total do indivíduo só deixará de surgir como ideal, como vocação etc., quando a impulsão do mundo que suscita nos indivíduos o desenvolvimento real das suas faculdades tiver passado para o controle dos próprios indivíduos".[16] A "impulsão do mundo" é determinada pelas condições práticas de vida, são estas que moldam as faculdades dos indivíduos. O sistema de produção capitalista, que possibilita "a existência de indivíduos diretamente vinculada à história social",[17] é "uma revolução econômica total, que por uma parte cria pela primeira vez condições reais para a dominação do capital sobre o trabalho, aperfeiçoa-as e lhes dá forma adequada; e, por outra, gera nas forças de circulação por ela desenvolvidas em oposição ao operário as condições reais de um novo modo de produção que elimine a forma antagônica do modo capitalista de produção, e cria, desse modo, a base

14 *IA-II*, p. 210.

15 Cf. *IA-II*, p. 210.

16 *IA-II*, p. 77.

17 *IA-I*, p. 52.

material de um processo de vida social com uma nova configuração e, com isso, de uma nova formação social".[18]

O proletariado pressupõe o mercado mundial, pressupõe, portanto, "a história universal como existência empírica *prática*"; e, por isso, o comunismo não é "um *estado* que deve ser estabelecido, um *ideal* para o qual a realidade terá que se dirigir /.../ As condições desse movimento resultam de pressupostos atualmente existentes",[19] devendo ser a ação comunista, da mesma forma que a existência do proletariado, histórico-mundial. O desenvolvimento do indivíduo ou, em outras palavras, o processo histórico de individuação, só pode originar-se do intercâmbio universal dos homens, o qual depende das forças produtivas. O significado da individuação é o tornar-se universal, praticamente, dos indivíduos, é a universalidade da apropriação e elaboração humana da natureza e do próprio homem, processo que envolve necessariamente uma escala histórico-mundial das relações sociais, do intercâmbio, de indivíduos vivos e ativos. Nesse sentido que "a libertação de cada indivíduo singular é alcançada na mesma medida em que a história transforma-se completamente em história mundial".[20] O intercâmbio ampliado entre os indivíduos através do desenvolvimento das forças produtivas reproduz a mesma condição em todos os lugares, o antagonismo de classes: o indivíduo histórico-universal se reproduz nos vários lugares nas personificações de proletário e burguês, formas que identificam os indivíduos de todas as partes do mundo. A libertação dessa condição antagônica e alienada constitui a recondução, para o indivíduo singular, das suas próprias forças (agora atualizadas e desenvolvidas, mesmo que contraditoriamente) e dos seus próprios produtos, apropriação que é ela mesma o enriquecimento das relações reais das quais depende a sua verdadeira riqueza espiritual individual.

Assim, "no seio da sociedade comunista, a única onde o desenvolvimento original e livre dos indivíduos não é uma frase oca, este desenvolvimento é precisamente condicionado pela interdependência dos indivíduos, interdependência constituída em parte pelas premissas econômicas, em parte pela solidariedade indispensável ao livre desenvolvimento de todos e, enfim, pela forma universal da atividade dos indivíduos na base das forças produtivas existentes. Trata-se portanto, aqui, de indivíduos que atingiram um nível determinado de desenvolvimento histórico, e em caso algum de indivíduos imaginados arbitrariamente, tomados ao caso, tendo-se abstraído também da indispensável revolução comunista que é ela própria uma condição comum do seu

18 *K*, p. 881.

19 *IA-I*, p. 52.

20 *IA-I*, p. 54.

livre desenvolvimento. A consciência que os indivíduos terão das suas relações recíprocas terá também ela um caráter completamente diferente".[21]

O comunismo não restabelece a propriedade privada, mas sim a propriedade individual "tendo por fundamento a conquista da era capitalista: a cooperação e a posse comum do solo e dos meios de produção gerados pelo próprio trabalho",[22] nessa medida, o comunismo é "a expressão positiva da propriedade privada superada".[23] Superar positivamente a propriedade privada, o princípio comunista fundamental, é devolver ao indivíduo singular suas próprias forças, que são necessariamente sociais. Nesse caso, "sob o pressuposto da superação positiva da propriedade privada o homem produz o homem, a si mesmo e aos outros homens; assim como o objeto, que é o imediato acionamento de sua individualidade, é simultaneamente sua própria existência para o outro homem, a existência deste e a existência deste para ele. Do mesmo modo, tanto o material do trabalho como o homem enquanto sujeito são tanto o resultado quanto o ponto de partida do movimento (e a necessidade histórica da propriedade privada reside exatamente em que deva haver esse ponto de partida). Portanto, o caráter social é o caráter universal do movimento total; como a própria sociedade produz o homem como homem, ela também é por ele produzida".[24] Este é o significado, sob o pressuposto do comunismo, da "*riqueza* das carências humanas e, portanto, tanto um *novo modo de produção*, quanto um novo *objeto* da produção. Nova atividade da força essencial *humana* e novo enriquecimento da essência *humana*".[25]

O controle consciente de suas relações sociais implica, desse modo, a coincidência entre a autoatividade e a vida material, "o que corresponde à transformação dos indivíduos totais e ao despojamento de todo seu caráter natural. A transformação do limitado intercâmbio anterior em intercâmbio entre indivíduos enquanto tais. Com a apropriação das forças produtivas totais pelos indivíduos unidos, termina a propriedade privada".[26] A apropriação da multiplicidade das forças produtivas criadas pela autoatividade estranhada implica no desenvolvimento igualmente multiforme dos indivíduos, que se tornam por isso indivíduos totais, numa relação de indivíduos enquanto indivíduos, na qual não haverá o estranhamento das condições objetivas em relação a eles e nem o estranhamento em relação aos outros indivíduos. Dessa forma, o isolamento dos indivíduos é que se tornará acidental.

---

21 *IA-II*, p. 302.

22 *K*, p. 882.

23 *M44*, p. 261.12-14.

24 *M44*, p. 264.22-32.

25 *M44*, p. 109.

26 *IA-I*, p. 107.

O controle social da produção é o exercido pela totalidade dos indivíduos e responde às necessidades humanas sociais e individuais, é uma relação consciente do homem com as criações humanas, ou seja, tal relação não é tomada como algo inexoravelmente natural, fora do controle da ação humana, oposto e sobreposto aos indivíduos, como foi até o presente momento da história do homem. Ao contrário, o comunismo "aborda pela primeira vez conscientemente todos os pressupostos naturais como criação dos homens que nos precederam, despojando-os de seu caráter natural e submetendo-os ao poder dos indivíduos unidos". Este "existente, que o comunismo está criando, é precisamente a base real para tornar impossível tudo o que existe independentemente dos indivíduos, na medida em que o existente nada mais é do que um produto do intercâmbio anterior dos próprios indivíduos".[27] Por isso, também torna impossível as representações e todas as outras formações advindas do processo material de interação dos indivíduos que assumem formas separadas de seus criadores, fora do controle da ação e da consciência dos mesmos. Neste momento, a sociedade torna-se "plena unidade ôntica do homem com a natureza, a verdadeira ressurreição da natureza, o perfeito naturalismo do homem e o perfeito humanismo da natureza".[28] É, em suma, o processo de hominização guiado pelos próprios homens, determinação que parte da natureza e torna-se própria, com finalidades humanas. Portanto, "o comunismo enquanto superação positiva da propriedade privada /.../ é a autêntica extinção do antagonismo do homem com a natureza e do homem com o homem, a verdadeira extinção do conflito entre existência e essência, entre objetivação e autoafirmação, entre necessidade e liberdade, entre indivíduo e gênero. Ele é o enigma decifrado da história e está ciente de ser essa solução".[29] Por conseguinte, a superação positiva da propriedade privada é a transformação de um processo histórico-social, que até então era conduzido por forças dadas naturalmente, em história propriamente humana, isto é, "a completa emancipação de todos os sentidos e atributos humanos; mas ela é essa emancipação justamente porque estes sentidos e atributos tornaram-se humanos, tanto subjetiva quanto objetivamente. O olho se tornou olho humano, assim como seu objeto se tornou objeto social, humano, que dimana do homem para o homem. Por isso, os sentidos tornaram-se imediatamente teóricos em sua práxis. Ele se relaciona com a coisa pela coisa, mas a própria coisa é uma relação humana objetiva consigo mesma, com o homem e vice-versa. Na prática, eu só posso me relacionar com a coisa humanamente se a coisa se relaciona humanamente com o homem. O carecimento ou a fruição perderam, por isso, sua natureza egoísta, e a natureza perdeu sua mera utilidade,

---

27 *IA-I*, p. 110.

28 *M44*, p. 267.40-265.2.

29 *M44*, p. 263.14-24.

tornando-se o proveito humano".[30] Quando a produção é voltada para o homem e suas carências, ela torna-se comunista e o homem torna-se emancipado de suas limitações naturais – ainda que jamais prescinda desta base, ela é radicalmente transformada em *natureza humana*.

É a classe que não possui qualquer interesse particular de classe para impor à classe dominante que pode operar a supressão das classes às quais são submetidos todos os indivíduos, "condições que até agora encontravam-se à mercê do acaso e tinham assumido uma existência autônoma frente aos diversos indivíduos precisamente por sua separação como indivíduos, por união necessária determinada pela divisão do trabalho e por sua separação transformada num vínculo [alheio] a eles".[31] Em sentido oposto, a ação dos proletários revolucionários somente pode ser eficaz quando estes participam como indivíduos na *coletividade*: "é exatamente esta união de indivíduos (pressupondo naturalmente as atuais forças produtivas desenvolvidas) que coloca sob seu controle as condições de livre desenvolvimento e de movimento dos indivíduos".[32]

O fim da propriedade privada evidencia que não se trata de uma postulação arbitrária a constatação de que o proletariado é a única classe que pode perpetrar a revolução comunista, isto é, que "a dissolução da sociedade, como classe particular, é o proletariado".[33] Essa missão histórica da classe trabalhadora do capital, apontada pelo comunista teórico, parte do "*que* é o proletariado e o que ele será historicamente obrigado a fazer de acordo com este *ser*".[34] Ao atribuírem esse papel histórico ao proletariado, os comunistas não consideram os proletários como deuses, "antes pelo contrário. No proletariado plenamente desenvolvido encontra-se consumada a abstração de toda a humanidade, até da *aparência* de humanidade".[35] E portanto, "a vitória do proletariado não significa de modo algum que ele se tenha transformado no absoluto da sociedade, porque só vence ao abolir-se a si mesmo e abolindo seu contrário. Depois disso o proletariado desaparece tal como a propriedade privada: o seu contrário que o implica",[36] bem como, por extensão, as classes e a divisão do trabalho.

Portanto, Marx insiste que "a condição de emancipação da classe operária é a abolição de todas as classes, do mesmo modo que a condição da emancipação do terceiro estado, da ordem burguesa, foi a abolição de todos os estados e de todas as ordens.

30 *M44*, p. 269.8-21.

31 *IA-I*, p. 117-118.

32 *IA-I*, p. 117.

33 *In44*, p. 92.

34 *SF*, p. 55.

35 *SF*, p. 54.

36 *SF*, p. 54.

No transcurso de seu desenvolvimento, a classe operária substituirá a antiga sociedade civil por uma associação que exclua as classes e seu antagonismo; e não existirá já um poder político propriamente dito, pois o poder político é, precisamente, a expressão oficial do antagonismo de classe, dentro da sociedade civil". E progressivamente, "à medida que é suprimida a exploração de um indivíduo por outro, é suprimida a exploração de uma nação por outra. Com a oposição das classes no interior da nação cai a posição hostil das nações entre si".[37] Definido negativamente, o comunismo é a sociedade sem classes e suas formações ideais correspondentes, sem oposição entre as nações, sem indivíduos contrapostos entre si.

Quais são as objeções que a burguesia levanta contra o comunismo, pergunta Marx? Todas estão no terreno ideal, e portanto não se descolam das formas ideais – e por conseguinte, materiais – burguesas.[38] Quando os burgueses atacam o *modo de apropriação e de produção comunista dos produtos materiais*, lamentam, também, a perda da *Bildung*, de modo que todas as objeções dirigidas contra os comunistas "foram igualmente alargadas à apropriação e à produção dos produtos espirituais. Tal como, para o burguês, o cessar da propriedade de classe é o cessar da própria produção, também para ele o cessar da *Bildung* de classe é idêntico ao cessar da *Bildung* em geral". Entretanto, "a *Bildung* cuja perda ele lamenta é, para a enorme maioria, a formação [*Heranbildung*] para máquina".[39] Além disso, rebate Marx, "existem verdades eternas, como liberdade, justiça etc., que são comuns a todos os estádios sociais. Mas o comunismo abole as verdades eternas, abole a religião, a moral, em vez de as configurar de novo, contradiz portanto todos os desenvolvimentos históricos até aqui. A que se reduz esta acusação? A história de toda a sociedade até aqui moveu-se em oposições de classes, as quais nas diversas épocas foram diversamente configuradas. Mas fosse qual fosse a forma assumida, a exploração de uma parte da sociedade pela outra é um fato comum a todos os séculos passados. Não é de admirar, por isso, que a consciência social de todos os séculos, a despeito de toda a multiplicidade e diversidade, se mova em certas formas comuns, em formas de consciência que só se dissolvem completamente com o desaparecimento total da oposição de classes. A revolução comunista é a ruptura mais radical com as relações de propriedade legadas; não admira que no curso do seu desenvolvimento se rompa da maneira mais radical com as idéias legadas".[40]

A supressão comunista das formas de consciência configuradas historicamente sobre a base da propriedade privada é um assunto bastante polemizado pelos críticos

---

37 *MPC-II*.

38 "As acusações contra o comunismo que são levantadas sobretudo a partir de pontos de vista religiosos, filosóficos e ideológicos não merecem discussão pormenorizada." (*MPC-II*)

39 *MPC-II*.

40 *MPC-II*.

burgueses e deve ser discutido caso a caso. De modo geral, as indicações marxianas demonstram que não se trata apenas de criar um novo "conteúdo" pelo comunismo para formas ideais que só existem como expressão da alienação das relações materiais entre os homens através do trabalho (como a religião, a política, a moral, o direito) – a supressão dessas relações é ao mesmo tempo abolição daquelas formações. A incorporação do desenvolvimento espiritual e intelectual anterior (como é o caso da ciência e da arte) é, entretanto, um pressuposto da supressão positiva da propriedade privada, na medida em que são expressão necessária do desenvolvimento histórico das forças produtivas sociais e individuais. A emancipação humana é, portanto, baseada numa radical revolução material, somente esta pode transformar ou suplantar as formações espirituais dela derivadas.

Mas vejamos melhor o caso da política, uma vez que ela não é apenas um fundamental instrumento de luta entre as classes, mas é meio de que o proletariado obrigatoriamente se utiliza visando a supressão das classes e da própria política. Não é seu domínio de classe que deve estar em jogo na luta política, não uma ditadura do proletariado, mas a emancipação humana das relações da propriedade privada. Marx afirma que a emancipação do homem "só será plena quando o homem real e individual tiver em si o cidadão abstrato; quando como homem individual, na sua vida empírica, no trabalho e nas relações individuais, se tiver tomado como *ser genérico*; e quando tiver reconhecido e organizado as suas próprias forças como forças *sociais*, de maneira a nunca mais separar de si esta força social como força *política*".[41] A supressão da contradição existente entre a vida real e individual e a política é determinação fundamental da reapropriação do gênero pelo indivíduo. A investigação deve centrar-se, por isso, na *relação entre emancipação política e emancipação humana*.[42] Ambas não são complementares, ao contrário, são antinômicas. Analogamente ao que se passa com a filosofia idealista, que não interfere de modo revolucionário na ordem social efetiva, Marx observa que as instituições políticas tampouco abolem a divisão do trabalho, ao contrário, conduzem necessariamente a novas instituições políticas.[43]

Marx distingue a revolução comunista como ato político da revolução política ou sua condução por instituições políticas ou sociais, posto que é um ato político baseado no princípio da revolução das condições de produção. A revolução política ou social seria abstraída das condições materiais de produção, sendo, neste sentido, idealista, pois só tencionaria modificar relações de representação. É a revolução comunista

41 *QJ*, p. 53.

42 Cf. *QJ*, p. 140.

43 Para Stirner, por exemplo, os indivíduos unem-se por um elo ideológico, enaltecendo conceitos, por isso é bastante coerente com seu pensamento a eficácia revolucionária de formações ideais como a política.

a única que extingue a divisão do trabalho e não se deixa conduzir por instituições políticas ou sociais, mas apenas pelo estado das forças produtivas. A limitação da política enquanto finalidade em si mesma evidencia-se, portanto, desde o primeiro momento de implantação de uma nova ordem de relações materiais entre os homens, não mais dividida em classes, e que é levada, pela própria natureza destas relações sociais, a um embate brutal para se instaurar. Uma vez revolucionada a sociedade pelo comunismo, todas as suas "*evoluções sociais* deixarão de ser *revoluções políticas*. Até que esse momento chegue, em vésperas de toda reorganização geral da sociedade, a última palavra da ciência social será sempre: 'Lutar ou morrer; a luta sangrenta ou o nada. Eis o dilema inexorável' (Jorge Sand)".[44] Afinal, pergunta, deveria "causar estranheza que uma sociedade baseada na *oposição* de classes chegue, como último desenlace, à *contradição* brutal, a um choque corpo a corpo?[45] Marx afirma ainda que "a solução dos enigmas teóricos é uma tarefa da práxis e está praticamente mediada, assim como a verdadeira práxis é a condição de uma teoria efetiva e positiva".[46] Quanto a este ponto, "sem dúvida, a arma da crítica não pode substituir a crítica das armas; a força material só será derrubada pela força material; mas a teoria em si torna-se também uma força material quando se apodera das massas. A teoria é *capaz* de se apossar das massas ao demonstrar-se *ad hominem*, e demonstra-se *ad hominem* logo que se torna radical. Ser radical é agarrar as coisas pela raiz. Mas, para o homem, a raiz é o próprio homem".[47]

Foi o antagonismo entre a burguesia e o proletariado que engendrou as teorias comunistas e socialistas.[48] Os comunistas e os socialistas, por sua vez, são os teóricos da classe proletária que, num momento em que esta não está desenvolvida a ponto de se constituir como classe, enquanto o caráter político da luta do proletariado contra a burguesia ainda não veio à tona, revelando as condições materiais para a emancipação do proletariado e da sociedade, são considerados apenas utopistas. "Mas, à medida que a história avança e com ela começa a destacar-se, com traços sempre mais claros, a luta do proletariado, aqueles não têm já necessidade de buscar a ciência em suas cabeças: basta-lhes dar-se conta do que se desenvolve ante seus olhos, e se converterem em porta-vozes dessa realidade. Enquanto se limitam a buscar a ciência e a construir sistemas, enquanto se encontram nos umbrais da luta, não vêem na miséria mais que miséria, sem advertir seu aspecto revolucionário destruidor, que terminará pela derrota da velha sociedade. Uma vez advertido esse aspecto, a ciência, produto do movimento histórico,

44 *MF*, p. 166.

45 *MF*, p. 165.

46 *M44*, p. 145.

47 *In44*, p. 86.

48 Cf. *IA-II*, p. 273.

no qual participa já com pleno conhecimento de causa, deixa de ser doutrinária para converter-se em revolucionária".[49] Nesse momento, quando se apodera das massas, a ciência social converte-se em força material radicalmente revolucionária.

Os teóricos comunistas não devem, portanto, "buscar a ciência em suas cabeças" para tornarem-se porta-vozes da classe operária, ao contrário, basta que a teoria seja a expressão da realidade material objetiva. Criticando os teóricos que especulariam sobre o "como seria" a sociedade comunista, Marx fala por exemplo de Proudhon, que desconhece que praticamente todos os socialistas ingleses propuseram a aplicação da teoria de Ricardo em bases igualitárias. É o caso de Bray, que fala de um sistema de sociedades anônimas que seria um plano intermediário até o comunismo. Este sistema consistiria na coexistência da propriedade individual dos produtos com a propriedade coletiva das forças produtivas; seus resultados seriam, pois, parciais, dependeria da própria atividade a sorte de cada indivíduo, mas lhe seria destinada uma parte igual dos produtos do trabalho advindos da natureza e do progresso da técnica. Marx comenta então o quanto é esdrúxula a suposição de uma associação comunista nestas bases.

"Uma hora de trabalho de Pedro troca-se por uma hora de trabalho de Paulo. Esse é o axioma fundamental do Sr. Bray. Suponhamos que Pedro trabalhou doze horas e Paulo somente seis: nesse caso, Pedro não poderá trocar com Paulo mais que seis horas por outras seis. A Pedro restariam, pois, de reserva, seis horas. Que faria Pedro com essas seis horas de trabalho? /.../ Assim, pois, que terá ganho, em definitivo, Pedro em comparação com Paulo? Horas de trabalho? Não. Terá ganho somente horas de ócio; terá que descansar durante seis horas. E para que esse novo direito à folga não só lhe seja reconhecido, mas apreciado na nova sociedade, é preciso que esta última encontre sua mais alta felicidade na preguiça, e que o trabalho lhe pese como uma prisão, da qual deverá livrar-se a todo transe. E, voltando a nosso exemplo, se pelo menos essas horas de ócio que Pedro ganhou de vantagem a Paulo fossem para Pedro um lucro real! Mas não. Paulo, que começou trabalhando apenas seis horas, alcança mediante um trabalho regular e moderado, o mesmo resultado que Pedro, o qual começou trabalhando com um esforço excessivo. Cada um quererá ser Paulo e surgirá a concorrência, uma concorrência de preguiça, para atingir a situação de Paulo. Portanto, que é que nos trouxe a troca de quantidades iguais de trabalho? Superprodução, desvalorização, excesso de trabalho seguido de inatividade, em uma palavra; todas as relações econômicas existentes na sociedade atual, menos a concorrência de trabalho".[50]

Marx observa ainda como Bray pressupõe o intercâmbio individual porque faz a produção depender da troca de quantidades iguais de trabalho individual, e crê que o

---

49 *MF*, p. 120.

50 *MF*, p. 73-74.

intercâmbio individual pode subsistir sem o antagonismo de classe. Entretanto, mostra Marx, na suposição em que todos os membros da sociedade são trabalhadores diretos que trocam quantidades iguais de horas de trabalho, o intercâmbio individual tem de ser negado (o que não julga necessário Bray), na medida em que é necessário estipular quantas horas são necessárias à produção material como um todo. Em outra ocasião, Marx comenta que se tem objetado que com a supressão da propriedade privada cessaria toda a atividade e se alastraria uma preguiça geral. "De acordo com isso, a sociedade burguesa teria há muito de ter perecido de inércia; pois os que nela trabalham não ganham, e os que nela ganham não trabalham. Toda esta objeção vai dar à tautologia de que deixa de haver trabalho assalariado assim que deixar de haver capital".[51]

A dissociação entre o trabalho e a propriedade que transformou as condições de existência dos indivíduos que possuíam uma propriedade particular baseada no trabalho próprio "constitui naturalmente um processo muito mais longo, mais duro e mais difícil que a transformação em propriedade social da propriedade capitalista que efetivamente já se baseia sobre um modo coletivo de produção. Antes, houve a expropriação da massa do povo por poucos usurpadores, hoje, trata-se da expropriação de poucos usurpadores pela massa do povo",[52] ou seja, "o que tem de ser expropriado agora não é mais aquele trabalhador independente e sim o capitalista que explora muitos trabalhadores".[53] Sem classes, o comunismo proporciona iguais condições pessoais de desenvolvimento a todos os indivíduos, não para que os indivíduos sejam iguais uns aos outros, posto que cada um tem capacidades e potencialidades diversas, mas para que o desenvolvimento individual não mais dependa dos meios pessoais que o acaso (que apareceu como condições dadas a serem reproduzidas), em toda a história, concedeu aos indivíduos. A universalidade da apropriação das próprias forças (e não a apropriação de uma limitação) advém das próprias forças produtivas desenvolvidas e, também, do fato do proletariado não tencionar tornar-se o proprietário privado de tudo, mas sim abolir as relações de propriedade, a divisão do trabalho e todas as relações que historicamente culminaram no sistema capitalista – mantém-se unicamente o desenvolvimento das forças produtivas. Os comunistas não querem, portanto, libertar os homens da "fixidez dos desejos e necessidades" (Stirner), mas simplesmente organizar a produção de tal modo que seja assegurada a satisfação das necessidades, satisfação limitada apenas pelas próprias necessidades.

Desse modo, diz Marx, o comunismo não deve possibilitar que um Rafael seja um Rafael (como queriam os utópicos), mas suprimir "as barreiras locais e nacionais,

---

51 *MPC-II*.

52 *K*, p. 882.

53 *K*, p. 881.

produtos da divisão do trabalho, em que o artista está encerrado",[54] de modo que mesmo os limites que separam as diversas modalidades de arte sejam rompidos. Numa sociedade comunista não existirão pintores, mas pessoas que farão pintura entre outras atividades, extrapolando, portanto, os limites da divisão do trabalho. Enquanto no capitalismo o trabalho é desvalorizado continuamente por ser o tempo de trabalho a medida do valor de troca (com a acumulação do trabalho, ou capital, não apenas o trabalho se desvaloriza, mas também as mercadorias produzidas, os instrumentos de produção e toda a empresa),[55] e deve tentar prevalecer continuamente através da concorrência para não sucumbir; numa sociedade futura sem classes, diz Marx, a valorização do trabalho se encontrará em relação direta com o "grau de utilidade social" de cada objeto.

Instado por outras discussões, Marx imagina algumas características de uma sociedade comunista: "suponhamos, finalmente, para variar, uma sociedade de homens livres, que trabalham com meios de produção comuns, e empregam suas múltiplas forças individuais de trabalho, conscientemente, como força de trabalho social. Reproduzem-se aqui todas as características do trabalho de Robinson, com uma diferença: passam a ser sociais, ao invés de individuais. Todos os produtos de Robinson procediam de seu trabalho pessoal, exclusivo e, por isso, eram, para ele, objetos diretamente úteis. Em nossa associação, o produto total é um produto social".[56] Marx supõe ainda (apenas para traçar um paralelo com a produção de mercadorias) que o trabalho é medido pelo tempo, com isso, "a distribuição socialmente planejada regula a proporção correta das diversas funções do trabalho para as diversas necessidades", e mede "a participação individual dos produtores no trabalho comunitário e sua cota pessoal na parte do produto global destinada ao consumo. Neste caso, as relações sociais dos indivíduos no tocante a seus trabalhos e aos produtos de seus trabalhos continuam meridianamente claras, tanto na produção quanto na distribuição".[57] E não envoltas em contratos de troca de equivalentes fictícios, em relações mistificadas e obscuras para os indivíduos, nas quais "o capital é autônomo e pessoal, ao passo que o indivíduo ativo não é autônomo nem pessoal",[58] relações das quais se vale a produção capitalista para valorizar o capital em detrimento do homem.

O comunismo é o domínio do presente sobre o passado, não do passado sobre o presente.[59] Ele "não tira a ninguém o poder de se apropriar de produtos sociais; tira

54 *IA-II*, p. 235.

55 Cf. *MF*, p. 63.

56 *K*, p. 87.

57 *K*, p. 87-88.

58 *MPC-II*.

59 Cf. *MPC-II*.

apenas o poder de, por esta apropriação, subjugar a si trabalho alheio". Dessa forma, se "o capital é transformado em propriedade comunitária, pertencente a todos os membros da sociedade, a propriedade pessoal não se transforma então em propriedade social. Só se transforma o caráter social da propriedade. Perde o seu caráter de classe". E no lugar da sociedade burguesa "com as suas classes e oposições de classes entra uma associação em que o livre desenvolvimento de cada um é a condição para o livre desenvolvimento de todos".[60]

"O comunismo é a posição como negação da negação, por isso, o momento efetivo necessário para o próximo desenvolvimento histórico da emancipação e reintegração humanas. O comunismo é a figura necessária e o princípio enérgico do futuro imediato, mas o comunismo não é, enquanto tal, a finalidade do desenvolvimento humano – a figura da sociedade humana".[61] O capitalismo, por sua vez, é uma formação histórica necessária – segundo uma constatação *post festum* – no sentido do desenvolvimento sócio-humano pleno, uma formação que por um lado degrada e desumaniza, e, por outro lado, engendra, neste mesmo movimento, as condições de sua superação. Portanto, a afirmação marxiana de que "a produção capitalista gera sua própria negação, com a fatalidade de um processo natural",[62] não deve nos induzir equivocadamente. Trata-se, antes, de uma conclusão sobre a natureza contraditória de um sistema – que revoluciona permanentemente suas próprias bases – determinado por relações que engendram-se naturalmente como relações dadas, do que de uma teleologia que determina o destino da história humana.

60 *MPC-II.*

61 *M44*, p. 274.41-275.6.

62 *K*, p. 881.

BIBLIOGRAFIA

MARX, K. O *Capital*, livro I, vol. 1 e 2. Rio de Janeiro: Civilização Brasileira, 1975.

_____. *O Capital*, livro I – Capítulo VI (Inédito). São Paulo: LECH, 1978.

_____. *Crítica da Filosofia do Direito de Hegel* – Introdução. Lisboa: Edições 70, 1999.

_____. *Elementos Fundamentales para la Crítica de la Economía Política (Grundrisse) 1857/1858*. 7ª ed. México: Siglo Veintiuno Editores S. A, 1978.

_____. *Formações Econômicas Pré-Capitalistas*, Rio de Janeiro, Paz e Terra, 1971. MARX, K. e ENGELS, F. *A Ideologia Alemã (I, Feuerbach)*. São Paulo: Grijalbo, 1977.

_____. *A Ideologia Alemã (II, São Max)*. Lisboa: Presença, 1980.

_____. *Introdução de 1857 [à Crítica da Economia Política]*, Os Pensadores. São Paulo, Abril: 1985.

_____. *Miséria da Filosofia*. São Paulo: Global, 1985.

MARX, K. e ENGELS, F. *Manifesto do Partido Comunista*. Petrópolis: Vozes, 2000.

MARX, K. [*Ökonomisch-philosophische Manuskripte (Erste Wiedergabe)*]. In: MEGA 1.2. Berlin: Dietz, 1982.

_____. *Manuscritos Econômico-Filosóficos de 1844*. São Paulo, Boitempo, 2004.

_____. *A Questão Judaica*. Lisboa: Edições 70, 1999.

MARX, K. e ENGELS, F. *A Sagrada Família*. Lisboa/São Paulo: Presença/Martins Fontes, s/d.

MARX, K. *Salário, Preço e Lucro*. In: Marx-Engels, Obras Escolhidas II. Lisboa: Avante!, 1983.

MARX, K. *O 18 Brumário de Luís Bonaparte*. Rio de Janeiro, Paz e Terra, 1997.

Esta obra foi impressa em São Paulo pela Renovagraf no verão de 2016. No texto, foi utilizada a fonte Bembo em corpo 10 e entrelinha de 14 pontos.